進階
程式設計

使用 **Python**
C++

目錄

03 複合式的資料結構之原理與實作

04 重要演算法之原理與應用

05 程式碼的除錯和執行時間

06 APCS 相關考題的實作與解析

01
CHAPTER

程式語言的概觀 與實務

本章學習重點

1.1　程式語言的功用

　　程式設計語言 (programming language)，可簡稱為程式語言，係為人類按照該程式語言的語法規則，用來撰寫「和該程式語言之核心系統」先進行溝通的程式碼 (source code)，以驅使該核心系統，進一步轉換該程式碼，成為「和特定作業系統 (OS, operating system) 進行溝通」的指令碼 (instruction code)。最後再由該作業系統，轉換該指令碼，成為「命令特定電子硬體裝置，完成特定任務或產品」的機器碼 (machine code)。

　　程式語言之最終的目標，便是使得不同的硬體裝置，可以持續自動地完成特定任務或產品之絕大多數的運作流程，以節省人類原本在特定任務上所付出的金錢、時間、心力等等，進而提升特定任務或產品的素質或數量等等。

　　目前在許多電子硬體裝置，諸如：一般電腦、行動裝置、家電產品、汽車、電動機車、電車、飛機、船艦、公共設施，以及工廠的生產設備等等，皆「被嵌入完成不同任務或產品」的機器碼，進而便利了人類或其他生物在地球上的各種活動。

　　比起古代，人類現今在地球上的生活，因為有了各種被嵌入不同機器碼的各種電子硬體裝置，才得以實現有趣、便捷、具有人工智慧，以及存在各種經濟活動的科技生活。

　　以目前的態勢來看，未來在地球上的許多先進科技，和程式語言之最終的產物—「內嵌於電子硬體裝置的機器碼」，將會產生密不可分的狀況！所以，再經過幾年之後，可發現包括臺灣在內的全球各個國家，勢必需要更多的程式設計人才。

　　而為了跨足並融合多個領域的技術，專業的程式設計師也是必須同時熟悉多種程式語言，因應各種規模之企業的開發生態，進而持續創造新版本的電子硬體裝置，以締造各個企業本身的商機。

1.2 程式語言的數量與分類

截至今年為止，曾經出現在地球上的程式語言，實是在非常多！較為知名的程式語言之名稱，則如下圖所示：

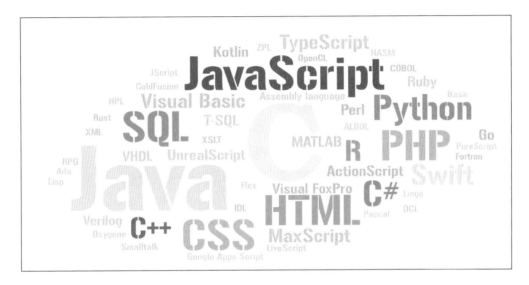

其中，字體呈現越大的名稱，即是在地球上「市場佔有率」越高的程式語言，例如：Java、C、C++、PHP、JavaScript、Python 等等。然而，值得注意的是，市場佔有率最高的 Java 程式語言，其人才也是最為飽和的！也因此，目前在臺灣境內，程式設計相關職缺最多的，反而主要是 JavaScript、Python、PHP、C# 等 4 種程式語言。

產生程式語言最終對應之機器碼的方式，大致可區分為：直譯 (interpret)、編譯 (compile) 與組譯 (assemble)。

◆ 直譯：程式語言的核心系統，一邊轉換特定程式碼，成為多筆指令碼。再由特定作業系統轉換該多筆指令碼，成為即將被立即執行，而且暫存於主記憶體當中的機器碼。

◆ 編譯：程式語言的核心系統，轉換特定程式碼，成為多筆指令碼。再由特定作業系統轉換該多筆指令碼，成為可「事後」執行，並且「儲存」於「輔助」記憶體 (硬碟等等) 之內含機器碼的檔案或資料夾，例如：

Windows 作業系統上之副名稱為 .exe 的可執行檔，或是 MacOS 作業系統上之副名稱為 .app 的可執行「資料夾」。

◆ 組譯：程式語言的核心系統，直接轉換特定多筆「指令碼」，成為可「事後」執行，並且「儲存」於「輔助」記憶體 (硬碟等等) 之內含機器碼的檔案或資料夾。換言之，編譯的後半段流程，即是進行組譯！

　　支援 Python 程式語言的眾多開發環境 (development environment)，幾乎皆以「直譯」方式，加以處理其程式碼；而支援 C、C++、C# 程式語言的眾多開發環境，幾乎皆以「編譯」方式，加以處理其程式碼。

　　然而，有如下數個狀況，需要特別留意的：

◆ 只要特定廠商願意，使得其開發環境同時支援特定程式語言的「直譯」和「編譯」方式，亦是可行的！

◆ 成功「直譯」之後，所耗費的「每次」執行時間，大致為特定程式碼被間接轉換成為特定機器碼的時間，再加上作業系統執行該機器碼所耗費的時間。

◆ 成功「編譯」之後，所耗費的執行時間，則僅僅為特定作業系統執行該機器碼所耗費的時間。

　　也因此，由上可看出，特定作業系統在後續，執行「編譯」而成的特定機器碼，遠比執行「直譯」而成之類似的機器碼，會來得相當有效率！

　　另外，對於其語法規則，接近人類專用語言之文法 (英文文法等等) 的程度來看，程式語言，因此又可被區分為高階 (high-level) 程式語言和低階 (low-level) 程式語言。

◆ 高階程式語言：Python、JavaScript、PHP、C#、C、C++ 與 Java 等等。

◆ 低階程式語言：組合語言 (assembly language)。

　　此外，C 語言因為被賦予可直接加入組合語言的語法，也因此，部分的專家，認為也可將之歸類成為低階程式語言的一種。

1.3 程式語言與整合式開發環境

在此以支援 Python、C 與 C++ 等 3 種程式語言的市場狀況為例，介紹幾款知名的整合式開發環境 (IDE, integrated development environment)。其中，有幾款開發環境，同時支援 Python、C 與 C++ 等 3 種程式語言！

關於支援 Python 程式語言之常見的整合式開發環境：

◆ IDLE (integrated development & learning environment)：

- 係為 Python 核心系統內建之免費的整合式開發環境。

- Python 核心系統的說明與下載頁面：www.python.org/downloads。

- IDLE 的說明頁面：docs.python.org/3/library/idle.html。

◆ Eclipse：

- 係為 Eclipse 基金會所提供之免費的整合式開發環境。

- Eclipse 的說明與下載頁面：www.eclipse.org/downloads/packages。

◆ PyCharm：

- 係為 JetBrains 公司所提供的整合式開發環境，並且具備付費的專業版 (professional version) 與免費的校園版 (community version)。

- PyCharm 的說明與下載頁面：www.jetbrains.com/pycharm/download。

◆ Sublime Text：

- 係為 Sublime HQ Pty 公司所提供的整合式開發環境。

- Sublime Text 的說明與下載頁面：www.sublimetext.com。

◆ Visual Studio Code：

- 係為微軟公司所提供之免費的整合式開發環境。

- Visual Studio Code 的說明與下載頁面：code.visualstudio.com。

◆ Spyder：

- 係為 Spyder Website Contributors 團隊所提供之免費的整合式開發環境。

- 雖然 Spyder 可以獨立安裝並擴充於已安裝好的 Python 核心系統當中；但是，大致都隨附另一套更大型的 Anaconda 整合式開發環境，一起被安裝。

- Spyder 的說明與下載頁面：www.spyder-ide.org。

關於支援 C、C++ 程式語言之常見的整合式開發環境：

◆ Eclipse：

- 係為 Eclipse 基金會所提供之免費的整合式開發環境。

- Eclipse 的說明與下載頁面：www.eclipse.org/downloads/packages。

◆ Visual Studio Code：

- 係為微軟公司所提供之免費的整合式開發環境。

- Visual Studio Code 的說明與下載頁面：code.visualstudio.com。

◆ Sublime Text：

- 係為 Sublime HQ Pty 公司所提供的整合式開發環境。

- Sublime Text 的說明與下載頁面：www.sublimetext.com。

◆ NetBeans：

- 係為 Apache 基金會所提供的整合式開發環境。

- NetBeans 的說明與下載頁面：netbeans.apache.org/download。

◆ Atom：

- 係為 Bloodshed Software 公司所提供之免費的整合式開發環境。

- Atom 的說明與下載頁面：atom.io。

◆ Dev-C++：

  • 係為 Bloodshed Software 公司所提供之免費的整合式開發環境。

  • Dev-C++ 的下載頁面：sourceforge.net/projects/orwelldevcpp。

為了減輕讀者們之學習上的操作壓力，在此建議先行下載 Python 核心系統和 C++ 核心系統，隨後再安裝 Sublime Text 開發環境！如此一來，即可使得 Sublime Text 開發環境，能夠支援 Python 程式語言和 C、C++ 程式語言。

以下即將提及，Python 核心系統、C++ 核心系統，以及 Sublime Text 開發環境之下載與安裝的流程。

1.3.1 安裝 Python 核心系統

1. 在桌上型電腦或筆記型電腦上，透過網頁瀏覽器，連結至「www.python.org/downloads」頁面，然後根據需求，點選對應項目內的特定版本之「Python x.x.x」連結或「Download」連結。以進入特定版本的下載頁面(在此以 Python 3.8.1 版本為例)。

  • 若您電腦上的作業系統係為 Windows 7，必須先行完整更新至 Service Pack 1 (SP1)，然後再完成「KB2533623」更新套件的安裝之後，才有辦法順利安裝「3.8.1」或日後的新版本！

Looking for a specific release?			
Python releases by version number:			
Release version	**Release date**		**Click for more**
Python 3.8.1	Dec. 18, 2019	Download	Release Notes
Python 3.7.6	Dec. 18, 2019	Download	Release Notes
Python 3.6.10	Dec. 18, 2019	Download	Release Notes
Python 3.5.9	Nov. 2, 2019	Download	Release Notes
Python 3.5.8	Oct. 29, 2019	Download	Release Notes
Python 2.7.17	Oct. 19, 2019	Download	Release Notes
Python 3.7.5	Oct. 15, 2019	Download	Release Notes
Python 3.8.0	Oct. 14, 2019	Download	Release Notes
View older releases			

2. 待網頁瀏覽器切換頁面之後，往下捲動頁面至「Files」區塊，並點選適合的版本連結之後，網頁瀏覽器即會開始下載對應版本之 Python 核心系統的安裝檔。（在此以點選「Windows x86-64 executable installer」連結為例）

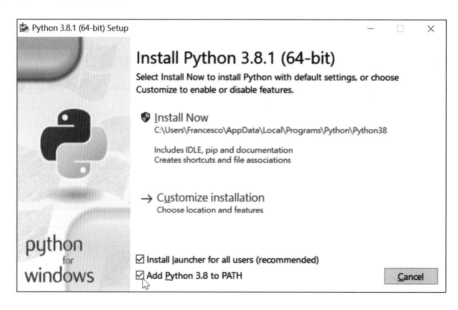

Version	Operating System	Description	MD5 Sum	File Size	GPG
Gzipped source tarball	Source release		f215fa2f55a78de739c1787ec56b2bcd	23978360	SIG
XZ compressed source tarball	Source release		b3fb85fd479c0bf950c626ef80cacb57	17828408	SIG
macOS 64-bit installer	Mac OS X	for OS X 10.9 and later	d1b09665312b6b1f4e11b03b6a4510a3	29051411	SIG
Windows help file	Windows		f6bbf64cc36f1de38fbf61f625ea6cf2	8480993	SIG
Windows x86-64 embeddable zip file	Windows	for AMD64/EM64T/x64	4d091857a2153d9406bb5c522b211061	8013540	SIG
Windows x86-64 executable installer	Windows	for AMD64/EM64T/x64	3e4c42f5ff8fcdbe6a828c912b7afdb1	27543360	SIG
Windows x86-64 web-based installer	Windows	for AMD64/EM64T/x64	662961733cc947839a73302789df6145	1363800	SIG
Windows x86 embeddable zip file	Windows		980d5745a7e525be5abf4b443a00f734	7143308	SIG
Windows x86 executable installer	Windows		2d4c7de97d6fcd8231fc3decbf8abf79	26446128	SIG
Windows x86 web-based installer	Windows		d21706bdac544e7a968e32bbb0520f51	1325432	SIG

3. 請執行前步驟已下載之 Python 核心系統的安裝檔，看見如下對話方塊時，請**務必**勾選「Add Python 3.8 to PATH」複選框，再按下「Install Now」鈕！，經過安全性授權程序之後，Windows 作業系統即會開始安裝 Python 核心系統。

- 勾選「Add Python 3.8 to PATH」複選框的功用在於，安裝完 Python 核心系統之後，能夠將 Python 核心系統被安裝的路徑，加入至 Windows 作業系統之 PATH 環境變數當中，使得在被安裝之路徑以外的資料夾位置，亦可直接啟動 Python 核心系統。

- 按下「Install Now」鈕之前，最好留意一下 Python 核心系統即將被安裝的路徑，例如：「C:\Users\ 使用者名稱 \AppData\Local\Programs\Python\Python38」。

- 若忘了勾選「Add Python 3.8 to PATH」複選框的話，可以考慮移除之後，再重新安裝 Python 核心系統，或是自行將「C:\Users\ 使用者名稱 \AppData\Local\Programs\Python\Python38」的路徑，加入至 Windows 作業系統的 PATH 環境變數裡。

  ▶ 加入特定路徑至 PATH 環境變數裡的方式，可參考後文提及的類似說明。

4. 在如下出現的對話方塊中，按下「Close」鈕，以完成 Python 核心系統的安裝程序。

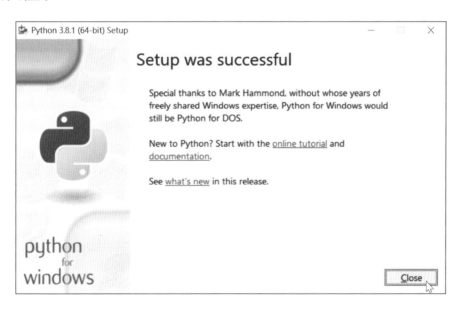

1.3.2 安裝 C++ 核心系統

1. 透過網頁瀏覽器，連結至「sourceforge.net/projects/mingw-w64/files」
   頁面，往下捲動至如下截圖所在的位置，並點選其中的「MinGW-W64-
   installer.exe」連結，以下載 Windows 作業系統可以直接執行的安裝檔版
   本。

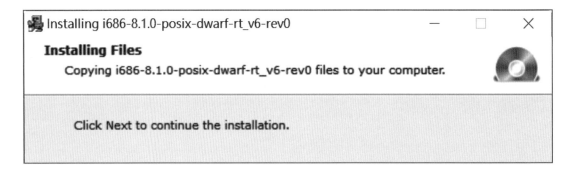

2. 等待瀏覽器切換到如下的另一頁面，並提示等待約 5 秒鐘之後，瀏覽器
   即理應開始下載 C++ 核心系統「mingw-w64-install.exe」的安裝檔。

3. 請執行前步驟已下載之 C++ 核心系統「mingw-w64-install.exe」的安裝檔，看見如下對話方塊時，請按下「Next >」鈕，經過安全性授權程序之後，Windows 作業系統即會開始安裝 C++ 核心系統。

4. 在如下的對話方塊中，建議維持各個選項的預設值即可，然後按下「Next >」鈕。

5. 在如下對話方塊中，一樣建議維持各個選項的預設值，然後再留意一下「Destination folder」欄位內的 C++ 核心系統被安裝的路徑，例如：「C:\ Program Files (x86)\mingw-w64\i686-8.1.0-posix-dwarf-rt_v6-rev0」。然後再按下「Next >」鈕。

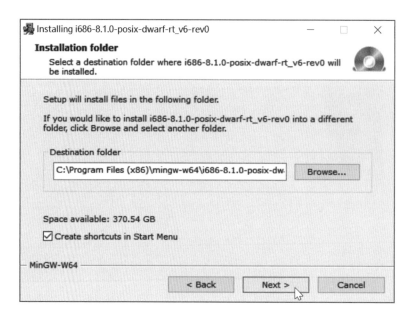

6. 接著，請靜心等待 Windows 作業系統安裝 C++ 核心系統的過程。若出現以下對話方塊，請按下「Next >」鈕即可。

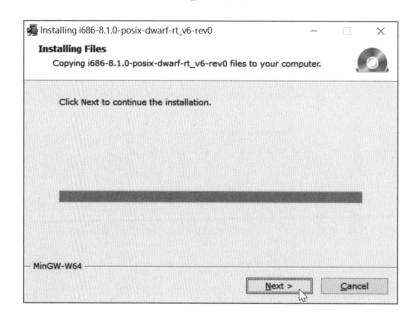

7. 最後請在如下對話方塊中，按下「Finish」鈕，以完成 C++ 核心系統的安裝程序。

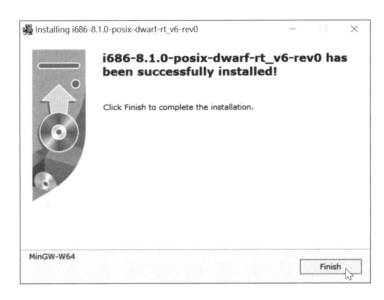

8. 此時，請使用 Windows 作業系統上的「檔案總管」，如下截圖所示，循序找到並「複製」C++ 核心系統被安裝而存在「g++.exe」檔案的所在路徑，例如：「C:\Program Files (x86)\mingw-w64\i686-8.1.0-posix-dwarf-rt_v6-rev0\mingw32\bin」。

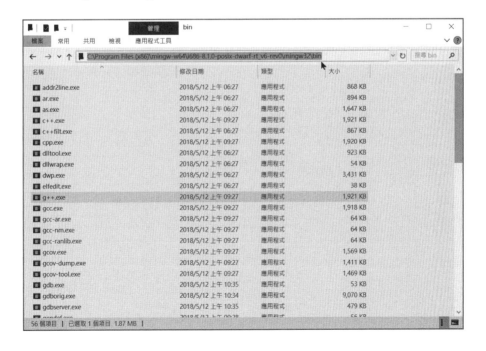

9. 然後再啟動 Windows 作業系統上的「控制台」窗格，並切換「檢視方式」的清單項目，成為「小圖示」，再點選「系統」項目。

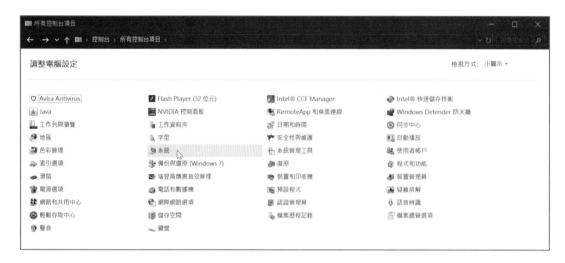

10. 請再點選如下「系統」窗格中之左側的「進階系統設定」項目。

11. 在如下「系統內容」對話方塊中，請按下「環境變數」鈕。

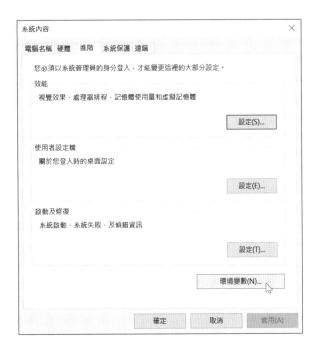

12. 在「**使用者**變數」區塊中，找出並選取變數「Path」項目，再點選該區塊內的「編輯」鈕。

13. 請將 C++ 核心系統被安裝而存在「g++.exe」檔案的所在路徑,例如:
「C:\Program Files (x86)\mingw-w64\i686-8.1.0-posix-dwarf-rt_v6-rev0\
mingw32\bin」,貼上成為「Path」變數之內含資料的一部分。

- 此步驟若是在 Windows 10 作業系統中完成,則可以簡單透過如下截
  圖中所示的「編輯環境變數」對話方塊來完成。

- 然而,倘若此步驟是在 Windows 7 或更舊版本的作業系統上進行
  的話,則必須在如下截圖中所示的「編輯系統變數」對話方塊中,
  「保留」原來其他不同路徑之後,先加入半形的分號「;」,最後再加
  入 C++ 核心系統被安裝而存在「g++.exe」的所在路徑,例如:「C:\
  Program Files (x86)\mingw-w64\i686-8.1.0-posix-dwarf-rt_v6-rev0\
  mingw32\bin」:

- 使得其「變數值」欄位中的內容，成為如下帶有多個路徑的字串，然後再按下「確定」鈕：

  ▶ C:\Users\ 使用者名稱 \AppData\Local\Programs\Python\Python38\Scripts; C:\Users\ 使 用 者 名 稱 \AppData\Local\Programs\Python\Python38; C:\ Program Files (x86)\mingw-w64\i686-8.1.0-posix-dwarf-rt_v6-rev0\ mingw32\bin

1.3.3 安裝 Sublime Text 整合式開發環境

1. 透過網頁瀏覽器，連結至「www.sublimetext.com」頁面，點選「DOWNLOAD FOR XXX」鈕，以下載 Sublime Text 整合式開發環境的安裝檔，例如：「Sublime Text Build 3211 x64 Setup.exe」。

   - 根據作業系統的不同，XXX 有可能是 WINDOWS、MACOS 或 LINUX！

2. 請執行前步驟已下載之 Sublime Text 整合式開發環境，例如：「Sublime Text Build 3211 x64 Setup.exe」的安裝檔，看見如下對話方塊時，建議維持其預設的安裝路徑之後，按下「Next >」鈕即可。

3. 請勾選「Add to explorer context menu」複選框,再按下「Next >」鈕,
   以便在檔案總管的快顯功能表中,多出「Open with Sublime Text」命令,
   以利任何純文字檔案,例如:程式碼檔案,可快速被載入至 Sublime Text
   的編輯器當中。

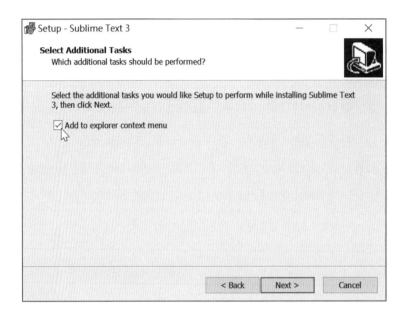

4. 出現如下對話方塊之後,再按下「Install」鈕,開始安裝 Sublime Text 整
   合式開發環境。

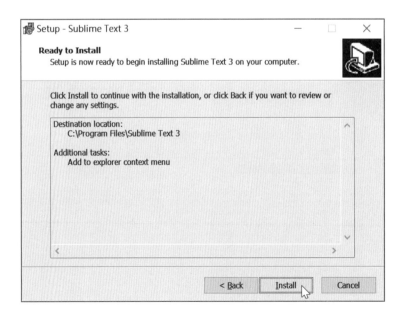

5. 出現如下對話方塊之後，請按下「Finish」鈕，以完成 Sublime Text 整合式開發環境的安裝程序。

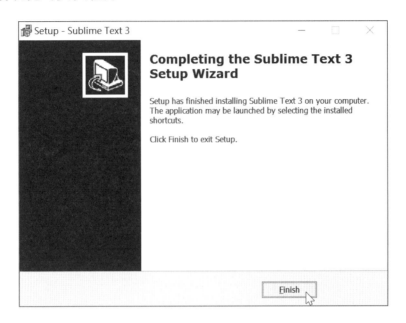

6. 請點選在 Windows 作業系統的「開始」鈕，進而在「程式集」當中，找到如下截圖所示的「Sublime Text」項目，並在該項目上，按滑鼠「右」鍵，並點選「更多」⇒「釘選到工作列」命令，以便日後點選在工作列上的 Sublime Text 圖示，即可快速啟動 Sublime Text 整合式開發環境。

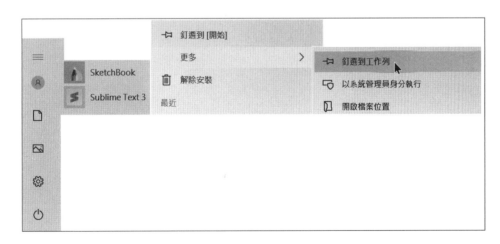

1.3.4 程式碼的簡易執行方式

如下為相當基本之 C 程式語言的程式碼：

```c
範例：ch01-03-04-01.c
01  #include <stdio.h>
02  #include <math.h>
03
04  double a = 2.5, b = 15;
05
06  int main(void)
07  {
08      double result = pow(a, b);
09
10      printf("%.3f 的 %.3f 次方 = %.3f\n", a, b, result);
11
12      return 0;
13  }
```

📥 **輸出結果**

```
2.500 的 15.000 次方 = 931322.575
```

如下為相當基本之 C++ 程式語言的程式碼：

```cpp
範例：ch01-03-04-02.cpp
01  #include <iostream>
02  #include <iomanip>
03  #include <cmath>
04
05  using namespace std;
06
07  double a = 2.5, b = 15;
08
09  int main(void)
10  {
11      double result = pow(a, b);
12
```

```
13    cout.setf(ios::fixed);

14

15    cout << setprecision(3) << a << " 的 " << b << " 次方 = " << result << endl;

16

17    cout.unsetf(ios::fixed);

18

19    return 0;

20    }
```

⬇️ **輸出結果**

```
2.500 的 15.000 次方 = 931322.575
```

達成幾乎相同之功能的 Python 程式語言的程式碼，則為如下：

範例：ch01-03-04-03.py
```
01    a, b = 2.5, 15

02

03    result = a ** b

04

05    print(f'{a:.3f} 的 {b:.3f} 次方 = {result:.3f}')
```

⬇️ **輸出結果**

```
2.500 的 15.000 次方 = 931322.575
```

對於上述 C 程式語言之程式碼檔案「ch01-03-04-01.c」、較冗長之 C++ 程式語言的程式碼檔案「ch01-03-04-02.cpp」與格外簡短之 Python 程式語言的程式碼檔案「ch01-03-04-03.py」，其個別的輸出結果，皆是相同的！

在開始利用 Sublime Text 整合式開發環境，來編輯與執行前述 3 種程式語言的程式碼檔案之前，讀者必須理解以下重要事項：

◆ Sublime Text 主要是倚賴程式碼檔案的副名稱 (.c、.cpp 或 .py 等等)，來加以辨識其所屬的程式語言之核心系統。換言之：

- 程式碼檔案在被執行之前,「一定」要先以帶有「副名稱」的檔案名稱,例如:test01.c、test02.cpp 或 test03.py 等等,來加以儲存於特定資料夾當中!

- 否則,Sublime Text 只會顯示錯誤訊息,並不會主動決定應該使用哪一種程式語言之核心系統,來加以執行該程式碼。

以下開始操作 Sublime Text,以編輯與執行前述 3 種程式語言的程式碼檔案。

1. 如下截圖所示,依次點選「File」⇒「Save」或直接按下「Ctrl + S」快捷鍵,以便建立一個空的程式碼檔案。

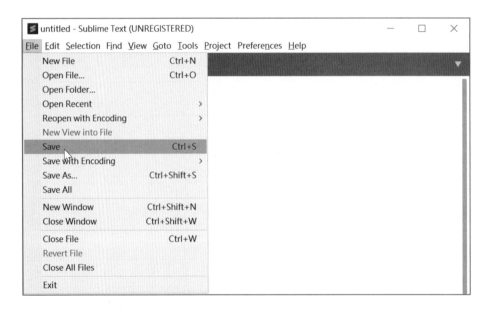

2. 如下截圖所示,依序完成:

a) 賦予該空的程式碼檔案,具有副名稱為「.c」的檔案名稱,例如:test01.c。

b) 完成其程式碼之正確和完整的編輯任務之後,再次儲存檔案 (「Ctrl + S」快捷鍵)。

c) 依次點選「Tools」⇒「Build」或直接按下「Ctrl + B」快捷鍵,以便驅使 Sublime Text 協助該程式碼檔案的執行動作。

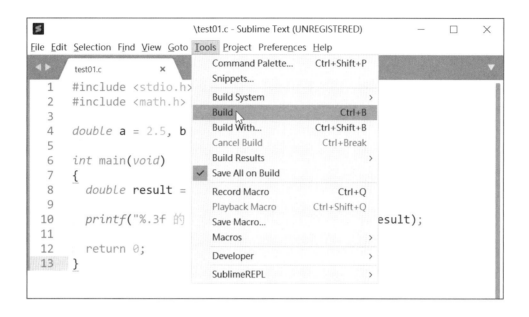

3. 如下截圖所示，安裝 Sublime Text 之後，第 1 次執行特定程式語言所對應的程式碼檔案時，例如：第 1 次執行 C 程式語言所對應的程式碼檔案時，請點選額外出現的副屬項目「C Single File - Run」，以便 Sublime Text 除了進行該程式語言之程式碼的錯誤檢查之外，亦隨後完成執行該程式碼，並輸出結果。

4. 如下截圖所示，不久之後，其輸出結果，例如：「2.500 的 15.000 次方 = 931322.575」，呈現於編輯區下方的窗格當中。

5. 如下截圖所示，依次點選「File」⇒「Close File」或直接按下「Ctrl + W」快捷鍵，以便驅使 Sublime Text 關閉該程式碼檔案。

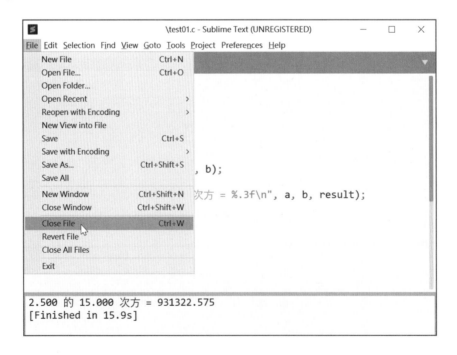

6. 如下截圖所示，原本的程式碼檔案雖然已經被關閉了；但是，其下方窗格依然是開啟狀態！

   - 此時，保持其下方窗格的開啟，其實並不影響正常功能。
   - 若仍然想先行關閉下方窗格的話，可以按下鍵盤上的「ESC」鍵即可。

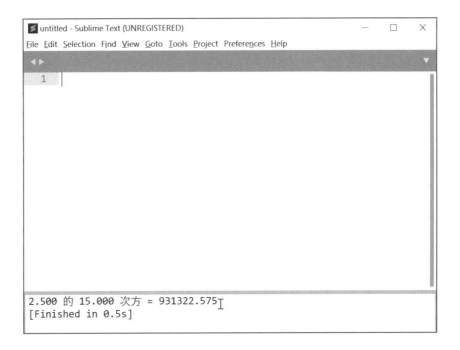

7. 如下截圖所示，依次點選「File」⇒「Save」或直接按下「Ctrl + S」快捷鍵，以便再次建立一個空的程式碼檔案。

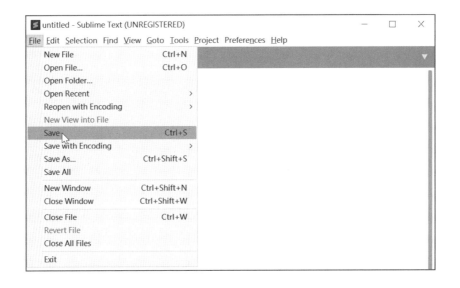

8. 如下截圖所示，依序完成：

a) 賦予該空的程式碼檔案，具有副名稱為「.cpp」的檔案名稱，例如：test02.cpp。

b) 完成其程式碼之正確和完整的編輯任務之後，再次儲存檔案 (「Ctrl + S」快捷鍵)。

c) 依次點選「Tools」⇒「Build」或直接按下「Ctrl + B」快捷鍵，以便驅使 Sublime Text 協助該程式碼檔案的執行動作。

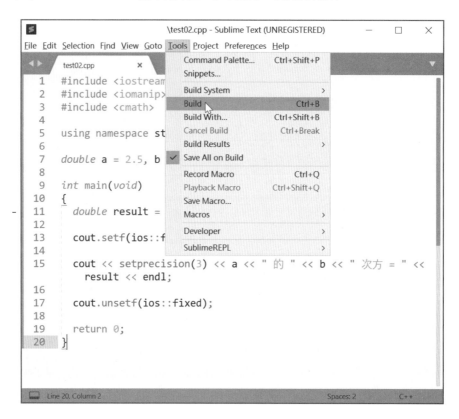

9. 如下截圖所示，安裝 Sublime Text 之後，第 1 次執行特定程式語言所對應的程式碼檔案時，例如：第 1 次執行 C++ 程式語言所對應的程式碼檔案時，請點選額外出現的副屬項目「C++ Single File - Run」，以便 Sublime Text 除了進行該程式語言之程式碼的錯誤檢查之外，亦隨後完成執行該程式碼，並輸出結果。

10. 如下截圖所示，不久之後，其輸出結果，例如：「2.500 的 15.000 次方 = 931322.575」，再次呈現於編輯區下方的窗格當中。

11. 如下截圖所示，亦可直接點選滑鼠指標所在的「x」關閉鈕，或是直接按下「Ctrl + W」快捷鍵，以便驅使 Sublime Text 關閉該程式碼檔案。並且，隨後按下鍵盤上的「ESC」鍵，順便關閉其下方的窗格。

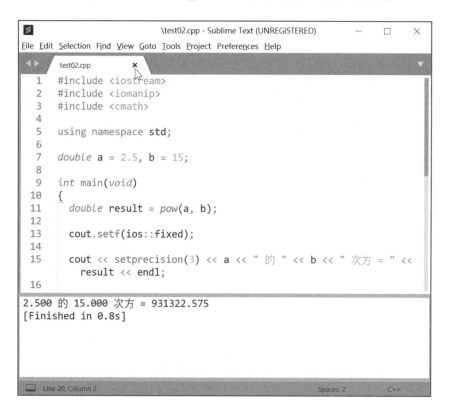

12. 如下截圖所示，依序完成如下事項：

a) 依次點選「File」⇒「Save」或直接按下「Ctrl + S」快捷鍵，以便再次建立一個空的程式碼檔案。

b) 賦予該空的程式碼檔案，具有副名稱為「.py」的檔案名稱，例如：test03.py。

c) 完成其程式碼之正確和完整的編輯任務之後，再次儲存檔案 (「Ctrl + S」快捷鍵)。

d) 依次點選「Tools」⇒「Build」或直接按下「Ctrl + B」快捷鍵，以便驅使 Sublime Text 協助該程式碼檔案的執行動作。

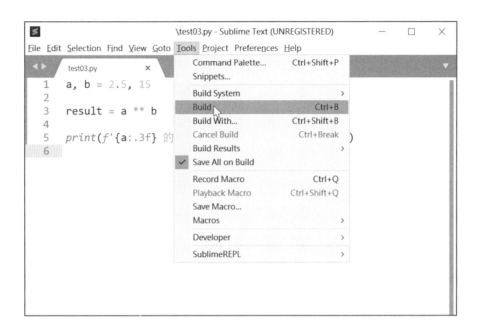

13. 如下截圖所示，安裝 Sublime Text 之後，第 1 次執行特定程式語言所對應的程式碼檔案時，例如：第 1 次執行 Python 程式語言所對應的程式碼檔案時，請點選額外出現的副屬項目「Python」，以便 Sublime Text 除了進行該程式語言之程式碼的錯誤檢查之外，亦隨後完成執行該程式碼，並輸出結果。

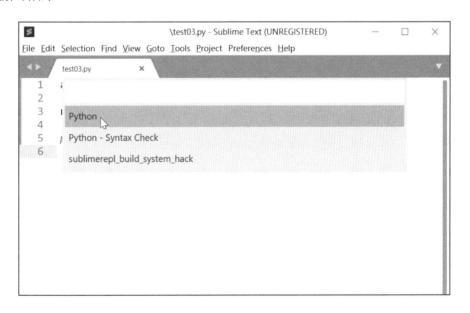

14. 如下截圖所示，不久之後，其輸出結果，例如：「2.500 的 15.000 次方 = 931322.575」，再度呈現於編輯區下方的窗格當中。

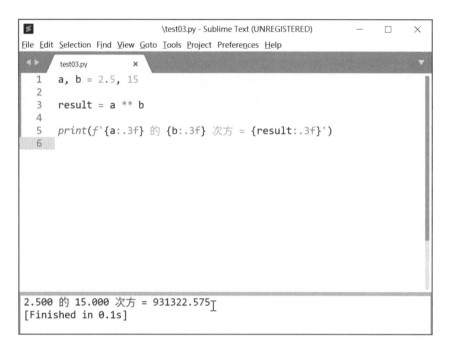

另外，因為我們先前安裝的 Sublime Text 整合式開發環境，預設是未付費、未註冊 (unregistered) 的版本！雖然 Sublime HQ Pty 公司並沒有限縮未付費版本的任何功能；但是，使用者進行「儲存」檔案的動作時，偶爾會跳出如下的對話方塊，提醒使用者是否升級為付費版本？！此時，可以按下鍵盤上的「ESC」鍵，即可快速關閉如下的對話方塊。

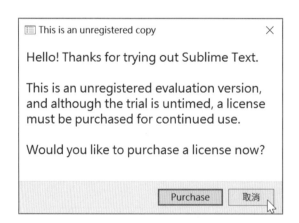

1.3.5 編輯環境的設置

在 Sublime Text 中，建議設置好如下細節，以便你使用編輯環境時，更加得心應手：

◆ 設置在編輯窗格中，將定位字元 (tab character) 的間隔，顯示成為像是 2 格空格字元之寬度的間隔。

◆ 設置 Tab 鍵被按下所產生的定位字元，**立即被替換**成為 2 個空格字元 (space character)。

◆ 設置編輯畫面的字型，成為任何一種「每個字母、數字、符號」都是**等寬等高**的字型，例如：consolas 字型，以利程式碼裡面的各個字母、數字與符號，較不容易被「看錯」而發生不必要的錯誤。

◆ 設置自動換列的機制。

如下截圖所示，請先開啟範例檔案 ch01-03-04-02.cpp，然後再依次點選「View」⇒「Indentation」⇒「Tab Width: 2」，使得編輯窗格中的定位字元，看起來不再像是間隔了 4 個，而是間隔了 2 個空格字元。

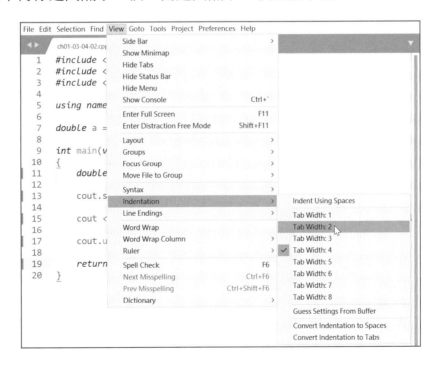

　　在如下截圖中可看出，大括號裡的各列程式碼之左側縮排，不再像如上截圖中的，進而變得比較寬。

```cpp
File Edit Selection Find View Goto Tools Project Preferences Help

ch01-03-04-02.cpp    ×

 1  #include <iostream>
 2  #include <iomanip>
 3  #include <cmath>
 4
 5  using namespace std;
 6
 7  double a = 2.5, b = 15;
 8
 9  int main(void)
10  {
11      double result = pow(a, b);
12
13      cout.setf(ios::fixed);
14
15      cout << setprecision(3) << a << " 的 " << b << " 次方 = " << result
16
17      cout.unsetf(ios::fixed);
18
19      return 0;
20  }
```

　　比較理想的方式，是讓程式碼中的定位字元，全數自動被轉換成為 2 個空格字元，以及任何定位字元被加入時，也順便自動被轉換成為 2 個空格字元！如下截圖所示，依次點選「View」⇒「Indentation」⇒「Convert Indentation to Spaces」。

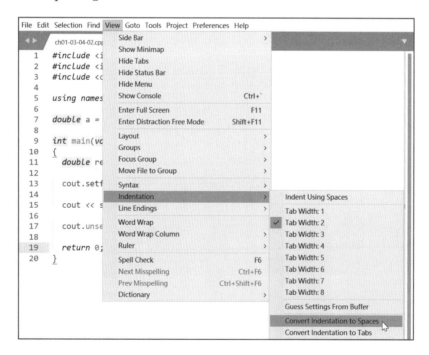

在如下截圖中可看出，列 15 的程式碼太長了，必須向右水平捲動，才看得到剩餘的程式碼片段。為了讓剩餘的程式碼片段，自動被延伸到下方，如下截圖所示，依次點選「View」⇒「Word Wrap」。

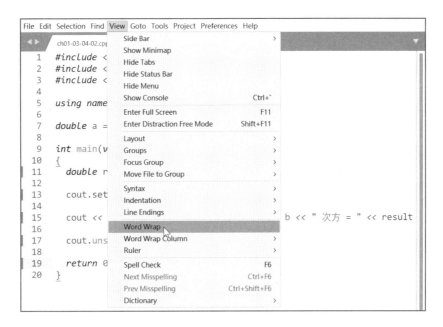

然而，每次關閉後重新啟動 Sublime Text，如上的動作都必須重做 ...。也因此，進行如下一連串的動作之後，只要 Sublime Text 沒有被重新安裝的話，每次重新啟動 Sublime Text 之後，仍然可以維持所需的設定值！

如下截圖所示，先行開啟本書隨附的文字檔案 datafiles/sublime-editor-settings.txt，然後複製其內部所有的文字，再依次點選「Preferences」⇒「Settings」。

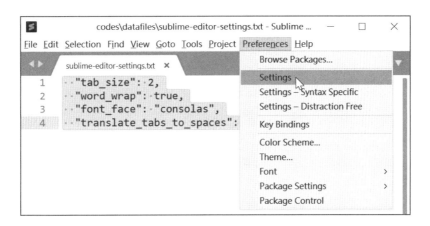

　　待如下截圖中的視窗被開啟之後,請在其右側窗格中,確認大括號裡的最後一個敘述,例如:「"font-size": 12」的尾端,是否存在半形逗點「,」?!倘若沒有的話,請務必補上 1 個半形逗點之下,按一下 ENTER 鍵以換列。

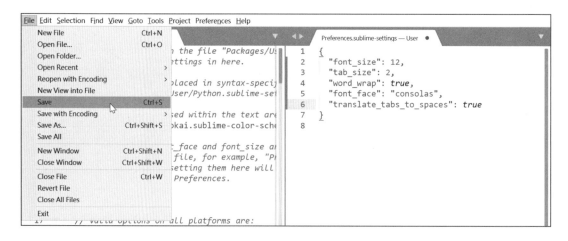

　　如下截圖所示,按 Ctrl + Shift + V 快捷鍵,以便將剛才複製的文字,工整地貼在大括號裡面,然後再按 Ctrl + S 快捷鍵,或者依次點選「File」⇒「Save」,以儲存該設定檔。

如下截圖所示，點選右上角的關閉鈕，以關閉該設定視窗。

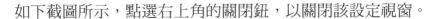

1.3.6 語法檢查和外部執行

在 Sublime Text 開發環境的編輯狀態中的預設情況下，只要按下 Ctrl + B 快捷鍵，或者依次點選「Tools」⇒「Build」，在此以範例檔案 ch01-03-04-02. cpp 為例，即可如下截圖當中，直接在其底下的小窗格裡，馬上看到執行該程式之後的輸出結果。

```cpp
#include <iostream>
#include <iomanip>
#include <cmath>

using namespace std;

double a = 2.5, b = 15;

int main(void)
{
    double result = pow(a, b);

    cout.setf(ios::fixed);

    cout << setprecision(3) << a << " 的 " << b << " 次方 = " << result << endl;

    cout.unsetf(ios::fixed);

    return 0;
}
```

```
2.500 的 15.000 次方 = 931322.575
[Finished in 0.7s]
```

然而，在某些情況下，程式設計人員希望 Sublime Text 開發環境**僅僅**協助檢查語法的正確性，甚至產生其對應的**執行檔** (例如：「.exe」的檔案) 就好，而「不要」進一步執行其對應的執行檔。欲達成這樣子的需求，如下截圖所示，依次點選「Tools」⇒「Build With」。

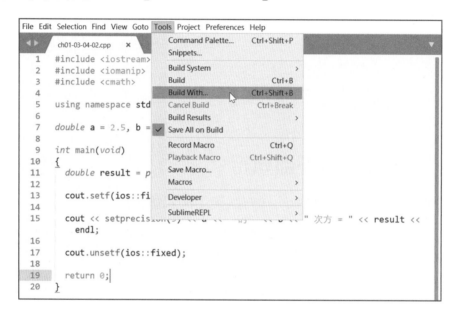

如下截圖所示，待下拉式清單出現時，點選「C++ Single File」，以便讓 Sublime Text 開發環境，僅僅協助檢查程式碼的語法即可，不要執行該程式。

　　如下截圖所示，此時就可以看到，其程式碼被進行檢查，沒有發現任何
語法錯誤之後，該程式對應的執行檔，例如：ch01-03-04-02.exe 其實已經被
產生出來了；但是並沒有被執行！

```
File  Edit  Selection  Find  View  Goto  Tools  Project  Preferences  Help

◀ ▶      ch01-03-04-02.cpp      ✕                                              ▼
    1    #include <iostream>
    2    #include <iomanip>
    3    #include <cmath>
    4
    5    using namespace std;
    6
    7    double a = 2.5, b = 15;
    8
    9    int main(void)
   10    {
   11      double result = pow(a, b);
   12
   13      cout.setf(ios::fixed);
   14
   15      cout << setprecision(3) << a << " 的 " << b << " 次方 = " << result <<
             endl;
   16
   17      cout.unsetf(ios::fixed);
   18
   19      return 0;
   20    }

  [Finished in 0.6s] I



  ⌨ Line 14, Column 1                                     Spaces: 2        C++
```

　　在此，改成以「外部」執行的方式，來執行該程式。如下截圖所示，
直接在編輯窗裡中的任何位置上，按滑鼠「右」鈕，並在出現的快顯功能表
中，點選「Copy File Path」，以複製該範例檔案所在的**路徑**和**檔案名稱**。

```
File  Edit  Selection  Find  View  Goto  Tools  Project  Preferences  Help

◀ ▶      ch01-03-04-02.cpp      ✕                                              ▼
    1    #include <iostream>
    2    #include <iomanip>
    3    #include <cmath>
    4                            ┌──────────────────────────────┐
    5    using namespace std;    │  Show Unsaved Changes...      │
    6                            │                              │
    7    double a = 2.5, b = 15; │  Cut                         │
    8                            │  Copy                        │
    9    int main(void)          │  Paste                       │
   10    {                       │                              │
   11      double result = pow(a,│  Select All                  │
   12                            │                              │
   13      cout.setf(ios::fixed);│  Open Containing Folder...   │
                                 │  Copy File Path    ⬉         │
                                 │  Reveal in Side Bar          │
                                 └──────────────────────────────┘
```

在 Windows 作業系統中,按下「視窗鍵 + R」快捷鍵,以快速啟動「執行」對話方塊。然後,如下截圖所示,輸入「cmd」之後,按下 ENTER 鍵或點選「確定」鈕。

待如下截圖中的「命令提示字元」視窗出現之後,倘若該程式檔案 ch01-03-04-02.cpp 和其對應的執行檔 ch01-03-04-02.exe 並不是被存放在 C 槽,而是 D 槽或其他槽的話,可如下截圖所示,在此輸入「d:」,然後按下 ENTER 鍵,以切換到 D 槽。

如下截圖所示,先輸入「cd」再加上 1 個空格字元,然後再貼上剛才複製的路徑和檔案名稱。

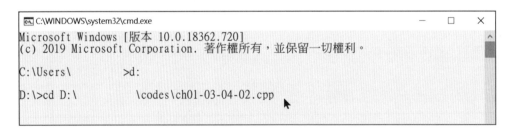

如下截圖所示，透過數次按下「Backspace」鍵，以刪除「檔案名稱」的
文字，以及 1 個反斜線。

如下截圖所示，此時按下 ENTER 鍵，以切換至 ch01-03-04-02.exe 所在
的路徑。

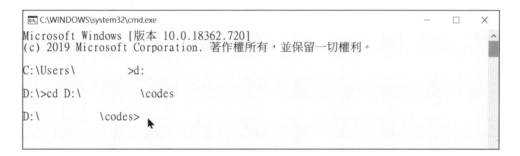

如下截圖所示，請再輸入「chcp 65001」，然後按下 ENTER 鍵，以便將
「命令提示字元」視窗的中文編碼，立即從繁體中文的 Big5 編碼 (CP950)，
調整成為**萬國碼**當中的 **UTF-8** 編碼 (CP65001)，以免顯示中文訊息時，出現
亂碼！

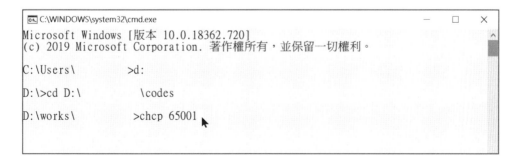

如下截圖所示，再輸入執行檔的名稱「ch01-03-04-02.exe」或省略副檔名的「ch01-03-04-02」也行，然後按下 ENTER 鍵。

如下截圖所示，即可看到該執行檔的輸出結果「2.500 的 15.000 次方 = 931322.575」。

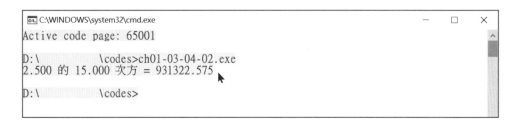

1.3.7　大幅提升編輯效率的快捷鍵

實際上，經常使用快捷鍵，實在可以大幅提升任何程式碼的編輯效率！只要你的電腦當中，並沒有其他程式占用了特定快捷鍵的話；那麼，以下特定功能的快捷鍵，即會是相當實用的首選：

檔案處理相關	
開啟舊檔	Ctrl + O
開啟新檔	Ctrl + N
儲存檔案	Ctrl + S
關閉檔案	Ctrl + W
另存新檔	Ctrl + Shift + S
多個檔案被開啟之後，切換檔案所在的分頁。	Ctrl + Tab
針對目前的程式碼檔案，檢查其語法，甚至進一步執行。	Ctrl + B
選取範圍相關	
全選文字	Ctrl + A

快速選取至少 1 列	Ctrl + L
快速選取所有位置上的同一個字詞	Alt + F3
每次遞增選取在其他位置上的同一個字詞	Ctrl + D
處理文字相關	
複製文字	Ctrl + C
貼上文字	Ctrl + V
取代文字	Ctrl + H
找尋文字	Ctrl + F
快速找尋文字	Ctrl + F3
快速插入「下」方的空白列	Ctrl + Enter
快速插入「上」方的空白列	Ctrl + Shift + Enter
快速刪除至少 1 列的文字	Ctrl + Shift + K
快速複製並貼上至少 1 列的文字	Ctrl + Shift + D
搬移至少 1 列的文字	Ctrl + Shift + ↑ 或 ↓ 方向鍵
快速將至少 2 列的文字，合併成為 1 列的文字。	Ctrl + J
讓程式碼片段，變成註解文字 / 讓註解文字，變回程式碼片段。	Ctrl + /
移動插入點相關	
跳至某一列	Ctrl + G
跳至第 1 列	Ctrl + Home
跳至最後 1 列	Ctrl + End

值得注意的是，後續說明提及許多「按下數次 Ctrl + …」或「按下 Ctrl + Shift + …」的意義是指：

◆ 必須先按「住」Ctrl 或者 Ctrl + Shift 鍵，然後才透過「同一隻手」甚至是「另一隻手」的其他手指，去按下搭配的字母鍵、方向鍵或功能鍵等等。

在以下情境當中，皆以範例檔案 ch01-03-07-01.py 為操作實例。

倘若只需要快速複製並貼上第 1 列之程式碼片段的話，將插入點 (滑鼠游標) 移入第 1 列之後，直接按下 Ctrl + Shift + D，即可看到如下截圖所示，第 2 列出現了相同於第 1 列的程式碼片段。

```
ch01-03-07-01.py ●
1  list01 = [number for number in range(1, 30, 2)]
2  list01 = [number for number in range(1, 30, 2)]
3
4  summation = sum(list01)
5  average = summation / len(list01)
6
7  print(f'等差數列為：\n {list01}\n')
8  print(f'其總和值 = {summation}')
9  print(f'其平均值 = {average}')
10
```

此時，請按一下 Ctrl + Z，恢復成為尚未複製第 1 列程式碼片段之前的樣子。

```
ch01-03-07-01.py ✕
1  list01 = [number for number in range(1, 30, 2)]
2
3  summation = sum(list01)
4  average = summation / len(list01)
5
6  print(f'等差數列為：\n {list01}\n')
7  print(f'其總和值 = {summation}')
8  print(f'其平均值 = {average}')
9
```

然後確認插入點還停留在第 1 列之後，連續按 5 次 Ctrl + L，以選取第 1 列至第 5 列的程式碼片段。

```
ch01-03-07-01.py ✕
1  list01 · = · [number · for · number · in · range(1, ·30, ·2)]
2
3  summation · = · sum(list01)
4  average · = · summation · / · len(list01)
5
6  print(f'等差數列為：\n {list01}\n')
7  print(f'其總和值 = {summation}')
8  print(f'其平均值 = {average}')
9
```

此時，再按下 Ctrl + Shift + D，即可快速複製並貼上相同於第 1 列至第 5 列的程式碼片段。

```
ch01-03-07-01.py ●
1   list01 = [number for number in range(1, 30, 2)]
2
3   summation = sum(list01)
4   average = summation / len(list01)
5
6   list01 = [number for number in range(1, 30, 2)]
7
8   summation = sum(list01)
9   average = summation / len(list01)
10
11  print(f'等差數列為：\n {list01}\n')
12  print(f'其總和值 = {summation}')
13  print(f'其平均值 = {average}')
14
```

此時，請先保持第 6 列至第 10 列的被選取狀態，並且連續按 4 次 Ctrl + Shift + ↓ 方向鍵，以便往下搬移該程式碼片段至第 10 列開始之處。

```
ch01-03-07-01.py ●
1   list01 = [number for number in range(1, 30, 2)]
2
3   summation = sum(list01)
4   average = summation / len(list01)
5
6   print(f'等差數列為：\n {list01}\n')
7   print(f'其總和值 = {summation}')
8   print(f'其平均值 = {average}')
9
10  list01 = [number for number in range(1, 30, 2)]
11
12  summation = sum(list01)
13  average = summation / len(list01)
14
```

在此時，建議按一下 ↑ 方向鍵，以簡單取消其選取狀態，然後再按一下 ↓ 方向鍵，將插入點移至第 10 列之「list01」字樣上。

```
ch01-03-07-01.py ●
1   list01 = [number for number in range(1, 30, 2)]
2
3   summation = sum(list01)
4   average = summation / len(list01)
5
6   print(f'等差數列為：\n {list01}\n')
7   print(f'其總和值 = {summation}')
8   print(f'其平均值 = {average}')
9
10  list01 = [number for number in range(1, 30, 2)]
11
12  summation = sum(list01)
13  average = summation / len(list01)
14
```

此時，請按下 3 次 Ctrl + D，以快速選取第 10 列開始的 3 個「list01」字樣。

```
ch01-03-07-01.py                                    ●
 1    list01 = [number for number in range(1, 30, 2)]
 2
 3    summation = sum(list01)
 4    average = summation / len(list01)
 5
 6    print(f'等差數列為：\n {list01}\n')
 7    print(f'其總和值 = {summation}')
 8    print(f'其平均值 = {average}')
 9
10    list01 = [number for number in range(1, 30, 2)]
11
12    summation = sum(list01)
13    average = summation / len(list01)
14
```

此時，可考慮修改成為其他新的字樣，筆者在此則將之改成「list02」字樣！你可發現，只要輸入其他字樣，3 處的「list01」字樣會瞬間被修改成為新輸入的其他字樣。

```
ch01-03-07-01.py                                    ●
 1    list01 = [number for number in range(1, 30, 2)]
 2
 3    summation = sum(list01)
 4    average = summation / len(list01)
 5
 6    print(f'等差數列為：\n {list01}\n')
 7    print(f'其總和值 = {summation}')
 8    print(f'其平均值 = {average}')
 9
10    list02 = [number for number in range(1, 30, 2)]
11
12    summation = sum(list02)
13    average = summation / len(list02)
14
```

此時，建議按下「ESC」鍵 1 次 (輸出結果的窗格尚未出現的情況下) 或 2 次 (輸出結果的窗格出現的情況下)，以快速取消多個插入點，恢復成為 1 個插入點。

```
ch01-03-07-01.py ●
1   list01 = [number for number in range(1, 30, 2)]
2
3   summation = sum(list01)
4   average = summation / Len(list01)
5
6   print(f'等差數列為：\n {list01}\n')
7   print(f'其總和值 = {summation}')
8   print(f'其平均值 = {average}')
9
10  list02| = [number for number in range(1, 30, 2)]
11
12  summation = sum(list02)
13  average = summation / Len(list02)
14
```

此時，插入點停留在第 10 列。接著：

◆ 按數次 → 方向鍵，將插入點移至第 1 個「number」與空格字元之間為止，然後輸入「 ** 2」。

◆ 然後再繼續按數次 → 方向鍵，將插入點移至「(1, 30, 2)」的「1」與逗點「,」之間為止，並將「(1, 30, 2)」，修改成為「(10, 20)」。

如此一來，就可以讓變數 list02 中的串列，變成是 $[10^2, 11^2, 12^2, \cdots, 19^2, 20^2]$，也就是 [100, 121, 144, 169, 196, 225, 256, 289, 324, 361]。

```
ch01-03-07-01.py ×
1   list01 = [number for number in range(1, 30, 2)]
2
3   summation = sum(list01)
4   average = summation / Len(list01)
5
6   print(f'等差數列為：\n {list01}\n')
7   print(f'其總和值 = {summation}')
8   print(f'其平均值 = {average}')
9
10  list02 = [number ** 2 for number in range(10, 20)]
11
12  summation = sum(list02)
13  average = summation / Len(list02)
```

此時，將插入點移入第 6 列，然後按 3 次 Ctrl + L，以快速選取第 6 列至第 8 列。

```python
list01 = [number for number in range(1, 30, 2)]

summation = sum(list01)
average = summation / len(list01)

print(f'等差數列為：\n {list01}\n')
print(f'其總和值 = {summation}')
print(f'其平均值 = {average}')

list02 = [number ** 2 for number in range(10, 20)]

summation = sum(list02)
average = summation / len(list02)
```

此時，按下 Ctrl + Shift + D，快速複製並貼上相同於第 6 列至第 8 列的程式碼片段。

```python
list01 = [number for number in range(1, 30, 2)]

summation = sum(list01)
average = summation / len(list01)

print(f'等差數列為：\n {list01}\n')
print(f'其總和值 = {summation}')
print(f'其平均值 = {average}')
print(f'等差數列為：\n {list01}\n')
print(f'其總和值 = {summation}')
print(f'其平均值 = {average}')

list02 = [number ** 2 for number in range(10, 20)]

summation = sum(list02)
average = summation / len(list02)
```

此時，將新產生之第 9 列至第 11 列的程式碼片段，透過按下 5 次 Ctrl + Shift + ↓ 方向鍵，往下搬移至第 14 列至第 16 列的地方。

```
ch01-03-07-01.py
1   list01 = [number for number in range(1, 30, 2)]
2
3   summation = sum(list01)
4   average = summation / len(list01)
5
6   print(f'等差數列為：\n {list01}\n')
7   print(f'其總和值 = {summation}')
8   print(f'其平均值 = {average}')
9
10  list02 = [number ** 2 for number in range(10, 20)]
11
12  summation = sum(list02)
13  average = summation / len(list02)
14  print(f'等差數列為：\n {list01}\n')
15  print(f'其總和值 = {summation}')
16  print(f'其平均值 = {average}')
```

此時，建議按 1 次 ↑ 方向鍵，讓插入點快速出現在第 13 列，然後再按 1 次 Ctrl + Enter，以便在第 13 列的下方，快速產生 1 個空白列。

```
ch01-03-07-01.py
1   list01 = [number for number in range(1, 30, 2)]
2
3   summation = sum(list01)
4   average = summation / len(list01)
5
6   print(f'等差數列為：\n {list01}\n')
7   print(f'其總和值 = {summation}')
8   print(f'其平均值 = {average}')
9
10  list02 = [number ** 2 for number in range(10, 20)]
11
12  summation = sum(list02)
13  average = summation / len(list02)
14
15  print(f'等差數列為：\n {list01}\n')
16  print(f'其總和值 = {summation}')
17  print(f'其平均值 = {average}')
```

此時，將插入點移至第 15 列之「等差」字樣，並將之修改成為「基底值 10 到 20 的平方」。

```
ch01-03-07-01.py
1   list01 = [number for number in range(1, 30, 2)]
2
3   summation = sum(list01)
4   average = summation / Len(list01)
5
6   print(f'等差數列為：\n {list01}\n')
7   print(f'其總和值 = {summation}')
8   print(f'其平均值 = {average}')
9
10  list02 = [number ** 2 for number in range(10, 20)]
11
12  summation = sum(list02)
13  average = summation / Len(list02)
14
15  print(f'基底值10到20的平方數列為：\n {list01}\n')
16  print(f'其總和值 = {summation}')
17  print(f'其平均值 = {average}')
```

接著，將插入點移至同一列「list01」的「1」字樣，並將之修改成為「2」。

```
ch01-03-07-01.py
1   list01 = [number for number in range(1, 30, 2)]
2
3   summation = sum(list01)
4   average = summation / Len(list01)
5
6   print(f'等差數列為：\n {list01}\n')
7   print(f'其總和值 = {summation}')
8   print(f'其平均值 = {average}')
9
10  list02 = [number ** 2 for number in range(10, 20)]
11
12  summation = sum(list02)
13  average = summation / Len(list02)
14
15  print(f'基底值10到20的平方數列為：\n {list02}\n')
16  print(f'其總和值 = {summation}')
17  print(f'其平均值 = {average}')
```

在尚未關閉該範例檔案之前，你隨時都可以：

◆ 透過按下至少 1 次 Ctrl＋Z，以「還原」先前至少 1 個編輯動作！

◆ 倘若還原「過頭」了，只要還原之後，尚未做任何新的編輯動作；你就可以按下至少 1 次 Ctrl＋Y，以立即「重現」下一個順序的編輯動作！

　　此時，按下 Ctrl + S，以快速存檔，然後再按下 Ctrl + B，以快速檢查該程式碼的語法，並且進一步執行該程式碼。

　　此時，發現了輸出結果的如下狀況：

◆ 在訊息「其平均值 = 15.0」和訊息「基底值 10 到 20 的平方數列為：」之間，倘若存在一個「空白列」的話，會顯得更工整。

◆ 在訊息「基底值 10 到 20 的平方數列為：」中之整數 10 與 20 的兩側，倘若存在「空格字元」的話，就能夠減緩視覺上的壓迫感。

於是，在第 8 列的「{average}」字樣和單引號「'」之間，加上代表換列符號的「\n」字樣。

```python
list01 = [number for number in range(1, 30, 2)]

summation = sum(list01)
average = summation / len(list01)

print(f'等差數列為：\n {list01}\n')
print(f'其總和值 = {summation}')
print(f'其平均值 = {average}\n')

list02 = [number ** 2 for number in range(10, 20)]

summation = sum(list02)
average = summation / len(list02)

print(f'基底值10到20的平方數列為：\n {list02}\n')
print(f'其總和值 = {summation}')
print(f'其平均值 = {average}')
```

然後，在第 15 列的「10」字樣的兩側，以及「20」字樣的兩側，分別加上 1 個「空格字元」。

```python
list01 = [number for number in range(1, 30, 2)]

summation = sum(list01)
average = summation / len(list01)

print(f'等差數列為：\n {list01}\n')
print(f'其總和值 = {summation}')
print(f'其平均值 = {average}\n')

list02 = [number ** 2 for number in range(10, 20)]

summation = sum(list02)
average = summation / len(list02)

print(f'基底值 10 到 20 的平方數列為：\n {list02}\n')
print(f'其總和值 = {summation}')
print(f'其平均值 = {average}')
```

此時，按下 Ctrl + S，以快速存檔，然後再按下 Ctrl + B，以快速檢查該程式碼的語法，並且進一步執行該程式碼。

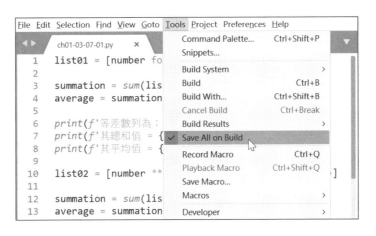

```
D:\works\碁峰\codes\ch01-03-07-01.py - Sublime Text (UNREG...
File Edit Selection Find View Goto Tools Project Preferences Help
  ch01-03-07-01.py    ×
 1  list01 = [number for number in range(1, 30, 2)]
 2
 3  summation = sum(list01)
 4  average = summation / len(list01)
 5
 6  print(f'等差數列為：\n {list01}\n')
 7  print(f'其總和值 = {summation}')
 8  print(f'其平均值 = {average}\n')
 9
10  list02 = [number ** 2 for number in range(10, 20)]
11
12  summation = sum(list02)
13  average = summation / len(list02)
14
15  print(f'基底值 10 到 20 的平方數列為：\n {list02}\n')
16  print(f'其總和值 = {summation}')
17  print(f'其平均值 = {average}')

等差數列為：
 [1, 3, 5, 7, 9, 11, 13, 15, 17, 19, 21, 23, 25, 27, 29]

其總和值 = 225
其平均值 = 15.0

基底值 10 到 20 的平方數列為：
 [100, 121, 144, 169, 196, 225, 256, 289, 324, 361]

其總和值 = 2185
其平均值 = 218.5
[Finished in 0.1s]

Line 15, Column 21                    Spaces: 2         Python
```

其實，只要在選單「Tools」裡的命令「Save All on Build」已經處於勾選狀態的話；那麼，按 Ctrl + B 的時候，Sublime Text 開發環境會先行「自動」幫忙「存檔」之後，才檢查該程式碼的語法，並且進一步執行該程式碼！

接近尾聲時，按下 Ctrl + W，以快速關閉該範例檔案。事實上，在本小節所操作的「所有」快捷鍵，都可以在 Sublime Text 的各個選單中找到。就如同在選單「File」中的命令「Close File」裡，就清楚提及到其對應的快捷鍵即是 Ctrl + W。

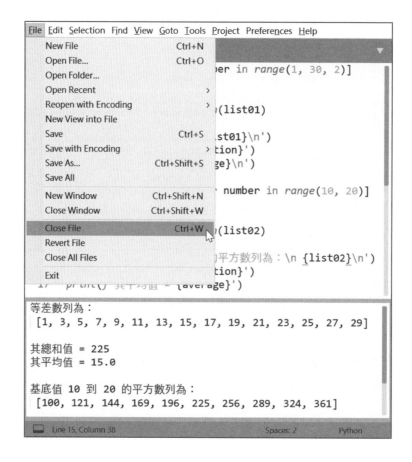

最後，可看到範例檔案雖然被關閉了，但是底下的**輸出結果窗格**，仍然保留在畫面上。

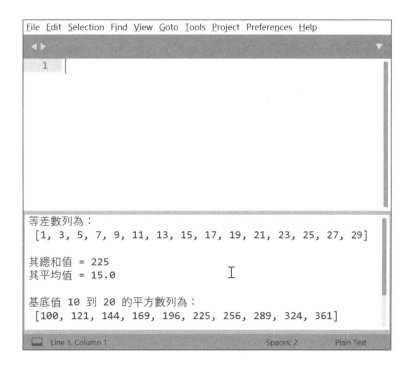

此時，只需要再按下「ESC」鍵，即可立即關閉該輸出結果窗格了！

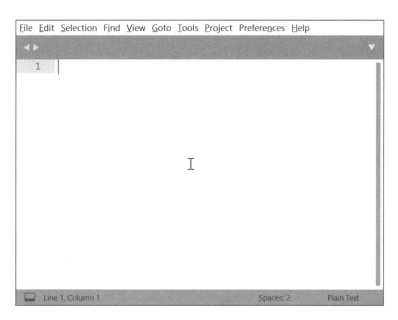

實際上，Sublime Text 開發環境還存在一些實用的快捷鍵！例如：你可以先行在編輯窗格裡，準備好一堆需要被按照數值大小、英文字母順序或中文編碼順序，加以排列之文字類型的資料錄，然後再按下 F9 或 Ctrl + F9 快捷鍵，或是依次點選「Edit」⇒「Sort Lines」/「Sort Lines (Case Sensitive)」，就可以馬上「升序」或「降序」排列好那一堆資料錄！

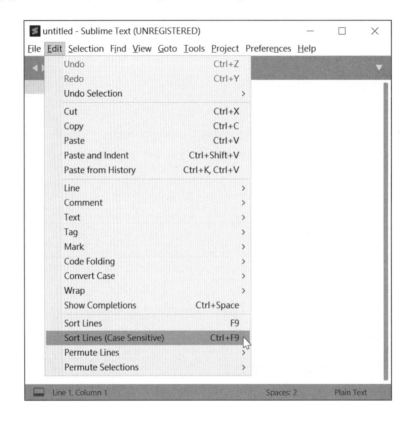

例如：你可以在編輯窗格裡，先行選取某段混雜著「大小寫」英文單字的段落文字，然後按下如下其中之一的快捷鍵：

◆ Ctrl + K ⇒ L (先按住 Ctrl，再依次按下 K 鍵，然後 L 鍵，最後再放開 Ctrl 鍵)。

◆ Ctrl + K ⇒ U (先按住 Ctrl，再依次按下 K 鍵，然後 U 鍵，最後再放開 Ctrl 鍵)。

接著，你就發現，該段落文字中英文字母的大小寫，被一下子調整完畢
了！

筆者在此衷心建議，充份練習本小節的操作，有助於真正認識快捷鍵的
實用之處！ Sublime Text 開發環境尚有其他不少的快捷鍵，值得你去利用。

練習題

1. 請透過維基百科和網路上的其他資訊，說明電腦的軟體 (software) 與程式 (program) 究竟有什麼不同？

2. 請說明軟體工程師 (software engineer) 與程式設計師 (programmer) 究竟有什麼不同？

3. 在臺灣鐵路局之普悠瑪列車的硬體控制裝置裡，存在的機器碼，會如何影響其行駛的安全性？

4. 在波音公司 (Boeing Company) 所生產之各種飛機的硬體控制裝置裡，存在的機器碼，你認為主要是透過什麼程式語言的程式碼，轉換而成的？

5. 請透過網路上的各種資訊，列舉出 Google 與 Microsoft 等兩家公司，曾經創造出哪些「直譯」方式和「編譯」方式的程式語言？

6. 參考並操作過 1.3 節之後，除了 Sublime Text 之外，請額外挑選 1.3 節中所提及之其中一套 Python 開發環境和其中一套 C++ 開發環境，並且如同 1.3 節提及如何在 Sublime Text 開發環境中，轉譯和執行「.py」與「.cpp」程式碼檔案的類似方式，同樣以螢幕「截圖」配合「步驟」的陳述，概要式地說明在該開發環境中，如何執行「.py」或「.cpp」的程式碼檔案。

7. 請以「截圖」配合「步驟」的陳述，說明如何在 Sublime Text 的編輯視窗中，開啟「ch01-03-04-01.c」的 3 種方式。

8. 除了 1.3 節所提及的方式之外，請再以「截圖」配合「步驟」的陳述，說明如何執行程式碼檔案「ch01-03-04-02.cpp」的其他 2 種方式。

   - 提示：請先在其程式碼的「return 0;」的前一列，加上如下語法，然後存檔之後，再想辦法。

   ```
   system("pause");
   ```

9. 除了 1.3 節所提及的方式之外，請再以「截圖」配合「步驟」的陳述，說明如何執行程式碼檔案「ch01-03-04-03.py」的其他 2 種方式。

   - 提示：請先在其程式碼的最後一列下方，加上如下兩列的語法，然後存檔之後，再想辦法。

   ```
   import os
   os.system('pause')
   ```

10. 科學家曾經研究出，人腦會產生像「電流脈衝」般的腦波，而人體的細胞之間，也會存在所謂的微電流。倘若人類也是一種被創造出來之物體的話，你認為人體的哪些部分，存在類似像人工智慧方面之機器碼的東西？

02
CHAPTER

基礎的資料結構
之原理與運用

本章學習重點

2.1 資料型態與資料結構

在不同程式語言中，對於資料型態 (data type) 的定義與詮釋，並不一定相同！舉例來說：

◆ Python 程式語言中的串列 (list) 資料型態，和 C、C++ 程式語言中的陣列 (array) 資料型態，係為極度相似的！

◆ Python 程式語言中的字典 (dictionary) 資料型態，和 C 程式語言中的結構 (structure) 資料型態，以及 C++ 程式語言中的地圖 (map) 資料型態，係為較為相似的。

◆ Python 程式語言中的字串 (string) 資料型態，則和 C 程式語言中的字元 (character) 資料型態，以及 C++ 程式語言中的字串資料型態，係為極度相似的。

◆ Python 程式語言中的整數 (integer)、浮點數 (floating-point number) 資料型態，則和 C、C++ 程式語言中的整數、浮點數資料型態，係為極度相似的。

所謂的資料型態 (data type)，顯而易見地，即是意指特定資料 (data) 的型態 (type)。但是，不可否認的是，每種「資料型態」確實會對應到 1 種資料結構 (data structure)。舉例來說：

◆ 在任何程式語言中，**整數** (integer) 資料型態意指**特定變數**，在現階段僅僅**被用來**存放整數資料 (例如：Python 程式語言)，或者是「只能」儲存整數資料 (例如：C++ 程式語言) 的 1 個記憶體空間。也因此，**整數**資料型態所對應的資料結構，即是：

  ● 1 個「至少」2 個位元組以上的記憶體空間。

  ● 該記憶體空間，「目前存放」或者「只能」存放整數。

◆ 在 C++ 程式語言中，**標準**的陣列 (array) 資料型態意指**特定變數**，被用來存放一組「相同」資料型態而且「連續」的資料。也因此，標準的**陣列**資料型態所對應的資料結構，即是：

- 「連續」數個「至少」1 個位元組以上的記憶體空間。

- 該記憶體空間，「只能」存放特定資料型態的資料。

由上可發現，許多人對於「資料型態」和「資料結構」的定義，感到相當疑惑與混淆的主要原因！

現在我們來深度探討所謂的「資料結構」，通常是用來代表堆疊 (stack)、佇列 (queue)、鏈結串列 (linked list)、樹 (tree)、圖 (graph)、雜湊 (hash) 等等較「高階、複雜」的**複合式**資料結構！

而在許多程式語言中，也支援其中一些如此高階、複雜的**複合式**資料結構所「反向」對應的資料型態！為了不致於使得「資料型態」和「資料結構」令人感到疑惑與混淆，我們可以如下詮釋與理解：

◆ 每個資料**型態**，都會對應到 1 種資料結構。

◆ 每種資料**結構**，都會有 1 個稱呼方式，這個稱呼方式就是特定的「資料型態」！例如：

  - 特定變數在記憶體中占用【1 個「至少」2 個位元組以上的記憶體空間，「目前存放」或者「只能」存放整數】的資料結構，「被稱為」**整數**資料型態！

  - 特定變數在記憶體中占用【「連續」數個「至少」1 個位元組以上的記憶體空間，「只能」存放特定資料型態的資料】的資料結構，「被稱為」**陣列**資料型態！

由此可知，較高階的資料結構，例如：陣列，其內部潛藏著較低階的資料結構—整數。換言之，較高階的資料結構，即是由「多個」相同或不同之「**基本**資料結構」所拼湊而成的「**整體**資料結構」。舉例來說，如下是一個內含多個整數的環狀佇列 (circular queue)。其中：

◆ 每個**基本**資料的資料結構，係為**整數**。

◆ 多個**整數**資料結構，構成了這個「環狀佇列」資料結構。

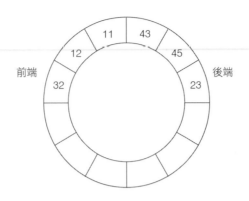

再來看另一個例子，如下是一個內含多個「**基本**資料結構」並不相同的堆疊 (stack) 資料結構。其中：

◆ 其內部的**基本**資料結構，係為整數、浮點數與字串。

◆ 換言之，多種基本資料結構，構成了這個「堆疊」資料結構。

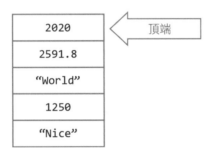

因為時勢所趨，本章即將提及 Python 和 C++ 程式語言中數種常見的資料型態和其對應的資料**結構**。

2.2 整數

在數學理論當中，整數 (integer) 可分為負整數 (negative integer) 與自然數 (natural number)，其中自然數包含零 (zero) 和正整數 (positive integer)。

接著，依序理解 Python 與 C++ 程式語言，對於存放特定整數之變數的基本定義方式。在如下兩個範例中，可看到**參與計算**的，係為 4 個整數資料型態的變數。

```
範例：ch02-02-xx-01.py
01   a, b, c = -128, 256, 0
02
03   result = a * c + 2 * b
04   print(f'計算值 = {result}')
```

📥 輸出結果

計算值 = 512

🔓 說明

◆ 在 Python 程式語言的語法當中，可透過如同列 01 所示的語法，快速定義
  變數 a、b、c 和其初始值，分別為 -128、256 與 0。

  ● Python 核心系統是根據各個變數之內含資料的資料型態，以「暫訂」
    該變數當時係為特定資料型態的變數。

  ● 變數 a、b、c 的內含資料係為「整數」可看出，該 3 個變數目前皆為
    「整數」資料型態的變數。

◆ 列 03 的語法，快速定義變數 result 和其初始值為運算式「a * c + 2 * b」
  的運算結果，也就等同於數學運算式「a × c + 2 × b」=「-128 × 0 + 2
  × 256」的運算結果「512」。

◆ 列 04 的語法，係為 Python 程式語言所支援的「f'格式化字串'」語法，可
  允許將特定變數名稱，先行放入一對大括號之內，例如：「{result}」，進
  而植入格式化字串裡面。以便讓變數 result 當時的內含資料「512」，被填
  入格式化字串當中，最後才顯示出「計算值 = 512」的訊息，在畫面上。

```
範例：ch02-02-xx-02.cpp
01   #include <iostream>
02
03   using namespace std;
04
```

```
05   int a = -128, b = 256, c = 0;
06
07   int main(void)
08   {
09     int result = a * c + 2 * b;
10
11     cout << "計算值 = " << result << endl;
12
13     return 0;
14   }
```

📥 輸出結果

```
計算值 = 512
```

🔒 說明

◆ 為了使得程式碼當中，可以使用「輸入與輸出串流 (iostream, input & output stream)」資源庫 (library) 其中的各種資源，例如：名稱空間 std (standard) 中的控制台輸出物件 cout (console output)，則必須事先透過列 01 的語法，先行命令 C++ 核心系統，載入資源庫 iostream！

◆ 列 03 的語法，可使得原始語法「**std**::cout << "輸出結果 = " << result << endl;」，被簡化成為列 11 的目前語法！

◆ 列 05 的語法，分別定義了「整數」資料型態的變數 a、b、c 和其初始值 -128、256 與 0。

◆ C++ 核心系統轉換特定程式碼，成為機器碼時，預設會驅使特定作業系統，從主函數 main 之大括號裡面，開始執行各列程式碼所對應的機器碼！

  ● 也因此，欲被執行的程式碼，理應被撰寫於主函數 main 的大括號裡面。

  ● 在此，主函數 main 的定義語法，是從列 07 開始，到列 14 為止。

◆ 列 07 的語法，定義了該主函數之傳回值的資料型態，係為整數 (int, integer)。

- 也因此，列 13 的關鍵字 return 和分號「;」之間，需要給予整數值，例如：0、-1、1 等等。

◆ 列 09 的語法，定義了「整數」資料型態的變數 result 和其初始值為「a * c + 2 * b」的運算結果。

- 因為變數 result 被定義在主函數 main 的大括號裡面！這也就意謂著，變數 result 係為區域變數 (local variable)，只能被使用於主函數之內！

- 而列 05 所定義的變數 a、b、c，係為全域變數 (global variable)，則可使用於本例當中的後續程式碼裡面，包括任何一個函數裡面。只不過，本例只有一個函數，那就是主函數 main。

◆ 列 11 的語法，可使得「計算值 = 512」的訊息，被輸出並顯示在所謂的「控制台之輸出 (console output)」裝置上，也就是螢幕上的意思！

- 其中，endl (end the line) 可使得特定訊息「強制」被輸出並顯示之後，再進行換列 (new line) 的動作。

- 換言之，在某些場合下，倘若同時存在多個 cout 敘述在特定程式碼當中，最後皆不加上 endl 的話，其各部分的訊息有可能無法「及時」被顯示出來；會變成特定作業系統，執行到最後一個 cout 敘述時，才一次輸出並顯出前面所有的訊息 ...。

2.3 浮點數

在電腦科學當中，所謂的浮點數 (floating-point number) 係為數學理論中之有理數 (rational number) 的一部分！這是因為，各個浮點數之「小數」的部分，皆是透過 2 的次方值，例如：2^{-5}、2^{-2}、2^3、2^{12} 等等，來形成的！

之所以被稱為浮點數，是因為不同的浮點數，例如：1.25、30.875、536.5625 等等，在其被形成浮點數的運算過程當中，其「小數點」位置係為浮動而不固定的緣故！

接著，透過如下兩個「用來計算出半徑為浮點數 12.5 的球體體積」之範例，依序理解 Python 與 C++ 程式語言，對於暫存特定浮點數之變數的基本定義方式。

```
範例：ch02-03-xx-01.py
01    from math import pi
02
03    r = 12.5
04
05    sphere_volume = 4 / 3 * pi * r ** 3
06    print(f'半徑為 {r} 的球體體積 = {sphere_volume:.3f}')
```

📥 輸出結果

```
半徑為 12.5 的球體體積 = 8181.231
```

🔓 說明

◆ 列 01 的語法，是用來載入模組 math 中內含「圓周率之近似值 3.141592653589793」的屬性 pi。換言之，屬性 pi 的內含資料，係為浮點數 3.141592653589793。

◆ 列 03 的語法，定義了初始值為浮點數 12.5 的變數 r。

◆ 列 05 的語法，定義了初始值為特定球體體積的變數 sphere_volume。

   ● 球體體積的數學公式為「$\frac{4}{3}\pi r^3$」。

   ● 該數學公式轉換成為 Python 程式語言的等效公式，則為「4 / 3 * pi * r ** 3」。其中，「**」代表次方 (power) 的運算子／運算符號 (operator)。

◆ 列 06 的語法，將變數 r 內含的半徑長度，以及變數 sphere_volume 內含的球體體積，植入該格式化字串當中，最後輸出「半徑為 12.5 的球體體積 = 8181.231」的訊息。其中：

   ● 「{sphere_volume:.3f}」之「:.3f」的片段語法，是用來控制變數 sphere_volume 內含的球體體積，以「在四捨五入之後，精確至第 3 個小數位數」的方式，呈現其數值。

範例：ch02-03-xx-02.cpp

```cpp
01  #include <iostream>
02  #include <iomanip>
03  #include <cmath>
04
05  using namespace std;
06
07  double r = 12.5;
08
09  int main(void)
10  {
11      double sphere_volume = 4.0 / 3 * M_PI * pow(r, 3);
12
13      cout.setf(ios::fixed);
14
15      cout << setprecision(3) << "半徑為 " << r << " 的球體體積= " <<
         sphere_volume << endl;
16
17      cout.unsetf(ios::fixed);
18
19      return 0;
20  }
```

輸出結果

```
半徑為 12.500 的球體體積 = 8181.231
```

說明

◆ 列 02 的語法，載入了資源庫 iomanip (input & output manipulation)，以便支援列 15 中之「setprecision(3)」的語法。

  • 列 15 中之「setprecision(3)」的語法，必須預先搭配列 13 之「cout.setf(ios::fixed)」，才能使得被輸出之浮點數，以「在四捨五入之後，固定精確至第 3 個小數位數」的方式，呈現其數值。

  • 列 17 的語法，是為了恢復浮點數的預設呈現方式。

- ◆ 列 03 的語法，載入了資源庫 cmath (c mathematics)，以便提供：

  - 內含「圓周率之近似值 3.141592653589793」的屬性 M_PI。

  - 可計算出「次方」的運算結果之函數 pow (即 power 之意)。

- ◆ 列 11 的語法，定義了初始值為特定球體體積的變數 sphere_volume。其中：

  - 關鍵字 double 係為用來定義特定變數之內含資料的資料型態，成為「雙精確度 (double precision) 浮點數」，並且使得任意浮點數，精確至第 15 個小數位數。

  - 關鍵字 float 係為用來定義特定變數之內含資料的資料型態，成為「單精確 (single precision) 浮點數」，並且使得任意浮點數，精確至第 6 位小數位數。

  - 本列的語法之等號右側，是用來實現球體體積之數學公式為「$\frac{4}{3}\pi r^3$」在 C++ 程式語言的等效公式「4.0 / 3 * M_PI * pow(r, 3)」。

2.4 字串

所謂的字串 (string)，即是意指由字母、數字、符號與各國文字所構成的「連續文字」資料。在應用程式當中，需要運用大量的字串，以輸出可供查看的各種文字訊息。

字串，亦可更嚴謹地被稱呼為字串常數 (string constant) / 字串原義 (string literals)！而字串常數的呈現方式，在各種程式語言裡，幾乎都伴隨著一組單引號或雙引號。

在 Python 程式語言裡，甚至還有透過一組「3 個單引號或 3 個雙引號」所構成的跨多列字串！在 C++ 程式語言裡，亦存在跨多列字串之類似的建置方式。

在如下兩個實例中，透過多個字串常數與字串變數，可理解字串常數的指定、字串變數的存取與串接，以及跨多列字串常數的建置。

範例：ch02-04-xx-01.py

```
01  name01, name02 = 'Jasper', "Alice"
02
03  sentence01 = name01 + " lovingly loves lovely beloved " + name02 + "."
04  print(sentence01)
05
06  sentence02 = '{} lovingly loves lovely beloved {}.'.format(name01, name02)
07  print(sentence02)
08
09  sentence03 = '%s lovingly loves lovely beloved %s.' % (name01, name02)
10  print(sentence03)
11
12  sentence04 = f'{name01} lovingly loves lovely beloved {name02}.'
13  print(sentence04)
14
15  poem01 = '''
16    今晨明曦暖春風
17      午後炙意似晴空
18        夕刻彩暉遍地羞
19          夜來寂闌愁思濃'''
20
21  poem02 = """
22    建築千層塔
23      通達萬里跋
24        綻露盈滿華
25          頂天立宏霸"""
26
27  print(f'{poem01}\n{poem02}\n')
28
29  print(type(name01), type(name02), type(sentence01), type(sentence02),
      type(poem01), type(poem02))
```

📥 輸出結果

```
Jasper lovingly loves lovely beloved Alice.
Jasper lovingly loves lovely beloved Alice.
Jasper lovingly loves lovely beloved Alice.
Jasper lovingly loves lovely beloved Alice.

  今晨明曦暖春風
   午後炙意似晴空
    夕刻彩暉遍地羞
     夜來寂闌愁思濃

  建築千層塔
   通達萬里跋
    綻露盈滿華
     頂天立宏霸

<class 'str'> <class 'str'> <class 'str'> <class 'str'> <class 'str'> <class 'str'>
```

🔒 說明

◆ 列 01 的語法，定義了名稱分別為 name01 與 name02 的變數，並設定其個別的初始資料，即為字串常數 'Jasper' 與 "Alice"。

● 在 Python 程式語言當中，透過一組單引號或雙引號，建立字串常數，皆是可行的，而且不影響其特質。

◆ 列 03 的語法，定義了變數 sentence01，並設定其初始資料，即為合併如下 4 個副屬字串之後的最終字串「Jasper lovingly loves lovely beloved Alice.」：

● 變數 name01 所存放的字串常數 'Jasper'。

● 字串常數 " lovingly loves lovely beloved "。

● 變數 name02 所存放的字串常數 "Alice"。

● 字串常數 "."。

◆ 列 06、09 與 12，皆可達成和列 03 的語法之相同的效果！其中：

- 列 06 的語法，主要透過「'可藉由各組大括號，來代表變數資料欲被填入之位置的格式化字串'.format(變數名稱 , 變數名稱 , ...)」的方式，來達成多個副屬字串的組合。

- 列 09 的語法，主要透過「'可藉由 %s，來代表變數資料欲被填入之位置的格式化字串' % (變數名稱 , 變數名稱 , ...)」的方式，來達成多個副屬字串的組合。

  ▶ 「%s」其實是取自於 C 程式語言的用法！「s」即是代表字串 (string) 的意思。

- 列 12 的語法，主要透過「f'可藉由 {變數名稱}，來代表變數資料欲被填入之位置的格式化字串'」的方式，來達成多個副屬字串的組合。

◆ 由上可知，列 04、07、10 與 13，皆可輸出相同的文字訊息「Jasper lovingly loves lovely beloved Alice.」！

◆ 列 15 ~ 列 19 的語法，則透過在等號右側先行放入 3 個單引號，並且於尾列再放入 3 個單引號的方式，來定義了內含「跨多列的字串常數」之變數 poem01。

  - 對於跨多列的字串常數，Python 核心系統，會保留其換列與縮排 (空格) 的輸出效果。

◆ 列 21 ~ 列 25 的語法，其實和列 15 ~ 列 19 的語法，有著相同的效果，只不過將前後 3 個「單」引號，改成前後 3 個「雙」引號而已！並且定義了內含「跨多列的字串常數」之變數 poem02。

◆ 列 27 的語法，透過格式化字串的方式，先後將變數 poem01 與 poem02 所內含之跨多列的字串，顯示在畫面當中。

  - 本列的語法所產生之效果，其實和列 12 與 13 所達成的效果是相當的！

◆ 列 29 的語法，主要藉由函數 type，個別將本範例之所有變數的資料型態，加以傳回，並透過函數 print，加以顯示出來！

- 本列的語法，會產生出「<class 'str'> <class 'str'> <class 'str'> <class 'str'> <class 'str'> <class 'str'>」的訊息！進而可看出，本範例之所有變數的資料型態，皆為字串 (str, string)。

```cpp
範例：ch02-04-xx-02.cpp
01  #include <iostream>
02
03  using namespace std;
04
05  string name01 = "Jasper", name02 = "Alice";
06  string sentence01 = name01 + " lovingly loves lovely beloved " + name02 + ".";
07
08  string poem01 = R"(
09    今晨明曦暖春風
10      午後炙意似晴空
11        夕刻彩暉遍地羞
12          夜來寂闌愁思濃)";
13
14  string poem02 = R"(
15    建築千層塔
16      通達萬里跋
17        綻露盈滿華
18          頂天立宏霸)";
19
20  int main(void)
21  {
22    cout << sentence01 << endl;
23
24    cout << poem01 << "\n" << poem02 << endl;
25
26    cout << "\n" << typeid(string).name() << endl;
27
28    cout << typeid(name01).name() << "\n" << typeid(name02).name() << "\n" <<
         typeid(sentence01).name() << "\n" << typeid(poem01).name() << "\n" <<
         typeid(poem02).name() << endl;
29
```

```
30    return 0;
31  }
```

⬇ 輸出結果

```
Jasper lovingly loves lovely beloved Alice.

 今晨明曦暖春風
  午後炙意似晴空
   夕刻彩暉遍地羞
    夜來寂闌愁思濃

 建築千層塔
  通達萬里跋
   綻露盈滿華
    頂天立宏霸

NSt7__cxx1112basic_stringIcSt11char_traitsIcESaIcEEE
NSt7__cxx1112basic_stringIcSt11char_traitsIcESaIcEEE
NSt7__cxx1112basic_stringIcSt11char_traitsIcESaIcEEE
NSt7__cxx1112basic_stringIcSt11char_traitsIcESaIcEEE
NSt7__cxx1112basic_stringIcSt11char_traitsIcESaIcEEE
NSt7__cxx1112basic_stringIcSt11char_traitsIcESaIcEEE
```

🔓 說明

◆ 列 05 的語法，定義了字串資料型態的變數 name01 和 name02，並設定其個別的初始資料，即為字串常數 "Jasper" 與 "Alice"。值得注意的是：

- 在 C++ 程式語言當中，用來表示字串常數的符號，只能是一組「雙」引號；並不允許使用一組「單」引號！

- 一組「單」引號，在 C++ 程式語言當中，是用來表示字元 (單一個字母、符號、數字) 常數的。

◆ 列 06 的語法，定義了字串資料型態的變數 sentence01，並設定其初始資料，即為合併如下 4 個副屬字串之後的最終字串：

- 變數 name01 所存放的字串常數 "Jasper"。

- 字串常數 " lovingly loves lovely beloved "。

- 變數 name02 所存放的字串常數 "Alice"。

- 字串常數 "."。

◆ 列 08 ～ 列 12 的語法，則透過在等號右側先行放入「R"(」，並且於尾列再放入「)"」的方式，來定義了字串資料型態且內含「跨多列的字串常數」之變數 poem01。

- 對於跨多列的字串常數，C++ 核心系統，會保留其換列與縮排 (空格) 的輸出效果。

◆ 列 14 ～ 列 18 的語法，和列 08 ～ 列 12 的語法，有著相同的效果，定義了字串資料型態且內含「跨多列的字串常數」之變數 poem02 ！

- 其中，「endl」除了存在與「"\n"」一樣的換列效果之外，亦會「強制」特定資料，必須「立即」被輸出到畫面當中！

◆ 列 22 的語法，將變數 sentence01 所內含的字串常數「Jasper lovingly loves lovely beloved Alice.」，輸出到畫面當中之後，再進行換列。

◆ 列 24 的語法，分別將變數 poem01 和 poem02 所內含之兩個跨多列字串，輸出到畫面裡，並且其中間 ("\n" 的緣故) 和最後 (endl 的緣故)，皆進行換列。

◆ 列 26 的語法，透過「typeid(代表特定資料型態的關鍵字).name()」，以傳回該資料型態所對應的名稱。在此，其名稱可能為「string」或「NSt7__cxx1112basic_stringIcSt11char_traitsIcESaIcEEE」等等，代表該關鍵字係為字串資料型態的意思。

◆ 列 28 的語法，也藉由「typeid(特定變數名稱).name()」，個別將本範例之所有變數的資料型態「string」或「NSt7__cxx1112basic_stringIcSt11char_traitsIcESaIcEEE」等等，加以傳回並顯示出來！

2.5 串列 / 陣列

在 Python 程式語言當中，存在所謂的串列 (list) 資料型態，並且相似於 C++ 程式語言當中的陣列 (array) 資料型態。

Python 程式語言中的串列，與 C++ 程式語言中的陣列，皆可被視為「由一連串具有先後順序的資料所組成」的資料型態。

在此，既然將**串列**或**陣列**，視為如同基本的資料型態；那麼，多個串列或陣列資料型態所構成的較高階資料結構，將會是二維 (平面)、三維 (立體) 或是更高維度的串列或陣列。

於 Python 和 C++ 等兩種程式語言的語法當中，在串列或陣列裡，用來表示特定資料位置的索引值 (index value)，係為從 0 開始起算！換言之，索引值 0 代表第 1 個資料的位置，索引值 1 代表第 2 個資料的位置，以此類推，索引值 n 則代表第 n - 1 個資料的位置。

如下示意圖呈現出 3 列、4 欄共計 12 個資料的二維串列或陣列。舉例來說，「(列索引值, 欄索引值)」為「(1,2)」代表著第 2 列、第 3 欄的位置！

	Column 1	Column 2	Column 3	Column 4
Row 1	x[0][0]	x[0][1]	x[0][2]	x[0][3]
Row 2	x[1][0]	x[1][1]	x[1][2]	x[1][3]
Row 3	x[2][0]	x[2][1]	x[2][2]	x[2][3]

如下示意圖呈現出 3 個平面、4 列、5 欄共計 60 個資料的三維串列或陣列。舉例來說，「(平面索引值, 列索引值, 欄索引值)」為「(1,3,4)」代表著第 2 個平面、第 4 列、第 5 欄的位置！

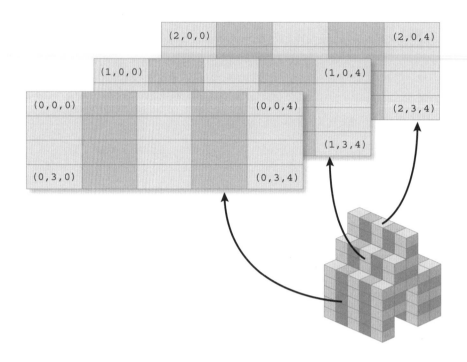

　　從如下兩個範例當中，可看出 Python 程式語言用來表示與存取一維、二維與三維「串列」，以及 C++ 程式語言用來表示與存取一維、二維與三維「陣列」的語法。

```python
範例：ch02-05-xx-01.py
01   numbers = [1, 3, 5, 7, 9, 11, 13, 15, 17, 19]
02   print(numbers[5])
03   print(numbers[9])
04
05   words = [
06     ['good', 'better', 'best'],
07     ['happy', 'happier', 'happiest'],
08     ['cool', 'cooler', 'coolest']
09   ]
10   print(words[1][2])
11   print(words[2][1])
12
13   ###
14   plane01 = [
```

```
15    [ 1,  2,  3,  4,  5],
16    [ 6,  7,  8,  9, 10],
17    [11, 12, 13, 14, 15]
18   ]
19
20   plane02 = [
21    [101, 102, 103, 104, 105],
22    [106, 107, 108, 109, 110],
23    [111, 112, 113, 114, 115]
24   ]
25
26   plane03 = [
27    [1101, 1102, 1103, 1104, 1105],
28    [1106, 1107, 1108, 1109, 1110],
29    [1111, 1112, 1113, 1114, 1115]
30   ]
31
32   planes = [plane01, plane02, plane03]
33
34   result = planes[0][0][1] + planes[1][1][2] + planes[2][2][3]
35   print(result)
```

📥 輸出結果

```
11
19
happiest
cooler
1224
```

🔒 說明

◆ 列 01 的語法，定義了變數 numbers，並且將一維串列常數 [1, 3, 5, 7, 9, 11, 13, 15, 17, 19]，設定成為變數 numbers 的初始資料。

● 在此可看出，一維串列常數的呈現語法，係為在一組中括號裡，以逗點隔開各個資料。

◆ 列 02 的語法，可將變數 numbers 所內含之第 6 個 (索引值 5) 的資料 11，顯示在畫面上。

◆ 列 03 的語法，可將變數 numbers 所內含之第 10 個 (索引值 9) 的資料 19，顯示在畫面上。

◆ 列 05 ～ 09 的語法，定義了變數 words，並且將二維串列常數 [['good', 'better', 'best'], ['happy', 'happier', 'happiest'], ['cool', 'cooler', 'coolest']]，設定成為變數 numbers 的初始資料。

  ● 在此可看出，二維串列常數的呈現語法，係為在外層之一組中括號裡，以逗點隔開「身為一維串列常數」的各個資料，進而帶有兩層的中括號。

◆ 列 10 的語法，可將變數 words 所內含之第 2 列 (列索引值 1)、第 3 欄 (欄索引值 2) 的資料 'happiest'，顯示在畫面上。

◆ 列 11 的語法，可將變數 words 所內含之第 3 列 (列索引值 2)、第 2 欄 (欄索引值 1) 的資料 'cooler'，顯示在畫面上。

◆ 列 14 ～ 30 的語法，分別定義了 plane01、plane02 與 plane03 等 3 個變數，並且將 3 個不同的二維串列常數，設定成為該 3 個變數的初始資料。

◆ 列 32 的語法，定義了變數 planes，並且將變數 plane01、plane02、plane03 所內含的 3 個不同的二維串列常數，放入一個全新的一維串列裡，進而使得整體變成了三維串列常數，最後作為變數 planes 的初始資料。

◆ 列 34 的語法，定義了變數 result，並且設定了變數 planes 所內含之三維串列常數裡如下 3 個整數值的加總值 1224 (2 + 108 + 1114)，成為變數 result 的初始資料。

  ● 其第 1 個平面 (平面索引值 0)、第 1 列 (列索引值 0)、第 2 欄 (欄索引值 1) 的整數值 2。

  ● 其第 2 個平面 (平面索引值 1)、第 2 列 (列索引值 1)、第 3 欄 (欄索引值 2) 的整數值 108。

- 其第 3 個平面 (平面索引值 2)、第 3 列 (列索引值 2)、第 4 欄 (欄索引值 3) 的整數值 1114。

範例：ch02-05-xx-02.cpp

```
01  #include <iostream>
02
03  using namespace std;
04
05  int numbers[10] = {1, 3, 5, 7, 9, 11, 13, 15, 17, 19};
06
07  string words[3][3] = {
08    {"good", "better", "best"},
09    {"happy", "happier", "happiest"},
10    {"cool", "cooler", "coolest"}
11  };
12
13  ///
14  int plane01[3][5] = {
15    { 1,  2,  3,  4,  5},
16    { 6,  7,  8,  9, 10},
17    {11, 12, 13, 14, 15}
18  };
19
20  int plane02[3][5] = {
21    {101, 102, 103, 104, 105},
22    {106, 107, 108, 109, 110},
23    {111, 112, 113, 114, 115}
24  };
25
26  int plane03[3][5] = {
27    {1101, 1102, 1103, 1104, 1105},
28    {1106, 1107, 1108, 1109, 1110},
29    {1111, 1112, 1113, 1114, 1115}
30  };
31
```

```
32   int plane04[3][5] = {
33     { -1,  -2,  -3,  -4,  -5},
34     { -6,  -7,  -8,  -9, -10},
35     {-11, -12, -13, -14, -15}
36   };
37
38   int (*planes[4])[5] = {plane01, plane02, plane03, plane04};
39
40   int result = planes[0][0][1] + planes[1][1][2] + planes[2][2][3];
41
42   int main(void)
43   {
44     cout << numbers[5] << "\n" << numbers[9] << endl;
45
46     cout << planes[3][1][2] << endl;
47
48     cout << words[1][2] << "\n" << words[2][1] << endl;
49
50     cout << result << endl;
51
52     return 0;
53   }
```

📥 輸出結果

```
11
19
-8
happiest
cooler
1224
```

🔓 說明

◆ 列 05 的語法，定義了可存放 10 個整數資料的一維陣列變數 numbers，
  並設定其初始資料為內含 10 個整數資料的一維陣列常數 {1, 3, 5, 7, 9, 11,
  13, 15, 17, 19}。

- 在此可看出，一維陣列常數的呈現語法，係為在一組大括號裡，以逗點隔開各個資料。

◆ 列 07 ~ 11 的語法，定義了可存放多個字串的二維陣列變數 words，並且將二維陣列常數 {{"good", "better", "best"}, {"happy", "happier", "happiest"}, {"cool", "cooler", "coolest"}}，設定成為變數 numbers 的初始資料。

- 在此可看出，二維陣列常數的呈現語法，係為在外層之一組大括號裡，以逗點隔開「身為一維陣列常數」的各個資料，進而帶有兩層的大括號。

◆ 列 14 ~ 36 的語法，分別定義了 plane01、plane02、plane03 與 plane04 等 4 個可存放整數的二維陣列變數，並且將 4 個不同的二維陣列常數，設定成為該 4 個變數的初始資料。其中：

- 這 4 個二維陣列變數皆具有 3 列、5 欄的資料結構，也因此個別可存放 15 個資料。

◆ 列 38 的語法，係為本範例當中，最難被理解的！該語法定義了「指標」陣列變數 Planes，並存放 4 個指向某個「帶有剛好 5 個資料之副屬陣列」的指標。其中：

- 每個指標個別指向了「其副屬陣列皆剛好帶有 5 個資料」的二維陣列變數 plane01、plane02、plane03 與 plane04。

- 也因此，指標陣列變數 planes，就變成如同是一個三維陣列變數。

◆ 列 40 的語法，定義了變數 result，並且設定變數 planes 所內含之三維陣列常數裡如下 3 個整數值的加總值 1224 (2 + 108 + 1114)，成為變數 result 的初始資料。

- 其第 1 個平面 (平面索引值 0)、第 1 列 (列索引值 0)、第 2 欄 (欄索引值 1) 的整數值 2。

- 其第 2 個平面 (平面索引值 1)、第 2 列 (列索引值 1)、第 3 欄 (欄索引值 2) 的整數值 108。

- 其第 3 個平面 (平面索引值 2)、第 3 列 (列索引值 2)、第 4 欄 (欄索引值 3) 的整數值 1114。

◆ 列 44 的語法，可將一維陣列變數 numbers 所內含之第 6 個 (索引值 5) 的資料 11，以及第 10 個 (索引值 9) 的資料 19，顯示在畫面上。

◆ 列 46 的語法，可在變數 planes 所內含之三維陣列常數裡，取出並顯示出其第 4 個平面 (平面索引值 3)、第 2 列 (列索引值 1)、第 3 欄 (欄索引值 2) 的整數值 -8。

◆ 列 48 的語法，可將二維陣列變數 words 所內含之第 2 列 (列索引值 1)、第 3 欄 (欄索引值 2) 的資料 'happiest，以及第 3 列 (列索引值 2)、第 2 欄 (欄索引值 1) 的資料 'cooler'，顯示在畫面上。

◆ 列 50 的語法，將變數 result 的內含資料 1224，顯示在畫面上。

2.6 值組

在 Python 與 C++ 程式語言當中，皆存在所謂的值組 (tuple) 資料型態。

Python 程式語言中的值組，皆可被視為「由一連串具有先後順序的**唯讀資料所組成**」的資料型態。值組的這種唯讀 (read only) 特性，剛好可用於保證特定資料不會遭受到竄改的安全性用途上！值得一提的是，在 C++ 程式語言當中，值組並不具有唯讀的預設特性！

在此，既然將值組，亦視為如同基本的資料型態；那麼，多個值組資料型態所構成的資料結構，將會是二維 (平面)、三維 (立體) 或是更高維度的值組。

於 Python 和 C++ 等兩種程式語言的語法當中，在值組裡，用來表示特定資料位置的索引值 (index value)，和串列或陣列的情況是相同的，係為從 0 開始起算！換言之，索引值 0 代表第 1 個資料的位置，索引值 1 代表第 2 個資料的位置，以此類推，索引值 n 則代表第 n + 1 個資料的位置。

在如下範例中，可簡單看出在 Python 程式語言裡，**讀取值組的語法**，相同於讀取串列的語法。

```
範例：ch02-06-xx-01.py
01   rates = (40.08, 33.74, 30.25, 31.28, 23.34, 22.55, 20.9, 20.13)
02
03   print(rates[2])
04   print(rates[2:5])
05   print(rates[-1])
06   print(rates[-3:-1])
07
08   # 此程式碼會發生錯誤。
09   rates[0] = 40.15
```

輸出結果

```
30.25
(30.25, 31.28, 23.34)
20.13
(22.55, 20.9)
Traceback (most recent call last):
  File "              \ch02-06-xx-01.py", line 9, in <module>
    rates[0] = 40.15
TypeError: 'tuple' object does not support item assignment
```

說明

- 列 01 的語法，定義了一維值組變數 rates，並且設定其初始資料為一維值組常數「(40.08, 33.74, 30.25, 31.28, 23.34, 22.55, 20.9, 20.13)」。

  - 在此可看出，值組常數在 Python 程式語言的呈現語法，係為在一組小括號裡，以逗點隔開各個資料。

  - 倘若值組常數裡面，只存在單一資料，則必須在一組小括號裡的唯一資料之後，加上一個逗號，例如：「one_rate = (40.08,)」，以避免 Python 核心系統誤解成為單一資料的資料結構。

◆ 列 03 的語法，傳回並顯示出變數 rates 中之第 3 個資料 (索引值為 2) 的資料 30.25。

◆ 列 04 的語法，傳回並顯示出變數 rates 中之第 3 個資料 (索引值為 2) 至第 6 個資料 (索引值為 5) 的「前一個資料」所構成的副屬值組「(30.25, 31.28, 23.34)」。

◆ 列 05 的語法，傳回並顯示出變數 rates 中之最後一個資料 (索引值為 7 或 -1) 的資料 20.13。

◆ 列 06 的語法，傳回並顯示出變數 rates 中之倒數第 3 個資料 (索引值為 5 或 -3) 至最後一個資料 (索引值為 7 或 -1) 的「前一個資料」所構成的副屬值組「(22.55, 20.9)」。

◆ 列 09 的語法，會發生錯誤「TypeError: 'tuple' object does not support」！這是因為，目前被存放值組常數的變數 rates，處於唯讀 (read only) 狀態，所以不支援再次寫入資料的動作。

　　在如下範例中，可輕易看出在 C++ 程式語言裡，資料**被讀取**與**被寫入**至值組的語法，可就比其陣列相關語法，來得複雜許多！

```
範例：ch02-06-xx-02.cpp
01   #include <iostream>
02   #include <tuple>
03
04   using namespace std;
05
06   tuple<float, float, float, float, float, float, float, float> rates01
       {40.08, 33.74, 30.25, 31.28, 23.34, 22.55, 20.9, 20.13};
07
08   tuple<float, float, float, float, float, float, float, float> rates02;
09
10   int main(void)
11   {
12     rates02 = {40.08, 33.74, 30.25, 31.28, 23.34, 22.55, 20.9, 20.13};
13
```

```
14      cout << get<2>(rates01) << endl;
15
16      cout << get<2>(rates01) << "  " << get<3>(rates01) << "  " <<
         get<4>(rates01) << endl;
17
18      cout << get<7>(rates01) << endl;
19
20      cout << get<5>(rates01) << "  " << get<6>(rates01) << endl;
21
22      // 此行並不會發生任何錯誤！因為C++程式語言中的值組資料結構，預設並不是唯讀的。
23      get<0>(rates02) = 40.15;
24
25      cout << get<0>(rates02) << endl;
26
27      return 0;
28   }
```

📥 輸出結果

```
30.25
30.25   31.28   23.34
20.13
22.55   20.9
40.15
```

🔓 說明

◆ 列 02 的語法，載入了和存取值組相關的資源庫，以便列 06 與列 08 之代表值組資料型態的關鍵字 tuple，以及列 14 到列 20 的樣板函數 get，可以被使用。

◆ 列 06 的語法，定義了可存放 8 個資料的一維值組變數 rates01，並且設定其初始資料為一維值組常數 {40.08, 33.74, 30.25, 31.28, 23.34, 22.55, 20.9, 20.13}。

- 在此可看出，值組常數在 C++ 程式語言的呈現語法，和陣列常數的呈現語法相同，係為在一組大括號裡，以逗點隔開各個資料。

- 列 08 的語法，僅先定義了一維值組變數 rates02；但是並未設定其初始資料。

- 列 12 的語法，將值組常數 {40.08, 33.74, 30.25, 31.28, 23.34, 22.55, 20.9, 20.13}，指定成為一維值組變數 rates02 的內含資料。

- 列 14 的語法，傳回並顯示出變數 rates01 中之第 3 個資料 (索引值為 2) 的資料 30.25。

- 列 16 的語法，傳回並顯示出變數 rates01 中之第 3 個資料 (索引值為 2) 至第 5 個資料 (索引值為 4) 所構成之副屬值組的各個資料「30.25 31.28 23.34」。

- 列 18 的語法，傳回並顯示出變數 rates01 中之第 8 個資料 (索引值為 7) 的資料 20.13。

- 列 20 的語法，傳回並顯示出變數 rates01 中之第 6 個資料 (索引值為 5) 與第 7 個 (索引值為 6) 所構成之副屬值組的各個資料「22.55 20.9」。

- 列 23 的語法，是將浮點數值 40.15，指定成為變數 rates02 裡的值組之第 1 個資料 (索引值為 0) 的新內含資料。

- 列 25 的語法，傳回並顯示出變數 rates02 中之第 1 個資料 (索引值為 0) 的新資料 40.15。

2.7 集合

在 Python 與 C++ 程式語言當中，皆存在所謂的集合 (set) 資料型態。Python 和 C++ 程式語言中的集合，皆可被視為和數學理論當中的集合，有著相當類似的觀念與特性。

在 Python 和 C++ 程式語言中，集合裡的各個資料，主要具有以下特性：

- 各個資料之間，並沒有順序性。

◆ 各個資料的「存在性」，也就是存在或不存在，才是重點。

從如下範例，可看出在 Python 程式語言中，在集合裡之特定資料的被讀取、被新增與被判斷其存在性，顯得相當簡單。

範例：ch02-07-xx-01.py

```
01   users = {'mary', 'daisy', 'paula', 'jenny', 'jasper', 'eric', 'alex', 'henry'}
02
03   person = 'john'
04
05   users.add('billy')
06   users.add('jacky')
07
08   print(users)
09
10   check = person in users
11   print(check)
12
13   check = person not in users
14   print(check)
```

輸出結果

```
{'jasper', 'alex', 'billy', 'daisy', 'mary', 'henry', 'jacky', 'jenny', 'eric', 'paula'}
False
True
```

說明

◆ 列 01 的語法，定義了變數 users，並且設定其初始資料為集合常數 {'mary', 'daisy', 'paula', 'jenny', 'jasper', 'eric', 'alex', 'henry'}。請特別留意，每次執行時所看到之集合常數的資料順序，都不會是相同的！

◆ 列 03 的語法，定義了變數 person，並且設定其初始資料為字串常數 'john'。

◆ 列 05 與 06 的語法，分別將字串常數 'billy' 與 'jacky'，加入變數 users 所內含的集合當中，成為新的資料。

- ◆ 列 08 的語法，將變數 users 所內含的集合，顯示在畫面上。

  - 值得注意的是，各個資料在集合當中，並不具有「順序性」；所以，每次執行時，各個資料在畫面上所呈現的順序，都會不一樣！

- ◆ 列 10 的語法，定義了變數 check，並設定「person in users」的運算結果，成為其初始資料。其中：

  - 「person in users」即是等效於「'john' in {'henry', 'paula', 'billy', 'alex', 'mary', 'daisy', 'jasper', 'jenny', 'eric', 'jacky'}」的運算，係為用來判斷變數 person 所內含的字串常數 'john'，是否為變數 users 所內含之集合裡面的某資料。

  - 在此，「person in users」的運算結果為 False，意謂著並「不成立」的意義！

  - 「person in users」的語法，白話一點，就是意指「變數 person 所內含的字串常數，存在於變數 users 所內含之集合裡，對嗎？」

- ◆ 列 13 的語法，將「person not in users」的運算結果，指定成為變數 check 的新內含資料。

  - 「person not in users」的運算結果 True，意謂者「成立」的意義！也因此，和「person in users」的運算結果 False，是剛好相反的！

  - 「person not in users」的語法，白話一點，就是意指「變數 person 所內含的字串常數，並非存在於變數 users 所內含之集合裡，對嗎？」

從如下範例，可看出在 C++ 程式語言中，在集合裡之特定資料的被讀取、被新增與被判斷其存在性，顯得較為複雜。

範例：ch02-07-xx-02.cpp

```
01  #include <iostream>
02  #include <set>
03
04  using namespace std;
```

```
05
06    set<string> users {"mary", "daisy", "paula", "jenny", "jasper", "eric", "alex",
      "henry"};
07
08    string person = "john";
09
10    set<string>::iterator it;
11
12    int main(void)
13    {
14      users.insert("billy");
15      users.insert("jacky");
16
17      for (it = users.begin(); it != users.end(); it++)
18      {
19        cout << *it << "   ";
20      }
21
22      cout << "\n";
23
24      bool check = users.find(person) != users.end();
25
26      cout << check << endl;
27
28      check = users.find(person) == users.end();
29
30      cout << check << endl;
31
32      return 0;
33    }
```

📥 輸出結果

```
alex   billy   daisy   eric   henry   jacky   jasper   jenny   mary   paula
0
1
```

🔓 說明

◆ 列 02 的語法，載入了和存取集合相關的資源庫，以便列 06 與列 10 之代表集合資料型態的關鍵字 set，與支援「迭代集合中之各個資料」的迭代器資料型態 iterator，和列 17 之用來「從集合中之第 1 個資料，依次迭代至最後一個資料」所需要的相關函數 begin 與 end，以及列 24 與列 28 之用來「循序搜尋特定資料」的相關函數 find，可以被使用。

◆ 列 06 的語法，定義了集合變數 users，並且設定其初始資料為集合常數 {"mary", "daisy", "paula", "jenny", "jasper", "eric", "alex", "henry"}。

◆ 列 08 的語法，定義了變數 person，並且設定其初始資料為字串常數 "john"。

◆ 列 10 的語法，定義了用來迭代特定集合中之各個資料的迭代器指標 (iterator pointer) 變數 it。

◆ 列 14 與 15 的語法，分別將字串常數 "billy" 與 "jacky"，加入變數 users 所內含的集合當中，成為新的資料。

◆ 列 17 的「迴圈」敘述，是用來從頭到尾，逐一迭代變數 users 所內含的集合中之各個資料，以便其各個資料，可使用在該迴圈敘述的每一次迭代 (回合) 當中，進而執行列 18 至列 20 之「程式碼片段」。

　● 值得注意的是，整體看待列 19 的語法在迴圈敘述的每一次迭代當中，所造就的輸出結果之後，會發現該輸出結果，會按照字母的順序，逐一顯示出各個使用者名稱，成為「alex billy daisy eric henry jacky jasper jenny mary paula」的輸出結果。

　● 由此可看出，列 06、14 與 15 的語法被執行之後，C++ 核心系統會即時地「重新排序」變數 users 所內含的集合中之各個資料。

　● 另外，在列 19 的語法裡，變數名稱 it 的左側，帶有一個星號！這就是意謂著，變數 it 確實是用來存放特定「記憶體位址」的指標變數。加上星號之後的整體語法「*it」，則是用來表示特定記憶體位址所對應的使用者名稱「資料」，例如："alex"、"billy" 與 "daisy" 等等的字串常數。

◆ 列 22 的語法，是用來造就輸出結果具有「換列」顯示的效果！

◆ 列 24 的語法，定義了布林 (boolean) 變數 check，並被設定「users.find (person) != users.end()」的運算結果，成為其初始資料。其中：

- 在 C++ 程式語言裡，布林變數的內含資料，會是「0」(代表不成立) 或「1」(代表成立) 其中之一。

- 「users.find(person) != users.end()」是用來判斷在變數 users 所內含的集合中，持續搜尋變數 person 所內含的字串 "john"，是否有被找到？！

    ▶ 倘若有找到的話，users.find(person) 所傳回的記憶體位址，就不會等於「代表其最後一個資料所在之記憶體位址」的「users.end()」所傳回的記憶體位址，進而使得「users.find(person) != users. end()」的運算結果，變成 1。

    ▶ 在此，「users.find(person) != users.end()」的運算結果，係為 0 (代表不成立)，代表並沒有找到的涵義！

◆ 列 28 的語法，將「users.find(person) == users.end()」的運算結果，指定成為變數 check 的新內含資料，在此為 1 (代表成立)。

- 列 28 當中的「users.find(person) == users.end()」是用來判斷在變數 users 所內含的集合中，持續搜尋變數 person 所內含的字串 "john"，是否沒有被找到？！

- 也因此，和列 24 當中的「users.find(person) != users.end()」的判斷邏輯剛好相反！

◆ 列 26 與列 30 的語法，個別輸出判斷邏輯剛好相反的兩個輸出結果，也就是 0 (代表不成立) 和 1 (代表成立)。

2.8 字典

在 Python 程式語言當中，所謂的字典 (dictionary) 資料型態，係為其各個資料 (element) / 屬性 (attribute / property)，是以特定屬性名稱，對應到特定資料的形式，存在於特定變數當中。例如：

◆ 屬性名稱 "durian" 和其對應的資料 "榴槤"。

◆ 屬性名稱 "television" 和其對應的資料 "電視"。

◆ 屬性名稱 "christmas" 和其對應的資料 "聖誕節"。

從如上各個屬性和其資料的對應關係，即可看出其猶如字典中之單字和其解釋的對應關係！

在 C++ 程式語言當中，可透過特定類別 (例如：類別 map) 的支援，來實作出相似於 Python 程式語言中之字典資料型態的變數。

從如下範例，可看出在 Python 程式語言中，在字典裡之特定資料的被建立、被讀取、被新增與被判斷其存在性，顯得相當簡單。

範例：ch02-08-xx-01.py

```
01  fruits = {'durian': '榴槤', 'apple': '蘋果', 'watermelon': '西瓜', 'banana':
    '香蕉'}
02
03  fruits['cherry'] = '櫻桃'
04  fruits['tomato'] = '番茄'
05
06  print(fruits)
07  print(fruits['durian'])
08
09  new_fruit = 'mango'
10
11  check = new_fruit in fruits
12  print(check)
```

📥 輸出結果

```
{'durian': '榴槤', 'apple': '蘋果', 'watermelon': '西瓜', 'banana': '香蕉',
 'cherry': '櫻桃', 'tomato': '番茄'}
榴槤
False
```

🔒 說明

◆ 列 01 的語法，定義了變數 fruits，並設定其初始資料為字典常數 {'durian': '榴槤', 'apple': '蘋果', 'watermelon': '西瓜', 'banana': '香蕉'}。

- 在此可看出，字典常數在 Python 程式語言的呈現語法，係為：

  ▶ 在一組大括號裡，以逗點隔開各個屬性。

  ▶ 每個屬性又以冒號，隔開其屬性名稱和其對應的資料。

  ▶ 屬性名稱必須以字串常數的形式，來加以表示！在此，可以看出，各個屬性名稱的兩側，皆存在一組單引號。

  ▶ 屬性名稱所對應的資料，可以是任何其他資料型態的資料！在此為字串常數。

◆ 列 03 與 04 的語法，分別將新的屬性名稱 'cherry' 與 'tomato' 和其對應的資料 '櫻桃' 與 '番茄'，新增至變數 fruits 所內含的字典當中。

◆ 列 06 的語法，將變數 fruits 目前所內含的字典 {'durian': '榴槤', 'apple': '蘋果', 'watermelon': '西瓜', 'banana': '香蕉', 'cherry': '櫻桃', 'tomato': '番茄'}，顯示在畫面上。因此可看出該字典中的所有屬性名稱和其個別對應的資料。

◆ 列 07 的語法，在變數 fruits 目前所內含的字典裡，將其屬性名稱為 'durian' 所對應的資料 '榴槤'，顯示在畫面上。

◆ 列 09 的語法，定義了變數 new_fruit，並且設定其初始資料為 'mango'。

◆ 列 11 的語法，定義了變數 check，並且設定其初始資料為「new_fruit in fruits」的運算結果。

- 「new_fruit in fruits」是用來判斷「變數 new_fruit 所內含的字串 'mango'，是否在變數 fruits 所內含之字典裡，係為其中一個屬性名稱？！」。

- 在此，其運算結果為 False (代表不成立)，意謂著在該字典裡，並不存在名稱為 'mango' 的屬性。

　　從如下範例，可看出在 C++ 程式語言中，利用 map 來模擬字典的特性。在 map 裡之特定資料的被建立、被讀取、被新增與被判斷其存在性，顯得較為複雜。

範例：ch02-08-xx-02.cpp

```
01  #include <iostream>
02  #include <map>
03
04  using namespace std;
05
06  map<string, string> fruits
07  {
08    {"durian", "榴槤"},
09    {"apple", "蘋果"},
10    {"watermelon", "西瓜"},
11    {"banana", "香蕉"}
12  };
13
14  map<string, string>::iterator it;
15
16  string new_fruit = "mango";
17
18  int main(void)
19  {
20    fruits["cherry"] = "櫻桃";
21    fruits["tomato"] = "番茄";
22
23    for (it = fruits.begin(); it != fruits.end(); it++)
```

```
24    {
25        cout << it->first << " : " << it->second << endl;
26    }
27
28    bool check = fruits.find(new_fruit) != fruits.end();
29
30    cout << check << endl;
31
32    return 0;
33 }
```

📥 輸出結果

```
apple：蘋果
banana：香蕉
cherry：櫻桃
durian：榴槤
tomato：番茄
watermelon：西瓜
0
```

🔓 說明

◆ 列 02 的語法，載入了和類別 map 之相關的資源庫，以便如下的語法可以被利用：

- 列 06 之代表類別 map 的關鍵字 map。

- 列 14 支援「迭代集合中之各個資料」的迭代器資料型態 iterator。

- 列 23 與列 28 之用來「從集合中之第 1 個資料，依次迭代至最後一個資料」所需要的相關函數 begin 與 end。

- 列 25 之用來傳回特定屬性名稱的「->first」語法，以及用來傳回特定屬性所對應的資料之「->second」語法。

- 列 28 之用來「循序搜尋特定屬性」的相關函數 find。

◆ 列 06 至 12 的語法，定義了變數 fruits，並且設定其初始資料為「各個屬性名稱 "durian"、"apple"、"watermelon"、"banana"，個別對應到特定資料 "榴槤"、"蘋果"、"西瓜"、"香蕉"」之類似字典結構的 map 常數。

◆ 列 16 的語法，定義了字串變數 new_fruit，其初始資料為字串常數 "mango"。

◆ 列 20 與 21 的語法，分別在變數 fruits 所內含之類似字典的結構，新增其名稱為 "cherry" 與 "tomato" 的屬性，和其對應的資料 "櫻桃" 與 "番茄"。

◆ 列 23 的「迴圈」敘述，是用來從頭到尾，逐一迭代變數 fruits 所內含的類似字典結構中之各個屬性，以便其各個屬性，可被使用在該迴圈敘述的每一次迭代 (回合) 當中，進而執行列 24 至列 26 之「程式碼片段」。

  ● 值得注意的是，整體看待列 25 的語法在迴圈敘述的每一次迭代當中，所造就的輸出結果之後，會發現該輸出結果，會按照字母的順序，逐一顯示出各個屬性名稱和其對應的資料。

  ● 由此可看出，列 06 至列 12、列 20 與列 21 的語法被執行之後，C++ 核心系統會即時地「重新排序」變數 fruits 所內含的集合中之各個資料。

  ● 另外，在列 25 的語法裡，變數名稱 it 的右側，帶有「->first」或「->second」！這就是意謂著，變數 it 確實是用來存放特定「記憶體位址」的指標變數。整體語法「it->first」和「it->second」，皆是用來表示特定記憶體位址所對應的屬性名稱 (例如："durian") 和其對應的資料 (例如："榴槤")。

◆ 列 28 的語法，定義了布林 (boolean) 變數 check，並設定「fruits.find(new_fruit) != fruits.end()」的運算結果，成為其初始資料。其中：

  ● 在 C++ 程式語言裡，布林變數的內含資料，會是「0」(代表不成立) 或「1」(代表成立) 其中之一。

- 「fruits.find(new_fruit) != fruits.end()」是用來判斷在變數 fruits 所內含的類似字典結構中，持續搜尋變數 new_fruit 所內含的字串 "mango"，是否為其某一個屬性名稱？！

  ▶ 倘若有找到的話，fruits.find(new_fruit) 所傳回的記憶體位址，就不會等於「代表其最後一個屬性名稱所在之記憶體位址」的「fruits.end()」所傳回的記憶體位址，進而使得「fruits.find(person) != fruits.end()」的運算結果，變成 1。

  ▶ 在此，「fruits.find(new_fruit) != fruits.end()」的運算結果，係為 0 (代表不成立)，代表並沒有找到的涵義！

- 列 30 的語法，將變數 check 所內含的 0 (代表不成立) 或 1 (代表成立)，顯示在畫面上。在此，顯示出來的是 0。

練 習 題

1. 請在如下兩個程式碼片段裡，列舉出哪些是常數？哪些是變數？

```
a = 10
b = 15.6
c = a + b * 2
```

```
float d = 5.5, e = 2.58;
int f = 3;
int g = 7 * d + 0.5 * e / f;
```

2. 在以下兩個程式碼片段裡，牽涉到 Python 或 C++ 程式語言的哪些資料型態？

```python
fruits = {'durian': '榴槤', 'apple': '蘋果', 'watermelon': '西瓜', 'banana': '香蕉'}

fruits['cherry'] = '櫻桃'
fruits['tomato'] = '番茄'

print(fruits)
print(fruits['durian'])

new_fruit = 'mango'

check = new_fruit in fruits
print(check)
```

```cpp
#include <iostream>

using namespace std;

int a = -128, b = 256, c = 0;

int main(void)
{
  int result = a * c + 2 * b;

  cout << "計算值 = " << result << endl;

  return 0;
}
```

3. 在以下兩個程式碼片段中，result01 和 result02 的內含值，皆不是正確的
   數值。請撰寫出修正後的程式碼片段。

```
a, b = 0.1, 0.2
result01 = a + b


int a = 5, b = 12;
float result02 = a / 2 + b / 5;
```

4. 在以下兩個程式碼片段中，皆會發生**語意錯誤**，而無法出現正確的輸出
   結果。請撰寫出修正後的程式碼片段。

```
import math

radius = 15

area = math.pi * radius ** 2
volume = 4 / 3 * math.pi * radius ** 3

print('面積 = {area}, 體積 = {volume}')


#include <iostream>

using namespace std;

int main(void)
{
   int e01 = 13, e02 = 37;

   float area = (e01 + e02) * (e02 - e01 + 1) / 2;

   cout << area << endl;

   return 0;
}
```

5. 在以下兩個程式碼片段中，會出現語法錯誤！請撰寫出修正後的程式碼
   片段。

```
song01 =
'''
你住的巷子裡
   我租了一間公寓
```

```
        為了想與你不期而遇
        高中三年　我為什麼
          為什麼不好好讀書
            沒考上跟你一樣的大學
              ...
'''

print(song01)
```

```cpp
#include <iostream>

using namespace std;

string song02 = R'(
在沒風的地方找太陽
 在你冷的地方做暖陽
  人事紛紛　你總太天真
   往後的餘生　我只要你
     ...
)';

int main(void)
{
  cout << song02 << endl;

  return 0;
}
```

6. 請個別利用 Python 和 C++ 程式語言，設計 1 個類似 3×3 矩陣的資料結構，其中每個元素存放 1 種顏色的英文字串，例如：red、orange、yellow 等等。最後，再產生每列 3 種顏色的英文，總共有 3 列的輸出結果，例如：

   ▶ red orange yellow
   ▶ green blue indigo
   ▶ violet gold tomato

7. 在 Python 程式語言當中，其值組 (tuple) 資料型態，究竟有什麼樣子的重要特性，而不同於串列？你認為這樣子的重要特性，存在什麼特殊的用途？

8. 臺灣和中國尤其在專有名詞上，有著許多不同之處！例如：

英文用詞	中國用詞	臺灣用詞
computer programming	电脑编程	電腦程式設計
USB flash drive	U 盤	隨身碟
math operator	数学 运算符	數學 運算子 / 運算符號
math operand	数学 操作数	數學 運算元

不僅如此，Google 公司前幾年為了進軍中國市場，悄悄地讓其 Google 線上翻譯系統，採用了中國的用字遣詞，導致不管輸入哪一個英文字詞，切換到「簡」體中文與「繁」體中文的翻譯結果，全數都是中國的用字遣詞 ...。

面對這樣子的文化衝擊，你個人認為，本章所提及的「tuple」的「繁」體中文翻譯，應該是什麼，會比較好？為什麼？

9. 在 Python 程式語言當中，其集合 (set) 資料型態，究竟有什麼樣子的重要特性，而不同於串列？你認為這樣子的重要特性，存在什麼特殊的用途？

10. 請在 Python 程式語言當中，利用字典 (dictionary) 資料型態，撰寫出可以「雙向」查詢並顯示出如下 3 個單字的翻譯結果。

英文	中文
guava	芭樂
avocado	酪梨
mangosteen	山竹

03
CHAPTER

複合式的資料結構
之原理與實作

本章學習重點

3.1 堆疊

在電腦科學的領域裡，堆疊 (stack) 在抽象概念上，猶如是縱向之連續的資料結構，並且具有以下特性：

◆ 目前之最後一個資料所在的位置，可稱為頂端 (top)。

◆ 資料的存取 (推入與彈出)，皆在同一個頂端出入口。

   ● 推入 (push) 的動作，即是指存放的意義。

   ● 彈出 (pop) 的動作，即是指取出的意義。

◆ 最後被推入的資料，則可最先被彈出！換言之，最先被推入的資料，最後才能被彈出。

   ● 此特性可稱為後進先出 (LIFO: last in, first out)，或是先進後出 (FILO: first in, last out)。

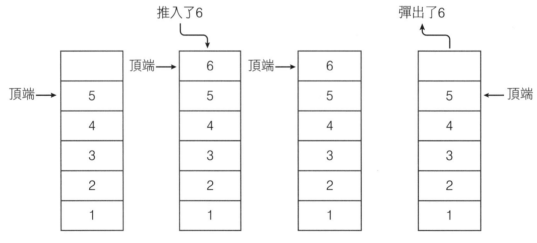

▲ 堆疊頂端 (top) 的變化

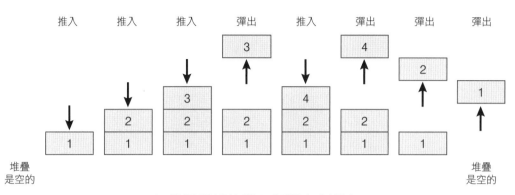

▲ 堆疊資料的推入與彈出之順序

在 Python 與 C++ 程式語言當中，對於堆疊資料結構的支援，早就已經是預設內建的！不過，為了讓兩種程式語言之範例程式碼的實作方式儘量相似，筆者在本節，即將改寫兩種程式語言之相關內建的部分語法，以利讀者們的理解。

從如下範例，可看出在 Python 程式語言中，利用串列資料型態的變數，模擬出堆疊資料結構，並且利用自訂函數的定義，以模擬出簡易存取堆疊內部資料的動作。

範例：ch03-01-xx-01.py

```
01  color_stack = ['orange', 'red', 'green', 'blue', 'yellow', 'violet', 'indigo']
02
03  def push(data): color_stack.append(data)
04  def pop(): return color_stack.pop()
05  def top(): return color_stack[-1]
06  def size(): return len(color_stack)
07  def empty(): return len(color_stack) == 0
08
09  temp = pop()
10  print(temp)
11
12  temp = pop()
13  print(temp)
14
15  push('gold')
```

```
16    push('pink')
17
18    temp = top()
19    print(temp)
20
21    check = empty()
22    print(check)
23
24    temp = size()
25    print(temp)
```

📥 **輸出結果**

```
indigo
violet
pink
False
7
```

🔓 **說明**

◆ 列 01 的語法，定義了變數 color_stack，並設定其初始資料為串列常數 ['orange', 'red', 'green', 'blue', 'yellow', 'violet', 'indigo']。

◆ 列 03 的語法，定義了新函數 push，並傳入「內含欲被推入堆疊的資料」之參數 data。

   ● 因為變數 color_stack 目前的內含資料，係為一個串列！所以支援「.append()」的函數語法。

   ● 「color_stack.append(data)」可將參數 data 的內含資料，新增 (append) 至變數 color_stack 所內含之串列的尾端，也就是 'indigo' 所在的那一端。本範例在此：

     ▶ 透過串列，來模擬出堆疊的資料結構。

     ▶ 串列的尾端，即用來模擬出堆疊的頂端。

- ◆ 列 04 的語法，定義了新函數 pop。

  - 因為變數 color_stack 目前的內含資料，係為一個串列！所以亦支援「.pop()」的函數語法。

  - 「color_stack.pop()」可用來彈出變數 color_stack 所內含之串列的尾端資料。

  - 「return color_stack.pop()」則會將被彈出的資料，傳回到執行函數 pop 的位置，例如：列 09 或列 12 的位置。

- ◆ 列 05 的語法，定義了新函數 top。

  - 因為變數 color_stack 目前的內含資料，係為一個串列！所以支援「color_stack[-1]」的索引語法。

  - 「color_stack[-1]」並不是彈出，而是僅僅傳回變數 color_stack 所內含之串列的尾端資料。換言之，目前在串列裡的尾端資料，並沒有被彈出！

  - 「return color_stack[-1]」則會將串列裡的尾端資料，傳回到執行函數 top 的位置，例如：列 18 的位置。

- ◆ 列 06 的語法，定義了新函數 size。

  - 因為變數 color_stack 目前的內含資料，係為可迭代的資料結構，例如：串列、值組、集合、字典等等；所以，「len(color_stack)」會傳回變數 color_stack 內含之串列裡的資料個數。

  - 「return len(color_stack)」則會將串列裡的資料個數，傳回到執行函數 size 的位置，例如：列 24 的位置。

- ◆ 列 07 的語法，定義了新函數 empty。

  - 「len(color_stack) == 0」是用來判斷變數 color_stack 所內含之串列裡的資料個數，是否為 0 ？！

    ▶ 倘若是的話，則傳回 True (代表成立)，意謂著該串列目前是空的 (empty)，不存在任何資料；反之，則傳回 False (代表不成立)。

- 「return len(color_stack) == 0」則會將意謂著串列是否為「空的」之 True 或 False，傳回到執行函數 empty 的位置，例如：列 21 的位置。

◆ 列 09 的語法，先是定義了變數 temp；然後，列 09 與列 12 的語法，前後 個別執行了函數 pop，並在「變數 color_stack 內含之串列」所模擬出來 的堆疊裡，先後彈出並傳回其頂端的兩個資料 'indigo'、'violet'，成為了 變數 temp 在不同時間點上的內含資料。

◆ 列 18 的語法，執行了函數 top，並在「變數 color_stack 內含之串列」所 模擬出來的堆疊裡，傳回其頂端的資料，成為了變數 temp 在另一個時間 點上的內含資料。

◆ 列 21 的語法，執行了函數 empty，並在「變數 color_stack 內含之串列」 所模擬出來的堆疊裡，判斷是否已經不存在任何資料了？！最後傳回 True (代表成立) 或 False (代表不成立)。

◆ 列 24 的語法，執行了函數 size，並在「變數 color_stack 內含之串列」所 模擬出來的堆疊裡，計算並傳回其資料個數，成為了變數 temp 在最後一 個時間點上的內含資料。

- 在此，函數 size 傳回了7，意謂著該堆疊內，目前尚有 7 個資料。

　　從如下範例，可看出在 C++ 程式語言中，利用其支援的堆疊資料型態， 直接模擬出堆疊資料結構。並且利用自訂函數的定義，以模擬出簡易存取堆 疊內部資料的動作。

範例：ch03-01-xx-02.cpp

```
01   #include <iostream>
02   #include <stack>
03
04   using namespace std;
05
06   stack<string> color_stack;
07
08   void initialize()
```

```
09 {
10     for (string data: {"orange", "red", "green", "blue", "yellow", "violet",
       "indigo"})
11     {
12       color_stack.push(data);
13     }
14 }
15
16 void push(string data) { color_stack.push(data); }
17
18 string pop()
19 {
20     string data = color_stack.top();
21
22     color_stack.pop();
23
24     return data;
25 }
26
27 string top() { return color_stack.top(); }
28
29 int size() { return color_stack.size(); }
30
31 bool empty() { return color_stack.empty(); }
32
33 int main(void)
34 {
35     initialize();
36
37     cout << pop() << "\n" << pop() << "\n";
38
39     push("gold");
40     push("pink");
41
42     cout << top() << "\n" << empty() << "\n" << size() << endl;
43
44     return 0;
```

```
45   }
```

📥 輸出結果

```
indigo
violet
pink
0
7
```

🔓 說明

- ◆ 列 02 的語法，載入了和類別 stack 相關的資源庫，以便如下語法可以被利用：

  - 列 06 之代表類別 stack 的關鍵字 stack。

  - 列 12 與列 16 之用來推入資料至堆疊裡的函數「.push」。

  - 列 20 與列 27 之用來僅僅「傳回」堆疊之頂端資料的函數「.top」。

  - 列 22 之用來「彈出」堆疊之頂端資料的函數「.pop」。

  - 列 29 之用來傳回堆疊的資料個數的函數「.size」。

  - 列 31 之用來判斷「在堆疊裡，是否已經不存在任何資料」的函數「.empty」，並傳回 1 (代表成立) 或 0 (代表不成立)。

- ◆ 列 06 的語法，定義了堆疊 (stack) 資料型態的變數 color_stack，並且只能內含字串 (string) 資料。

- ◆ 列 08 至列 14 的語法，定義了函數 initialize，以便一開始在變數 color_stack 所內含之空的堆疊裡，逐一推入 7 個字串資料。

  - 其中，列 10 的語法，係為相當特別的迴圈敘述！請留意其語法的細節。

- ◆ 列 16 的語法，定義了新函數 push，並傳入「內含欲被推入堆疊的資料」之參數 data。

- 因 為 color_stack 被 定 義 成 為 堆 疊 資 料 型 態 的 變 數 ！ 所 以 支 援
「.push()」的函數語法。

- 「color_stack.push(data)」可 將 參 數 data 的 內 含 資 料 ， 推 入 至 變 數
color_stack 所內含之堆疊的頂端，也就是 "indigo" 所在的那一端。本
範例在此：

  ▶ 改 寫 了 C++ 核 心 系 統 原 本 所 支 援 之 堆 疊 的 資 料 結 構 和 函 數 ， 進 而
成為了執行較為簡便的新函數。

◆ 列 18 至列 25 的語法，定義了新函數 pop。

- 因 為 color_stack 被 定 義 成 為 堆 疊 資 料 型 態 的 變 數 ！ 所 以 亦 支 援
「.top()」與「.pop()」的函數語法。

- 在列 20 的語法裡，先是定義了區域變數 data；然後，「color_stack.
top()」可用來僅僅傳回變數 color_stack 所內含之堆疊的頂端資料，並
且成為了區域變數 data 的初始資料。

- 列 22 的 語 法 ，「color_stack.pop()」， 可 用 來 彈 出 並 刪 除 變 數 color_
stack 所內含之堆疊的頂端資料。

- 列 24 的語法「return data」則會將區域變數 data 所內含的資料，傳回
到執行函數 pop 的位置，例如：列 37 的位置。

◆ 列 27 的語法，定義了新函數 top。

- 因為 color_stack 被定義成為堆疊資料型態的變數！所以支援「color_
stack.top()」的函數語法。

- 「color_stack.top()」並不是取出，而是僅僅傳回變數 color_stack 所內
含之堆疊的頂端資料。換言之，目前在堆疊裡的頂端資料，並沒有被
取出！

- 「return color_stack.top()」會將堆疊的頂端資料，傳回到執行函數 top
的位置，例如：列 42 的位置。

◆ 列 29 的語法，定義了新函數 size。

- 因為 color_stack 被定義成為堆疊資料型態的變數！所以支援「.size()」的函數語法。

- 「color_stack.size()」會傳回變數 color_stack 內含之堆疊裡的資料個數。

- 「return color_stack.size()」會將堆疊的資料個數，傳回到執行函數 size 的位置，例如：列 42 的位置。

◆ 列 31 的語法，定義了新函數 empty。

- 因為 color_stack 被定義成為堆疊資料型態的變數！所以支援「.empty()」的函數語法。

- 「color_stack.empty()」是用來判斷變數 color_stack 所內含之堆疊裡，是否已經不存在任何資料了？！並傳回 1 (代表成立) 或 0 (代表不成立)。

  ▶ 倘若是的話，則傳回 1 (代表成立)，意謂著該串列目前是空的 (empty)，不存在任何資料；反之，則傳回 0 (代表不成立)。

- 「return color_stack.empty()」會將意謂著串列是否為「空的」之 1 或 0，傳回到執行函數 empty 的位置，例如：列 42 的位置。

◆ 列 35 的語法，執行了函數 initialize，使得變數 color_stack 的內含資料，成為了 {"orange", "red", "green", "blue", "yellow", "violet", "indigo"}。

◆ 列 37 的語法，前後個別執行了函數 pop，並在變數 color_stack 所內含的堆疊裡，先後彈出並傳回其頂端的兩個資料 "indigo" 與 "violet"，然後顯示在畫面上。

◆ 列 39 與列 40 的語法，前後個別執行了函數 push，進而在變數 color_stack 所內含之堆疊的頂端，先後推入了兩個資料 "gold" 與 "pink"。

◆ 列 42 的語法，前後執行了函數 top、empty 與 size，並個別傳回相關資料，然後顯示在畫面上。

- 「top()」傳回了變數 color_stack 所內含之堆疊裡的頂端資料。

- 「empty()」傳回了「意謂著在變數 color_stack 所內含之堆疊裡，是否已經不存在任何資料」的 1 (代表成立) 或 0 (代表不成立)。

- 「size()」傳回了變數 color_stack 所內含之堆疊裡的資料個數。在此，其傳回了 7，意謂著該堆疊內，目前尚有 7 個資料。

3.2 佇列

在電腦科學的領域裡，佇列 (queue) 主要分為單端線性佇列 (single-ended linear queue)、雙端線性佇列 (deque, double-ended linear queue) 與環狀佇列 (circular queue) 之連續的資料結構，並且具有以下特性：

◆ 放入資料的位置，也就是目前之最新一個資料所在的位置，可稱為後端 (back / rear / tail end)。

◆ 取出資料的位置，也就是目前之最舊一個資料所在的位置，可稱為前端 (front / head end)。

◆ 先被放入 / 入列 (enqueue) 的資料，也會先被取出 / 出列 (dequeue)。

- 請特別留意，dequeue (出列) 和 deque (雙端線性佇列) 是看起來相似，但是不同的英文字！
- 此特性可稱為先進先出 (FIFO: first in, first out)。

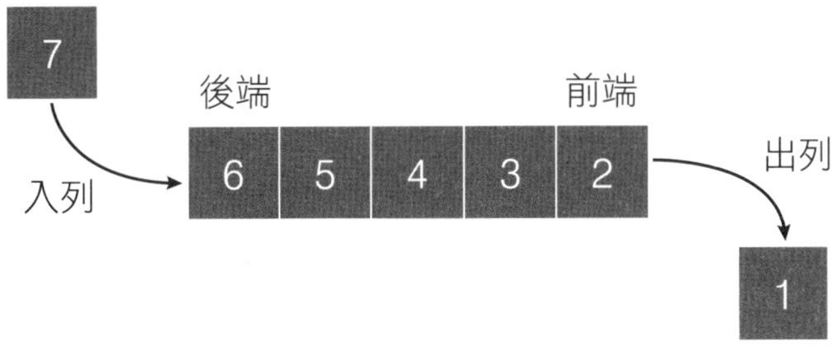

▲ 資料被放入單端線性佇列的順序

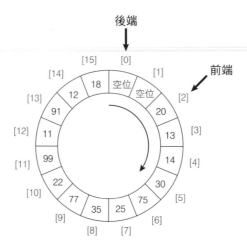

▲ 內含各個整數資料的環狀佇列

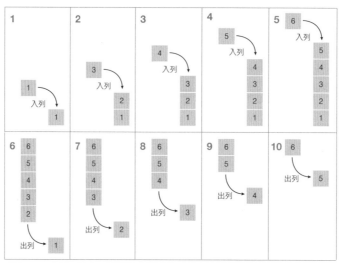

▲ 單端線性佇列的資料之入列與出列的順序

在 Python 與 C++ 程式語言當中，對於「線性」佇列資料結構的支援，早就已經是預設內建的！不過，為了讓兩種程式語言之範例程式碼的實作方式儘量相似，筆者在本節，即將改寫兩種程式語言之相關內建的部分語法，以利讀者們的理解。

從如下範例，可看出在 Python 程式語言中，利用串列資料型態的變數，模擬出佇列資料結構。並且利用自訂函數的定義，以模擬出簡易存取佇列內部資料的動作。

範例：ch03-02-xx-01.py

```
01  orders = ['筆記型電腦', '桌上型電腦', '智慧型手機', '平板電腦', '機械式鍵盤']
02
03  def enqueue(data): orders.append(data)
04  def dequeue(): return orders.pop(0)
05  def front(): return orders[0]
06  def back(): return orders[-1]
07  def size(): return len(orders)
08  def empty(): return len(orders) == 0
09
10  enqueue('無線滑鼠')
11
12  temp = back()
13  print(temp)
14
15  temp = front()
16  print(temp)
17
18  print(orders)
19
20  temp = dequeue()
21  print(temp)
22  print(orders)
23
24  temp = size()
25  print(temp)
26
27  temp = empty()
28  print(temp)
```

📥 輸出結果

```
無線滑鼠
筆記型電腦
['筆記型電腦', '桌上型電腦', '智慧型手機', '平板電腦', '機械式鍵盤', '無線滑鼠']
筆記型電腦
['桌上型電腦', '智慧型手機', '平板電腦', '機械式鍵盤', '無線滑鼠']
5
False
```

🔒 說明

◆ 列 01 的語法，定義了變數 orders，並設定其初始資料為串列常數['筆記型電腦', '桌上型電腦', '智慧型手機', '平板電腦', '機械式鍵盤']。

◆ 列 03 的語法，定義了新函數 enqueue，並傳入「內含欲被放入單端線性佇列的資料」之參數 data。

- 因為變數 orders 目前的內含資料，係為一個串列！所以支援「.append()」的函數語法。

- 「orders.append(data)」可將參數 data 的內含資料，新增 (append) 至變數 orders 所內含之串列的尾端，也就是 '機械式鍵盤' 所在的那一端。本範例在此：

  ▶ 透過串列，來模擬出單端線性佇列的資料結構。

  ▶ 串列的尾端，即用來模擬出單端線性佇列的後端。

◆ 列 04 的語法，定義了新函數 dequeue。

- 因為變數 orders 目前的內含資料，係為一個串列！所以亦支援「.pop()」的函數語法。

- 「orders.pop(0)」可用來取出變數 orders 所內含之串列的第 1 個資料。

- 「return orders.pop(0)」會將已經被取出的該第 1 個資料，傳回到執行函數 dequeue 的位置，例如：列 20 的位置。

◆ 列 05 的語法，定義了新函數 front。

- 因為變數 orders 目前的內含資料，係為一個串列！所以支援「orders[0]」的索引語法。

- 「orders[0]」並不是取出，而是僅僅傳回變數 orders 所內含之串列的第 1 個資料。換言之，目前在單端線性佇列裡的第 1 個資料，並沒有被出列！

- 「return orders[0]」會傳回該第 1 個資料，到執行函數 front 的位置，例如：列 15 的位置。

◆ 列 06 的語法，定義了新函數 back。

- 因為變數 orders 目前的內含資料，係為一個串列！所以亦支援「orders[-1]」的索引語法。

- 「orders[-1]」並不是取出，而是僅僅傳回變數 orders 所內含之串列的最後一個資料。換言之，目前在單端線性佇列裡的最後一個資料，並沒有被出列！

- 「return orders[-1]」會傳回該最後一個資料，到執行函數 back 的位置，例如：列 12 的位置。

◆ 列 07 的語法，定義了新函數 size。

- 因為變數 orders 目前的內含資料，係為可迭代的資料結構，例如：串列、值組、集合、字典等等；所以，「len(orders)」會傳回變數 orders 內含之串列裡的資料個數。

- 「return len(orders)」會傳回該資料個數，到執行函數 size 的位置，例如：列 24 的位置。

◆ 列 08 的語法，定義了新函數 empty。

- 「len(orders) == 0」是用來判斷變數 orders 所內含之串列裡的資料個數，是否為 0 ?!

  ▶ 倘若是的話，則傳回 True (代表成立)，意謂著該串列目前是空的 (empty)，不存在任何資料；反之，則傳回 False (代表不成立)。

- 「return len(orders) == 0」則會將意謂著串列是否為「空的」之 True 或 False，傳回到執行函數 empty 的位置，例如：列 27 的位置。

◆ 列 10 的語法，執行了函數 enqueue，並在「變數 orders 內含之串列」所模擬出來的單端線性佇列裡，放入資料 '筆記型電腦' 至其後端。

◆ 列 12 的語法，先是定義了變數 temp，再執行了函數 back，並在「變數 orders 內含之串列」所模擬出來的單端線性佇列裡，先後僅僅傳回其最後一個資料 '機械式鍵盤'，成為了變數 temp 在第 1 個時間點上的內含資料。

◆ 列 15 的語法，執行了函數 front，並在「變數 orders 內含之串列」所模擬出來的單端線性佇列裡，先後僅僅傳回其第 1 個資料 '筆記型電腦'，成為了變數 temp 在第 2 個時間點上的內含資料。

◆ 列 18 的語法，可顯示出變數 orders 目前內含之單端線性佇列的資料結構 ['筆記型電腦', '桌上型電腦', '智慧型手機', '平板電腦', '機械式鍵盤', '無線滑鼠']。

◆ 列 20 的語法，執行了函數 dequeue，並在「變數 orders 內含之串列」所模擬出來的單端線性佇列裡，取出並傳回其第 1 個資料 '筆記型電腦'，成為了變數 temp 在第 3 個時間點上的內含資料。

◆ 列 22 的語法，可二度顯示出變數 orders 目前內含之單端線性佇列的資料結構 ['桌上型電腦', '智慧型手機', '平板電腦', '機械式鍵盤', '無線滑鼠']。

  • 此時可發現，該資料結構當中，原本位於前端的資料 '筆記型電腦'，已經消失了！

◆ 列 24 的語法，執行了函數 size，並在「變數 orders 內含之串列」所模擬出來的單端線性佇列裡，計算並傳回其資料個數 5，成為了變數 temp 在第 4 個時間點上之內含資料。

◆ 列 27 的語法，執行了函數 empty，並在「變數 orders 內含之串列」所模擬出來的單端線性佇列裡，判斷是否已經不存在任何資料了？！最後傳回 True (代表成立) 或 False (代表不成立)，成為了變數 temp 在最後一個時間點上的內含資料。

　　從如下範例，可看出在 C++ 程式語言中，利用其支援的佇列資料型態，直接模擬出佇列資料結構。並且利用自訂函數的定義，以模擬出簡易存取佇列內部資料的動作。

```
範例：ch03-02-xx-02.cpp
01   #include <iostream>
02   #include <queue>
03
```

```cpp
04    using namespace std;
05
06    queue<string> orders;
07
08    void initialize()
09    {
10      for (string data: {"筆記型電腦", "桌上型電腦", "智慧型手機", "平板電腦",
        "機械式鍵盤"})
11      {
12        orders.push(data);
13      }
14    }
15
16    void enqueue(string data){ orders.push(data); }
17
18    string dequeue()
19    {
20      string data = orders.front();
21
22      orders.pop();
23
24      return data;
25    }
26
27    string front() { return orders.front(); }
28
29    string back() { return orders.back(); }
30
31    int size() { return orders.size(); }
32
33    bool empty() { return orders.empty(); }
34
35    int main(void)
36    {
37      initialize();
38
39      enqueue("無線滑鼠");
```

```
40
41    cout << back() << "\n" << front() << "\n";
42
43    cout << dequeue() << "\n" << size() << "\n" << empty() << endl;
44
45    return 0;
46  }
```

📥 **輸出結果**

```
無線滑鼠
筆記型電腦
筆記型電腦
5
0
```

🔓 **說明**

◆ 列 02 的語法，載入了和類別 queue 之相關的資源庫，以便如下的語法可以被利用：

- 列 06 之代表類別 queue 的關鍵字 queue。

- 列 12 與列 16 之用來推入資料至單端線性佇列裡的函數「.push」。

- 列 20 與列 27 之用來僅僅「傳回」單端線性佇列之第 1 個資料的函數「.front」。

- 列 22 之用來「彈出」單端線性佇列之第 1 個資料的函數「.pop」。

- 列 29 之用來僅僅「傳回」單端線性佇列之最後一個資料的函數「.back」。

- 列 31 之用來傳回單端線性佇列的資料個數之函數「.size」。

- 列 33 之用來判斷「在單端線性佇列裡，是否已經不存在任何資料」的函數「.empty」，並傳回 1 (代表成立) 或 0 (代表不成立)。

◆ 列 06 的語法，定義了單端線性佇列 (queue) 資料型態的變數 orders，並且只能內含字串 (string) 資料。

◆ 列 08 至列 14 的語法，定義了函數 initialize，以便一開始在變數 orders 所內含之空的單端線性佇列裡，逐一推入數個字串資料。

- 其中，列 10 的語法，係為相當特別的迴圈敘述！請留意其語法的細節。

◆ 列 16 的語法，定義了新函數 enqueue，並傳入「內含欲被推入單端線性佇列的資料」之參數 data。

- 因為 orders 被定義成為單端線性佇列資料型態的變數！所以支援「.push()」的函數語法。

- 「orders.push(data)」可將參數 data 的內含資料，推入至變數 orders 所內含之單端線性佇列的後端，也就是 "機械式鍵盤" 所在的那一端。

- 本範例在此，改寫了 C++ 核心系統原本所支援之單端線性佇列的資料結構和函數，進而成為了執行較為簡便的新函數。

◆ 列 18 至列 25 的語法，定義了新函數 dequeue。

- 因為 orders 被定義成為單端線性佇列資料型態的變數！所以亦支援「.front()」與「.pop()」的函數語法。

- 在列 20 的語法裡，先是定義了區域變數 data；然後，「orders.front()」係為用來僅僅傳回變數 orders 所內含之單端線性佇列的第 1 個資料，並且成為了區域變數 data 的初始資料。

- 列 22 的語法，「orders.pop()」，可用來彈出並刪除變數 orders 所內含之單端線性佇列的第 1 個資料。

- 列 24 的語法「return data」則會將區域變數 data 所內含的資料，傳回到執行函數 dequeue 的位置，例如：列 43 的位置。

◆ 列 27 的語法，定義了新函數 front。

- 因為 orders 被定義成為單端線性佇列資料型態的變數！所以支援「.front()」的函數語法。

- 「orders.front()」並不是彈出，而是僅僅傳回變數 orders 所內含之單端線性佇列的第 1 個資料。換言之，目前在單端線性佇列裡的第 1 個資料，並沒有被彈出！

- 「return orders.front()」會將單端線性佇列的第 1 個資料，傳回到執行函數 front 的位置，例如：列 41 的位置。

◆ 列 31 的語法，定義了新函數 size。

- 因為 orders 被定義成為單端線性佇列資料型態的變數！所以支援「orders.size()」的函數語法。

- 「orders.size()」會傳回變數 orders 內含之單端線性佇列裡的資料個數。

- 「return orders.size()」會將單端線性佇列的資料個數，傳回到執行函數 size 的位置，例如：列 43 的位置。

◆ 列 33 的語法，定義了新函數 empty。

- 因為 orders 被定義成為單端線性佇列資料型態的變數！所以支援「.empty()」的函數語法。

- 「orders.empty()」是用來判斷變數 orders 所內含之單端線性佇列裡，是否已經不存在任何資料了？！並傳回 1 (代表成立) 或 0 (代表不成立)。

  ▶ 倘若是的話，則傳回 1 (代表成立)，意謂著該串列目前是空的 (empty)，不存在任何資料；反之，則傳回 0 (代表不成立)。

- 「return orders.empty()」會將意謂著串列是否為「空的」之 1 或 0，傳回到執行函數 empty 的位置，例如：列 43 的位置。

◆ 列 37 的語法，執行了函數 initialize，使得變數 orders 的內含資料，成為了 {"筆記型電腦", "桌上型電腦", "智慧型手機", "平板電腦", "機械式鍵盤"}。

◆ 列 39 的語法，執行了函數 enqueue，使得字串資料 "無線滑鼠"，被入列變數 orders 所內含之單端線性佇列的後端，進而成為了最後一個資料。

◆ 在列 41 的語法裡：

- 先是執行了函數 back，並在變數 orders 所內含的單端線性佇列裡，僅僅傳回其最後一個資料 "無線滑鼠"，並顯示在畫面上。

- 接著執行了函數 front，並在變數 orders 所內含的單端線性佇列裡，僅僅傳回其第 1 個資料 "筆記型電腦"。

◆ 在列 43 的語法裡：

- 執行了函數 dequeue，並在變數 orders 所內含的單端線性佇列裡，出列並傳回其第 1 個資料 "筆記型電腦"。

- 接著執行了函數 size，並在變數 orders 所內含的單端線性佇列裡，計算並傳回其資料個數 5。

- 再接著執行了函數 empty，並在變數 orders 所內含的單端線性佇列裡，判斷是否已經不存在任何資料了？！最後傳回 1 (成立) 或 0 (不成立)。

3.3 鏈結串列

在電腦科學的領域裡，鏈結串列 (linked list) 主要分為單向鏈結串列 (singly linked list)、雙向鏈結串列 (doubly linked list)、多向鏈結串列 (multiply linked list) 與環狀單向鏈結串列 (circular singly linked list) 的資料結構，並且具有以下特性：

◆ 其各個資料的存放位置，在主要記憶體當中，可以是不連續的記憶體位址 (memory address)。

◆ 各個資料的連接關係 (記憶體位址)，需要占用額外的主要記憶體空間，才能加以記錄。

- 在「單」向鏈結串列裡，對於各個資料而言，只會被記錄「下一個」資料的連接關係。

- 在「雙」向鏈結串列裡，對於各個資料而言，同時會被記錄「前一個」與「下一個」資料的連接關係。

- 在「環狀」「單」向鏈結串列裡，對於「最後一個」資料而言，會被記錄成為「下一個」資料的，即是「第 1 個」資料的連接關係。

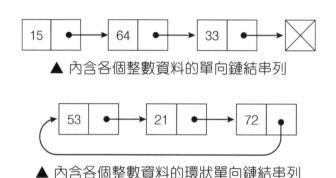

▲ 內含各個整數資料的單向鏈結串列

▲ 內含各個整數資料的環狀單向鏈結串列

　　讀者們欲充份理解**鏈結串列**資料結構的實作程式碼，並不是簡單的事情！這是因為，該實作程式碼牽涉如何將**不連續**的多個記憶體位址，抽象思考成為一個**鏈結串列**資料結構的整合體，進而支援插入、移除與顯示其內部各個資料的動作！

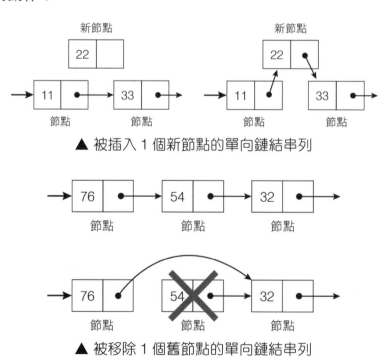

▲ 被插入 1 個新節點的單向鏈結串列

▲ 被移除 1 個舊節點的單向鏈結串列

　　從如下兩個範例，可看出在 Python 和 C++ 程式語言中，被定義了自訂類別，以模擬出鏈結串列本身和其內部的各個節點。其中：

◆ 類別 Node 會驅使每個節點，被記錄著其內含的資料，以及下一個節點的記憶體參照位址。

◆ 類別 Linked_List 則會驅使鏈結串列本身，處理著各個節點的定位 (locate)、插入 (insert)、移除 (delete) 與顯示 (display)。

　　特別注意的是，Python 程式語言在此，其語法因為顯得「過於」簡單，反而**不利於透徹理解**「各個節點的記憶體參照位址，究竟是如何被銜接起來的？」…。

```
範例：ch03-03-xx-01.py
01   from sys import getsizeof
02
03   class Node:
04     def __init__(self, value = None):
05       self.value = value
06       self.next = None
07
08   class Linked_List:
09     def __init__(self):
10       self.head = None
11
12     def locate(self, action, index = -1):
13       ref = self.head
14
15       if index == -1:
16
17         if action == 'insert':
18           while ref.next != None:
19             ref = ref.next
20
21         elif action == 'remove':
22           while ref.next.next != None:
```

```
23            ref = ref.next
24
25        else:
26          for i in range(index):
27            ref = ref.next
28
29      return ref
30
31    def insert(self, value, index = -1):
32      if index == 0:
33        first = Node(value)
34        second = self.head
35
36        self.head = first
37        first.next = second
38
39      else:
40        first = self.locate('insert', index - 1) if index != -1 else
           self.locate('insert', index)
41        third = first.next
42
43        second = Node(value)
44        second.next = third
45
46        first.next = second
47
48    def remove(self, index = -1):
49      if index == 0:
50        first = self.head.next
51
52        del self.head
53
54        self.head = first
55
56      elif index == -1:
57        first = self.locate('remove')
```

```
58
59        del first.next
60
61        first.next = None
62
63    else:
64        first = self.locate('remove', index - 1)
65
66        third = first.next.next
67
68        del first.next
69
70        first.next = third
71
72    def display(self):
73      ref = self.head
74
75      while ref != None:
76        print(f'資料 {ref.value} 在位址 {id(ref):x} 上，占用了
             {getsizeof(ref)} bytes。')
77
78        ref = ref.next
79
80  drinks = Linked_List()
81  drinks.head = Node('檸檬汁')
82
83  drinks.insert('沙士　')
84  drinks.insert('可樂　')
85  drinks.insert('酸梅汁')
86  drinks.insert('雞尾酒')
87
88  # drinks.insert('芬達', 0)
89  # drinks.remove(4)
90  drinks.remove()
91
92  drinks.display()
```

📥 輸出結果

```
資料 檸檬汁 在位址 1f0cc808550 上，占用了 48 bytes。
資料 沙士   在位址 1f0cc902fa0 上，占用了 48 bytes。
資料 可樂   在位址 1f0cc902b50 上，占用了 48 bytes。
資料 酸梅汁 在位址 1f0cc902b20 上，占用了 48 bytes。
```

🔓 說明

◆ 列 01 的語法，從模組 sys 當中，載入了會被使用到的函數 getsizeof，以用來傳回特定變數所占用的記憶體空間 (以 byte 為度量單位)。

◆ 列 03 至列 06，簡單定義了用來代表節點 (node) 的類別 Node 和其：

- 建構函數 (constructor)。

  ▶ 在 Python 程式語言的語法裡，任何類別之建構函數的名稱，皆為「__init__」，也就是在字樣 init 的前後，各加上 2 個底線。

  ▶ 類別 Node 的建構函數，被定義時，清楚提及了參數 self 與參數 value。

    ▪ 實際上，執行該建構函數時，參數 self 其實是意指其類別「被實體化」之後的物件 (object)，並且不需要也不可以被傳入任何對應的資料！

- 屬性 value 和屬性 next。

  ▶ 任何類別裡的屬性，就猶如變數一般，可以用來暫存特定的內含資料。

  ▶ 屬性 value 是用來模擬並存放單向鏈結串列裡之各個節點 (node) 所對應的資料。

    ▪ 之後，特定物件之「屬性」value 的內含資料，即會是建構函數之「參數」value 的內含資料。

  ▶ 屬性 next 則是用來模擬並記錄前述各個節點所連接之下一個節點所在的「記憶體位址」。

> ▪ 之後，實體化物件之屬性 next 的內含資料，預設會是 Python 程式語言所支援的特殊常數 None，用來代表「什麼都沒有」的意思，在此引申為「尚未指向」佇列裡之任何節點所在的「記憶體位址」。

◆ 列 08 至列 78，詳細定義了用來代表鏈結串列 (linked list) 的類別 Linked_List 和其：

● 建構函數。

▶ 類別 Linked_List 的建構函數，被定義時，僅僅提及了不需要被傳入資料的參數 self。換言之，執行該建構函數時，並不需要傳入任何該參數對應的資料。

● 屬性 head。

▶ 實體化物件之屬性 head，是在建構函數當中，才動態被定義的！其內含資料，預設會是 Python 程式語言所支援的特殊常數 None，在此引申為「尚未指向」佇列裡之任何節點所在的「記憶體位址」。

▶ 在後續，類別 Linked_List 的實體化物件之屬性 head，會用來存放單向鏈結串列中第 1 個節點所在的「記憶體位址」。

● 函數 locate、insert、remove 與 display。

▶ 列 12 至列 29 的語法，定義了類別 Linked_list 內的函數 locate，以便傳回特定舊節點或其前一個節點所在的「記憶體位址」，進而作為插入新節點，或者移除該舊節點的用途。

> ▪ 列 12 的語法，定義了函數 locate 和其各個參數 self、action 和 index。其中：

> > • 參數 self 內含類別 Linked_List 的實體化物件，預設是不需要被傳入對應的資料。

> > • 參數 action 內含代表欲進行之動作的字串 'insert' 或 'remove'。

> > • 參數 index 內含代表「欲被搜尋」之節點位置的索引資料

(-1、0 或正整數)。倘若其內含資料,沒有被傳入的話,則參數 index 的內含資料預設為 -1。

- 列 13 的語法,動態定義了區域變數 ref,其初始資料為屬性 head 所代表之單向鏈結串列中第 1 個節點所在的「記憶體位址」。

- 列 15 的語法,是用來判斷參數 index 所內含的索引值,倘若是 -1 的話,則會執行列 17 的語法。

- 列 17 的語法,則是用來判斷,倘若參數 action 所內含的字串,是代表插入動作的字串 'insert' 的話,則會執行列 18 的語法。

- 列 18 的語法,是用來持續判斷,倘若目前被處理之節點的下一個位置,仍然存在節點的話,則會持續執行列 19 的語法。

- 列 19 的語法,是用來持續將下一個節點所在的「記憶體位址」,指定成為變數 ref 的內含資料。換言之,在迴圈 while 的最後一次迭代當中,變數 ref 的內含資料,會成為單向鏈結串列的最後一個節點所在的「記憶體位址」。這也就意謂著,即將被插入新節點的位置,係為目前最後一個節點的位置。

- 列 21 的語法,則是用來判斷,倘若參數 action 所內含的字串,是代表移除動作的字串 'remove' 的話,則會執行列 22 的語法。

- 列 22 的語法,是用來持續判斷,倘若目前被處理之節點的「下下」一個位置,仍然存在節點的話,則會持續執行列 23 的語法。

- 列 23 的語法,是用來持續將下一個節點,指定成為變數 ref 的內含資料。換言之,在迴圈 while 的最後一次迭代當中,變數 ref 的內含資料,會成為單向鏈結串列的最後「第 2 個」節點所在的「記憶體位址」。這也就意謂著,即將被移除舊節點的「前一個」位置,係為目前最後「第 2 個」節點的位置。

- 列 25 的語法,則是用來判斷,倘若參數 index 所內含的索引值,是 -1「以外」的整數值 (例如:0 或正整數) 的話,則會執行列 26 的語法。

- 列 26 的語法，會使得參數 index 所內含的整數索引值，成為了列
  27 之語法被執行的次數。

- 列 27 的語法，是用來持續將下一個節點，指定成為變數 ref 的內
  含資料。換言之，在迴圈 for 的最後一次迭代當中，變數 ref 的
  內含資料，會成為單向鏈結串列中、參數 index 內含之索引值所
  對應的特定節點所在的「記憶體位址」。

- 列 29 的語法，會將變數 ref 內含之特定節點所在的「記憶體位
  址」，傳回到函數 locate 此次被執行的程式碼位置，例如：列
  40、列 57 與列 64 的程式碼位置。

▶ 列 31 至列 46 的語法，定義了類別 Linked_list 內的函數 insert，以
  便在第 1 個或其他舊節點的位置上，插入一個新節點，進而使得新
  節點，成為了該舊節點之「前一個」位置上的節點。

- 值得注意的是，區域變數 first、second、third 中之「記憶體位
  址」所對應的各個節點，最後會在邏輯上「依次」連接在一起。
  換言之，區域變數 first 所代表的節點，會連接到區域變數 second
  所代表的節點，再連接到區域變數 third 所代表的節點。

- 列 31 的語法，定義了函數 insert 和其各個參數 self、value 和
  index。其中：

  · 參數 self 內含類別 Linked_List 的實體化物件，預設是不需要
    被傳入對應的資料。

  · 參數 value 內含特定節點的字串資料。

  · 參數 index 內含代表「欲被插入新節點」之位置的索引資料
    (-1、0 或正整數)。倘若其內含資料，沒有被傳入的話，則參
    數 index 的內含資料預設為 -1。

- 列 32 的語法，是用來判斷參數 index 所內含的索引資料，倘若是
  0 的話，則代表欲插入新節點的位置，是單向鏈結串列之第 1 個
  節點的位置，並且會執行列 33 的語法。

- 列 33 的語法，將帶有參數 value 之內含字串資料的新節點所在的「記憶體位址」，存放在區域變數 first 裡。

- 列 34 的語法，將屬性 head 所代表之單向鏈結串列中第 1 個節點所在的「記憶體位址」，存放在區域變數 second 裡。

- 列 36 的語法，將區域變數 first 中的新節點所在的「記憶體位址」，存放在屬性 head 裡。

- 列 37 的語法，將區域變數 second 中之原先的第 1 個節點所在的「記憶體位址」，存放在區域變數 first 中之屬性 next 裡。如此一來，原先的第 1 個節點，就變成了新節點的下一個節點了。

- 列 39 的語法，則是用來判斷，倘若參數 index 所內含的索引資料，是 0「以外」的資料 (例如：-1 或正整數) 的話，則會執行列 40 的語法。

- 列 40 的語法，透過了「self.」片段語法，執行了同一個實體化物件的函數 locate，並且傳入字串 'insert' 和參數 index 的內含資料或 index - 1 的計算值，最後將函數 locate 傳回之節點所在的「記憶體位址」，也就是欲被插入新節點之位置上的前一個節點 (後稱舊節點) 所在的「記憶體位址」，存放至區域變數 first 裡。值得注意的是，該列語法會被判斷參數 index 的內含資料，是否並非為 -1，以決定指定「self.locate('insert', index - 1)」或「self.locate('insert', index)」的傳回值，成為區域變數的新內含資料。

- 列 41 的語法，將舊節點的下一個節點所在的「記憶體位址」，存放至區域變數 third 裡。值得注意的是，該列語法會被判斷參數 index 的內含資料，是否並非為 -1，以決定指定「self.locate('insert', index - 1)」或「self.locate('insert', index)」的傳回值，成為區域變數的新內含資料。

- 列 43 的語法，將帶有參數 value 中之字串資料的新節點所在的「記憶體位址」，存放至區域變數 second 裡。

- 列 44 的語法，則是將舊節點的下一個節點所在的「記憶體位址」，存放在區域變數 second 中之屬性 next 裡。如此一來，新節點的下一個節點，就會變成舊節點的下一個節點。

- 列 46 的語法，將區域變數 second 中之新節點所在的「記憶體位址」，存放在區域變數 first 中之屬性 next 裡。如此一來，新節點，就會變成舊節點的下一個節點了。

▶ 列 48 至列 70 的語法，定義了類別 Linked_list 內的函數 remove，以便在第 1 個、最後一個或其他舊節點的位置上，移除該舊節點，進而使得該舊節點之原本「前一個」與「下一個」位置上的節點，成為了相鄰的兩個節點。

- 列 48 的語法，定義了函數 remove 和其各個參數 self 和 index。其中：

  - 參數 self 內含類別 Linked_List 的實體化物件，預設是不需要被傳入對應的資料。

  - 參數 index 內含代表「欲被移除新節點」之位置的索引資料 (-1、0 或正整數)。倘若其內含資料，沒有被傳入的話，則參數 index 的內含資料預設為 -1。

- 列 49 的語法，是用來判斷參數 index 所內含的索引資料，倘若是 0 的話，則代表欲移除舊節點的位置，是單向鏈結串列之第 1 個節點的位置，並且會執行列 50 的語法。

- 列 50 的語法，將屬性 head.next 所代表之單向鏈結串列中第 2 個節點所在的「記憶體位址」，存放在區域變數 first 裡。

- 列 52 的語法，會移除目前屬性 head 所代表之特定節點所在的「記憶體位址」，並釋放其所占用的記憶體空間。

- 列 54 的語法，將區域變數 first 所代表之節點所在的「記憶體位址」，也就是單向鏈結串列中第 2 個節點所在的「記憶體位址」，存放在屬性 head 裡，進而代表新的第 1 個節點。

- 列 56 的語法,則是用來判斷,倘若參數 index 所內含的索引資料,是 -1 的話,則會執行列 57 的語法。

- 列 57 的語法,透過了「self.」片段語法,執行了同一個實體化物件的函數 locate,並且傳入字串 'remove',最後將函數 locate 傳回之節點所在的「記憶體位址」,也就是移除位置上的「前一個」節點所在的「記憶體位址」,存放至區域變數 first 裡。

- 列 59 的語法,會移除掉 first.next 中之「記憶體位址」所對應之欲被移除的節點,並釋放其所占用的記憶體空間。

- 列 61 的語法,會將 None 指定給 first.next,進而使得被移除掉之節點的「前一個」節點,成為新的「最後一個」節點。

- 列 63 的語法,則是用來判斷,倘若參數 index 所內含的索引資料,是 0 和 -1「以外」的資料 (例如:其他正整數值) 的話,則會執行列 64 的語法。

- 列 64 的語法,透過了「self.」片段語法,執行了同一個實體化物件的函數 locate,並且傳入字串 'remove' 和參數 index - 1 的整數值,最後將函數 locate 傳回之節點所在的「記憶體位址」,也就是移除位置上的「前一個」節點 (後稱舊節點) 所在的「記憶體位址」,存放至區域變數 first 裡。

- 列 66 的語法,透過 first.next.next 的片段語法,將欲被移除之舊節點的「下一個」(並不是「下下」一個) 節點所在的「記憶體位址」,存放至區域變數 third 裡。

- 列 68 的語法,會移除掉 first.next 中之「記憶體位址」所對應之欲被移除的節點,並釋放其所占用的記憶體空間。

- 列 70 的語法,會將區域變數 third 中之代表移除位置上的「下一個」節點所在的「記憶體位址」,存放在 first.next 裡,使得移除位置上的「前一個」(並不是「下下」一個) 節點,連接到移除位置上的「下一個」節點。

▶ 列 72 至列 78 的語法，定義了類別 Linked_list 內的函數 display，以便將整個單向鏈結串列中各個節點的相關資料，包括各個節點之屬性 value 的內含資料、各個節點所在的記憶體位址，以及各個節點已占用的記憶體空間，顯示在畫面當中。

- 列 72 的語法，定義了函數 display 和其參數 self。其中：

  - 參數 self 內含類別 Linked_List 的實體化物件，預設是不需要被傳入對應的資料。

- 列 73 的語法，會將屬性 head 所代表之單向鏈結串列中第 1 個節點所在的「記憶體位址」，存放在區域變數 ref 裡。

- 列 75 的語法，會持續判斷區域變數 ref 中的內含資料，倘若並非 None，而仍然是特定節點所在的「記憶體位址」的話，就會持續執行列 76 的語法。

- 列 76 的語法，會將區域變數 ref 目前所代表之特定節點的字串資料、所在的記憶體位址和已占用的記憶體空間，顯示在畫面上。

- 列 78 的語法，會將 ref.next 所代表之下一個節點所在的「記憶體位址」，存放並覆蓋成為區域變數 ref 之新的內含資料。

◆ 列 80 的語法，定義了變數 drinks，其初始資料即是類別 Linked_List 的實體化物件。

- 在此，「Linked_List()」的片段語法，實際上會驅使 Python 核心系統執行類別 Linked_List 的建構函數，進而建立類別 Linked_List 的實體化物件。

◆ 列 81 的語法，將類別 Node 實體化物件所代表之新節點所在的「記憶體位址」，指定成為變數 drinks 中之屬性 head 的內含資料。其中：

- 該節點之屬性 value 的資料為字串 '檸檬汁'。

- 該節點之屬性 next 的資料，目前為 None。

- 列 83 至列 86 的語法，前後分別將 4 個字串 '沙士 '、'可樂 '、'酸梅汁 ' 與 '雞尾酒'，傳入函數 insert 內部，成為其參數 value 所對應的資料，並隨後被包裝成為 4 個不同的節點，並被依次新增成為單向鏈結串列中的最後一個節點。

- 被變成註解之列 88 的語法，原本可在第 1 個節點的位置 (索引值 0) 上，插入「帶有字串 '芬達'」的新節點。

- 被變成註解之列 89 的語法，原本可以移除掉第 5 個節點 (索引值 4)。

- 列 90 的語法，會在單向鏈結串列當中，移除掉最後一個節點。在此，會移除掉帶有字串資料 '雞尾酒' 的節點。

- 列 92 的語法，會將單向鏈結串列中各個節點的相關資料，包括各個節點之屬性 value 的內含資料、所在的記憶體位址和已占用的記憶體空間，依次顯示在畫面當中。例如：

  - 資料 檸檬汁 在位址 296ffeb8550 上，占用了 48 bytes。

  - 資料 沙士 在位址 296fffb2fa0 上，占用了 48 bytes。

  - 資料 可樂 在位址 296fffb2b50 上，占用了 48 bytes。

  - 資料 酸梅汁 在位址 296fffb2b20 上，占用了 48 bytes。

特別注意的是，如下 C++ 程式語言版本的範例在此，其語法雖然「相當」複雜，還牽涉到帶有星號「*」的指標變數之定義，以及指標變數被指向特定目標時的符號「->」；不過因為其細節被表示得相當清楚，應該會比 Python 程式語言版本的 ch03-03-xx-01.py，「稍微」好理解一些！

```
範例：ch03-03-xx-02.cpp
01    #include <iostream>
02
03    using namespace std;
04
05    class Node
```

```
06    {
07      public:
08        string value;
09        Node* next;
10
11        Node(string value)
12        {
13          this->value = value;
14          this->next = NULL;
15        }
16    };
17
18    class Linked_List
19    {
20      public:
21        Node* head;
22
23        Linked_List()
24        {
25          this->head = NULL;
26        }
27
28        Node* locate(string action, int index = -1)
29        {
30          Node* ref = this->head;
31
32          if (index == -1)
33          {
34            if (action == "insert")
35            {
36              while (ref->next != NULL)
37                ref = ref->next;
38            }
39            else if (action == "remove")
40            {
41              while (ref->next->next != NULL)
```

```
42              ref = ref->next;
43          }
44      }
45      else
46      {
47          for (int i = 0; i < index; i++)
48              ref = ref->next;
49      }
50
51      return ref;
52  }
53
54  void insert(string value, int index = -1)
55  {
56      Node* first, * second, * third;
57
58      if (index == 0)
59      {
60          first = new Node(value);
61          second = this->head;
62
63          this->head = first;
64          first->next = second;
65      }
66      else
67      {
68          first = index != -1 ? this->locate("insert", index - 1) :
                  this->locate("insert", index);
69          third = first->next;
70
71          second = new Node(value);
72          second->next = third;
73
74          first->next = second;
75      }
76  }
```

```
77
78      void remove(int index = -1)
79      {
80        Node* first, * second, * third;
81
82        if (index == 0)
83        {
84          first = this->head->next;
85
86          delete this->head;
87
88          this->head = first;
89        }
90        else if (index == -1)
91        {
92          first = this->locate("remove");
93
94          delete first->next;
95
96          first->next = NULL;
97        }
98        else
99        {
100         first = this->locate("remove", index - 1);
101
102         third = first->next->next;
103
104         delete first->next;
105
106         first->next = third;
107       }
108     }
109
110     void display(void)
111     {
112       Node* ref = this->head;
```

```
113
114        while (ref != NULL)
115        {
116            cout << "資料 " << ref->value << " 在位址 " << &ref->value <<
               " 上,占用了 " << sizeof(ref) << " bytes。" << endl;
117
118            ref = ref->next;
119        }
120    }
121 };
122
123
124 int main(void)
125 {
126    Linked_List drinks;
127    drinks.head = new Node("檸檬汁");
128
129    drinks.insert("沙士  ");
130    drinks.insert("可樂  ");
131    drinks.insert("酸梅汁");
132    drinks.insert("雞尾酒");
133
134    // drinks.insert("芬達", 0);
135    // drinks.remove(4);
136    drinks.remove();
137
138    drinks.display();
139
140    return 0;
141 }
```

📥 輸出結果

```
資料 檸檬汁 在位址 0x1f18b0 上,占用了 4 bytes。
資料 沙士   在位址 0x1f18d8 上,占用了 4 bytes。
資料 可樂   在位址 0x1f1900 上,占用了 4 bytes。
資料 酸梅汁 在位址 0x1f1928 上,占用了 4 bytes。
```

🔒 說明

◆ 列 05 至列 16，定義了類別 Node 和其公開層級的屬性 value 和 next，以及建構函數。其中：

- 屬性 value 的資料型態為「字串 (string)」。

- 屬性 next 的資料型態為「指向**類別 Node** 之實體化物件的指標 (pointer)」。換言之，屬性 next 必須用來存放著類別 Node 之「另一個」實體化物件所在的「記憶體位址」，就像是透過「目前」的實體化物件之屬性 next，去指向「下一個」實體化物件，進而達成兩個實體化物件在邏輯上，連接在一起。

- 在 C++ 程式語言裡，建構函數的名稱，和類別的名稱，是相同的！在列 11 的片段語法中，可看出這樣子的特性。在此，建構函數被設置了資料型態為字串的參數 value。

  ▶ 列 13 的語法，將參數 value 的內含資料，存放至實體化物件的屬性 value 裡。

  ▶ 列 14 的語法，將預設支援的特殊常數 NULL，存放至實體化物件的屬性 next 裡。

◆ 列 18 至列 121，詳細定義了用來代表鏈結串列 (linked list) 的類別 Linked_List 和其：

- 建構函數。

  ▶ 類別 Linked_List 的建構函數，被定義時，並沒有提及任何參數。換言之，執行該建構函數時，並不需要傳入任何參數對應的資料。

- 屬性 head。

  ▶ 實體化物件之屬性 head 的資料型態為「指向**類別 Node** 之實體化物件的指標」。換言之，屬性 head 必須用來存放著類別 Node 之特定實體化物件所在的「記憶體位址」。

▷ 在建構函數的定義裡，屬性 head 動態被放入 C++ 程式語言支援的特殊常數 NULL，在此引申為「尚未指向」佇列裡之任何節點所在的「記憶體位址」。

▷ 在後續，類別 Linked_List 的實體化物件之屬性 head，會用來存放單向鏈結串列中第 1 個節點的「記憶體位址」。

● 函數 locate、insert、remove 與 display。

▷ 列 28 至列 52 的語法，定義了類別 Linked_list 內的函數 locate，以便傳回特定舊節點或其前一個節點所在的「記憶體位址」，進而作為插入新節點，或者移除該舊節點的用途。

■ 列 28 的語法，定義了函數 locate 和其各個參數 action 和 index。其中：

　• 參數 action 內含代表欲進行之動作的字串 "insert" 或 "remove"。

　• 參數 index 內含代表「欲被搜尋」之節點位置的索引資料 (-1、0 或正整數)。倘若其內含資料，沒有被傳入的話，則參數 index 的內含資料預設為 -1。

■ 列 30 的語法，動態定義了區域變數 ref，其初始資料為屬性 head 所代表之單向鏈結串列中第 1 個節點所在的「記憶體位址」。

■ 列 32 的語法，是用來判斷參數 index 所內含的索引值，倘若是 -1 的話，則會執行列 34 的語法。

■ 列 34 的語法，則是用來判斷，倘若參數 action 所內含的字串，是代表插入動作的字串 "insert" 的話，則會執行列 36 的語法。

■ 列 36 的語法，是用來持續判斷，倘若目前被處理之節點的下一個位置，仍然存在節點的話，則會持續執行列 37 的語法。

■ 列 37 的語法，是用來持續將下一個節點所在的「記憶體位址」，指定成為變數 ref 的內含資料。換言之，在迴圈 while 的最後一次迭代當中，變數 ref 的內含資料，會成為單向鏈結串列的最後

一個節點所在的「記憶體位址」。這也就意謂著，即將被插入新節點的位置，係為目前最後一個節點的位置。

- 列 39 的語法，則是用來判斷，倘若參數 action 所內含的字串，是代表移除動作的字串 "remove" 的話，則會執行列 41 的語法。

- 列 41 的語法，是用來持續判斷，倘若目前被處理之節點的「下下」一個位置，仍然存在節點的話，則會持續執行列 42 的語法。

- 列 42 的語法，是用來持續將下一個節點所在的「記憶體位址」，指定成為變數 ref 的內含資料。換言之，在迴圈 while 的最後一次迭代當中，變數 ref 的內含資料，會成為單向鏈結串列之最後「第 2 個」節點所在的「記憶體位址」。這也就意謂著，即將被移除舊節點的「前一個」位置，係為目前最後「第 2 個」節點的位置。

- 列 45 的語法，則是用來判斷，倘若參數 index 所內含的索引值，是 -1「以外」的整數值 (例如：0 或正整數) 的話，則會執行列 47 的語法。

- 列 47 的語法，會使得參數 index 所內含的整數索引值，成為了列 48 之語法被執行的次數。

- 列 48 的語法，是用來持續將下一個節點，指定成為變數 ref 的內含資料。換言之，在迴圈 for 的最後一次迭代當中，變數 ref 的內含資料，會成為單向鏈結串列中、參數 index 內含之索引值所對應的特定節點所在的「記憶體位址」。

- 列 51 的語法，會將變數 ref 內含之特定節點所在的「記憶體位址」，傳回到函數 locate 此次被執行的程式碼位置，例如：列 68、列 92 與列 100 的程式碼位置。

▶ 列 54 至列 76 的語法，定義了類別 Linked_list 內的函數 insert，以便在第 1 個或其他舊節點的位置上，插入一個新節點，進而使得新節點，成為了該舊節點之「前一個」位置上的節點。

- 值得注意的是，區域變數 first、second、third 所代表的各個節點，最後會在邏輯上「依次」連接在一起。換言之，區域變數 first 所代表的節點，會連接到區域變數 second 所代表的節點，再連接到區域變數 third 所代表的節點。

- 列 54 的語法，定義了函數 insert 和其各個參數 value 和 index。其中：

  - 參數 value 內含特定節點的字串資料。

  - 參數 index 內含代表「欲被插入新節點」之位置的索引資料 (-1、0 或正整數)。倘若其內含資料，沒有被傳入的話，則參數 index 的內含資料預設為 -1。

- 列 58 的語法，是用來判斷參數 index 所內含的索引資料，倘若是 0 的話，則代表欲插入新節點的位置，是單向鏈結串列之第 1 個節點的位置，並且會執行列 60 的語法。

- 列 60 的語法，將帶有參數 value 之內含字串資料的新節點所在的「記憶體位址」，存放在區域變數 first 裡。

- 列 61 的語法，將屬性 head 所代表之單向鏈結串列中第 1 個節點所在的「記憶體位址」，存放在區域變數 second 裡。

- 列 63 的語法，將區域變數 first 所代表之新節點所在的「記憶體位址」，存放在屬性 head 裡。

- 列 64 的語法，將區域變數 second 中之原先的第 1 個節點所在的「記憶體位址」，存放在區域變數 first 中之屬性 next 裡。如此一來，原先的第 1 個節點，就變成了新節點的下一個節點了。

- 列 66 的語法，則是用來判斷，倘若參數 index 所內含的索引資料，是 0「以外」的資料 (例如：-1 或正整數) 的話，則會執行列 68 的語法。

- 列 68 的語法，透過了「this->」片段語法，執行了同一個實體化

物件的函數 locate，並且傳入字串 "insert" 和參數 index 的內含資料或 index - 1 的計算值，最後將函數 locate 傳回之節點所在的「記憶體位址」，也就是插入位置上之前一個節點 (後稱舊節點) 所在的「記憶體位址」，存放至區域變數 first 裡。值得注意的是，該列語法會被判斷參數 index 的內含資料，是否並非為 -1，以決定指定「self.locate('insert', index - 1)」或「self.locate('insert', index)」的傳回值，成為區域變數的新內含資料。

- 列 69 的語法，將舊節點的下一個節點所在的「記憶體位址」，存放至區域變數 third 裡。

- 列 71 的語法，將帶有參數 value 中之字串資料的新節點所在的「記憶體位址」，存放至區域變數 second 裡。

- 列 72 的語法，則是將舊節點的下一個節點所在的「記憶體位址」，存放在區域變數 second 中之屬性 next 裡。如此一來，新節點的下一個節點，就會變成舊節點的下一個節點。

- 列 74 的語法，將區域變數 second 中之新節點所在的「記憶體位址」，存放在區域變數 first 中之屬性 next 裡。如此一來，新節點，就會變成舊節點的下一個節點了。

▶ 列 78 至列 108 的語法，定義了類別 Linked_list 內的函數 remove，以便在第 1 個、最後一個或其他舊節點的位置上，移除該舊節點，進而使得該舊節點之原本「前一個」與「下一個」位置上的節點，成為了相鄰的兩個節點。

- 列 78 的語法，定義了函數 remove 和其參數 index。其中：

  • 參數 index 內含代表「欲被移除新節點」之位置的索引資料 (-1、0 或正整數)。倘若其內含資料，沒有被傳入的話，則參數 index 的內含資料預設為 -1。

- 列 80 的語法，分別定義了 3 個區域變數 first、second 與 third，以用來存放特定節點所在的「記憶體位址」。

- 列 82 的語法，是用來判斷參數 index 所內含的索引資料，倘若是 0 的話，則代表欲移除舊節點的位置，是單向鏈結串列之第 1 個節點的位置，並且會執行列 84 的語法。

- 列 84 的語法，屬性 head->next 所代表之單向鏈結串列中第 2 個節點所在的「記憶體位址」，存放在區域變數 first 裡。

- 列 86 的語法，會移除目前屬性 head 中之「記憶體位址」所對應的節點，並釋放其所占用的記憶體空間。

- 列 88 的語法，將區域變數 first 中特定節點所在的「記憶體位址」，也就是單向鏈結串列中第 2 個節點所在的「記憶體位址」，存放在屬性 head 裡，進而成為新的第 1 個節點。

- 列 90 的語法，則是用來判斷，倘若參數 index 所內含的索引資料，是 -1 的話，則會執行列 92 的語法。

- 列 92 的語法，透過了「this->」片段語法，執行了同一個實體化物件的函數 locate，並且傳入字串 "remove"，最後將函數 locate 傳回之特定節點所在的「記憶體位址」，也就是移除位置上「前一個」節點所在的「記憶體位址」，存放至區域變數 first 裡。

- 列 94 的語法，會移除掉 first->next 中之「記憶體位址」所對應的節點，並釋放其所占用的記憶體空間。

- 列 96 的語法，會將 NULL 指定給 first->next，進而使得被移除之節點的「前一個」節點，成為新的「最後一個」節點。

- 列 98 的語法，則是用來判斷，倘若參數 index 所內含的索引資料，是 0 和 -1「以外」的資料 (例如：正整數) 的話，則會執行列 100 的語法。

- 列 100 的語法，透過了「this->」片段語法，執行了同一個實體化物件的函數 locate，並且傳入字串 "remove" 和參數 index - 1 的索引整數值，最後將函數 locate 傳回之特定節點 (後稱舊節點) 所

在的「記憶體位址」，也就是移除位置上「前一個」節點 (後稱舊節點) 所在的「記憶體位址」，存放至區域變數 first 裡。

- 列 102 的語法，透過 first->next->next 的片段語法，將舊節點之「下一個」節點所在的「記憶體位址」，存放至區域變數 third 裡。

- 列 104 的語法，會移除掉 first->next 中之「記憶體位址」所對應的節點，並釋放其所占用的記憶體空間。

- 列 106 的語法，會將區域變數 third 所代表被移除之節點的「下一個」節點所在的「記憶體位址」，存放在 first->next 中，使得被移除之節點的「前一個」節點，連接到被移除之節點的「下一個」節點。

▶ 列 110 至列 120 的語法，定義了類別 Linked_list 內的函數 display，以便將整個單向鏈結串列中各個節點的相關資料，包括各個節點之屬性 value 的內含資料、所在的記憶體位址與已占用的記憶體空間，顯示在畫面當中。

- 列 110 的語法，定義了函數 display。

- 列 112 的語法，會將屬性 head 所代表之單向鏈結串列中第 1 個節點所在的「記憶體位址」，存放在區域變數 ref 裡。

- 列 114 的語法，會持續判斷區域變數 ref 中的內含資料，倘若並非 NULL，而仍然是特定節點所在的「記憶體位址」的話，就會持續執行列 116 的語法。

- 列 116 的語法，會將區域變數 ref 所代表之節點的屬性 value 的內含資料、所在的記憶體位址和已占用的記憶體空間，顯示在畫面上。

- 列 118 的語法，會將 ref->next 所代表之下一個節點所在的「記憶體位址」，存放並覆蓋成為區域變數 ref 之新的內含資料。

◆ 列 126 的語法，定義了變數 drinks，其初始資料即是類別 Linked_List 的實體化物件。在此，實際上會執行了類別 Linked_List 的建構函數，進而建立類別 Linked_List 的實體化物件。

◆ 列 127 的語法，將類別 Node 實體化物件所代表之新節點所在的「記憶體位址」，指定成為變數 drinks 中之屬性 head 的內含資料。其中：

 ● 該節點之屬性 value 的資料為字串 "檸檬汁"。

 ● 該節點之屬性 next 的資料，目前為 NULL。

◆ 列 129 至列 132 的語法，前後分別將 4 個字串 "沙士　"、"可樂　"、"酸梅汁" 與 "雞尾酒"，傳入函數 insert 內部，成為其參數 value 所對應的資料，並隨後被包裝成為 4 個不同的節點，並被依次新增成為單向鏈結串列中的最後一個節點。

◆ 被變成註解之列 134 的語法，原本可在第 1 個節點的位置 (索引值 0) 上，插入「帶有字串 "芬達"」的新節點。

◆ 被變成註解之列 135 的語法，原本可以移除掉第 5 個節點 (索引值 4)。

◆ 列 136 的語法，會在單向鏈結串列當中，移除掉最後一個節點。在此，會移除掉帶有字串資料 "雞尾酒" 的節點。

◆ 列 138 的語法，會將單向鏈結串列中各個節點的相關資料，包括各個節點之屬性 value 的內含資料、所在的記憶體位址與已占用的記憶體空間，依次顯示在畫面當中。例如：

 ● 資料 檸檬汁 在位址 0x1f18b0 上，占用了 4 bytes。

 ● 資料 沙士　 在位址 0x1f18d8 上，占用了 4 bytes。

 ● 資料 可樂　 在位址 0x1f1900 上，占用了 4 bytes。

 ● 資料 酸梅汁 在位址 0x1f1928 上，占用了 4 bytes。

練習題

1. 對於堆疊 (stack) 資料結構，請說明其重要特性。在實際生活中，請舉 3 個套用了類似的重要特性之生活實例。

2. 請利用 Python 或 C++ 程式語言，撰寫實現和「堆疊」資料結構相關之如下「所有」功能的程式碼：

    *   1 次就可推入 2 個整數。

    *   1 次可彈出 1 個或 2 個整數。

    *   將推入和彈出的過程，以中文訊息，顯示在畫面上。

3. 對於單端線性佇列 (single-ended linear queue) 資料結構，請說明其重要特性。在實際生活中，請舉 3 個套用了類似的重要特性之生活實例。

4. 請利用 Python 或 C++ 程式語言，撰寫實現和「單端線性佇列」資料結構相關之如下「所有」功能的程式碼：

    *   1 次就可入列 2 個浮點數。

    *   1 次可出列 1 個或 2 個浮點數。

    *   將入列和出列的過程，以中文訊息，顯示在畫面上。

5. 假設有一串帶有 100 個整數的等差數列，需要被逐一儲存於記憶體當中，隨後再顯示出其中的 50 個整數在畫面上。你認為在這種情況下，透過 C++ 程式語言，究竟是運用「單向鏈結串列 (singly linked list)」資料結構，還是運用「陣列」資料結構來處置，會有較高的執行效率？為什麼？

6. 對於「單向鏈結串列」資料結構，請說明其重要特性。在實際生活中，請舉 3 個套用了類似的重要特性之生活實例。

7. 對於「雙向鏈結串列」資料結構，請說明其**有別於**「單向鏈結串列」的重要特性即可。在實際生活中，請舉 3 個套用了類似的重要特性之生活實例。

8. 請利用 Python 或 C++ 程式語言，撰寫實現和「單向鏈結串列」資料結構相關之如下「所有」功能的程式碼：

- 在特定位置上，1 次插入 2 個浮點數。

- 在特定位置上，1 次可移除 1 個或 2 個浮點數。

- 將插入和移除的過程，以中文訊息，顯示在畫面上。

9. 對於本章之範例檔案 ch03-03-xx-01.py 中之 Python 程式語言的程式碼而言，在其串列 (list) 資料型態之變數所實作出來的「單向鏈結串列」資料結構中，你認為其各個資料是否被擺放於「連續」的記憶體位址裡？為什麼？

10. 對於本章之範例檔案 ch03-03-xx-02.cpp 中之 C++ 程式語言的程式碼而言，在其實作出來的「單向鏈結串列」資料結構中，你認為其各個資料是否被擺放於「連續」的記憶體位址裡？為什麼？

04

CHAPTER

重要演算法之
原理與應用

本章學習重點

4.1 搜尋演算法

在電腦科學當中，所謂的搜尋演算法 (search algorithm) 係為用來解決，在特定資料結構裡，搜尋出特定資料、路線、最短路徑、最低成本、最小風險、最大收益、最佳組合等等的難題。

常見的搜尋演算法主要有線性搜尋演算法 (linear search algorithm) / 循序搜尋演算法 (sequential search algorithm) 與二元 (二分) 搜尋演算法 (binary search algorithm) / 半區間搜尋演算法 (half-interval search algorithm)。

簡單來說，已知一組資料錄，那麼：

◆ 線性搜尋演算法即是，按照各筆資料錄的原始順序，在迴圈中的每一回合裡，針對各筆資料錄中之特定欄位 (field) / 鍵 (key) 裡的資料，儘可能地搜尋出符合特定條件的特定資料錄。

◆ 二元搜尋演算法即是，先行針對特定欄位中的資料，進行整組資料錄的「排序」之後，在迴圈中的每一回合裡，再次針對該欄位中的資料，每次排除毋須進行搜尋之折半數量的資料錄，以儘可能地搜尋出符合特定條件的特定資料錄。

4.1.1 線性搜尋演算法的實例

在本小節的兩個範例中，一開始會讀取帶有 11 筆資料錄的如下外部文字檔 cartoon-role-records.txt。

需要被讀取的文字檔：datafiles/cartoon-role-records.txt

```
1983, 拳四郎　 , 北斗百裂拳
1985, 星矢　　 , 天馬流星拳
1999, 漩渦鳴人, 多重影分身之術
1997, 魯夫　　 , 橡膠猿王槍
1994, 不知火舞, 超必殺忍蜂
1998, 皮卡丘　 , 十萬伏特
1990, 蠟筆小新, 動感光波
```

```
1984，孫悟空　，元氣彈
1996，犬夜叉　，冥道殘月破
1994，緋村劍心，天翔龍閃
2001，黑崎一護，月牙天衝
```

將 11 筆資料錄，讀取進來，並且經過自訂函數的處理過後，便被逐一放入變數 roles 裡，最後再個別透過不同的自訂函數，顯示出 11 筆資料錄和被搜尋出來的其中 1 筆資料錄，在畫面上。

已知欲搜尋的，係為目標年份為 1994 的「第 1 筆」資料錄。在這種前提下，**線性搜尋演算法**的執行過程大致如下：

線性搜尋的第**1**回合

搜尋＆比對中

| 1983，拳四郎，北斗百裂拳 | 1985，星矢，天馬流星拳 | 1999，漩渦鳴人，多重影分身之術 | 1997，魯夫，橡膠猿王槍 | 1994，不知火舞，超必殺忍蜂 | 1998，皮卡丘，十萬伏特 | 1990，蠟筆小新，動感光波 | 1984，孫悟空，元氣彈 | 1996，犬夜叉，冥道殘月破 | 1994，緋村劍心，天翔龍閃 | 2001，黑崎一護，月牙天衝 |

線性搜尋的第2回合

搜尋＆比對中

1983，拳四郎，北斗百裂拳

1985，星矢，天馬流星拳

1999，漩渦鳴人，多重影分身之術

1997，魯夫，橡膠猿王槍

1994，不知火舞，超必殺忍蜂

1998，皮卡丘，十萬伏特

1990，蠟筆小新，動感光波

1984，孫悟空，元氣彈

1996，犬夜叉，冥道殘月破

1994，緋村劍心，天翔龍閃

2001，黑崎一護，月牙天衝

線性搜尋的第3回合

搜尋＆比對中

1983，拳四郎，北斗百裂拳

1985，星矢，天馬流星拳

1999，漩渦鳴人，多重影分身之術

1997，魯夫，橡膠猿王槍

1994，不知火舞，超必殺忍蜂

1998，皮卡丘，十萬伏特

1990，蠟筆小新，動感光波

1984，孫悟空，元氣彈

1996，犬夜叉，冥道殘月破

1994，緋村劍心，天翔龍閃

2001，黑崎一護，月牙天衝

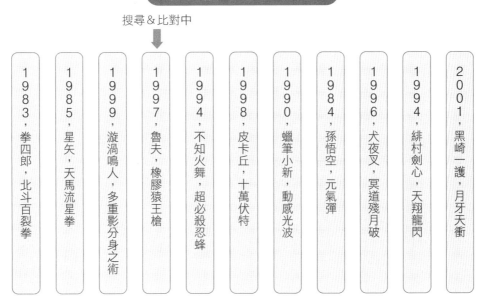

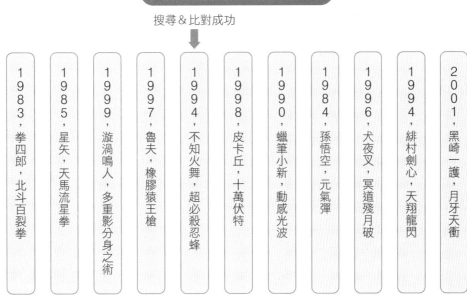

在 Python 程式語言的版本中，各筆資料錄是以**字典**資料結構的形式，被存放在**串列變數** roles 裡。

「線性搜尋演算法」的範例：ch04-01-01-01.py

```
01  record_amount = 11
02  piece_amount = 3
03  roles = []
04
05  def read_records():
06    file = open('datafiles/cartoon-role-records.txt', mode = 'r', encoding = 'utf-8')
07
08    for i in range(record_amount):
09      line = file.readline()
10      pieces = line.strip().split(', ')
11
12      one_role = {'year': int(pieces[0]), 'name': pieces[1],
        'unique_skill': pieces[2]}
13
14      roles.append(one_role)
15
16  def display_records():
17    for i in range(record_amount):
18      print(f"{roles[i]['year']}  {roles[i]['name']}
        {roles[i]['unique_skill']}")
19
20  def linear_search_among_records(target_year, choice = 'all'):
21    print('\n搜尋結果如下：')
22
23    for i in range(record_amount):
24      if roles[i]['year'] == target_year:
25        print(f"{roles[i]['year']}  {roles[i]['name']}
          {roles[i]['unique_skill']}")
26
27        if choice == 'one': break
28
29  read_records()
30
31  display_records()
32
33  linear_search_among_records(1994)
34  linear_search_among_records(1994, 'one')
```

📥 **輸出結果**

```
1983   拳四郎     北斗百裂拳
1985   星矢       天馬流星拳
1999   漩渦鳴人   多重影分身之術
1997   魯夫       橡膠猿王槍
1994   不知火舞   超必殺忍蜂
1998   皮卡丘     十萬伏特
1990   蠟筆小新   動感光波
1984   孫悟空     元氣彈
1996   犬夜叉     冥道殘月破
1994   緋村劍心   天翔龍閃
2001   黑崎一護   月牙天衝

搜尋結果如下：
1994   不知火舞   超必殺忍蜂
1994   緋村劍心   天翔龍閃

搜尋結果如下：
1994   不知火舞   超必殺忍蜂
```

🔓 **說明**

◆ 列 01 的語法，定義了變數 record_amount，其初始資料為代表資料錄個數的整數值 11。

  • 值得注意的是，在文字檔案 cartoon-role-records.txt 裡的文字列，總共有 11 列，一個文字列即是代表 1 筆資料錄。

  • 若前述文字檔案之文字列的個數，有所變更的話；那麼，變數 record_amount 的初始整數值，也必須被修正成為文字列的個數。

◆ 列 02 的語法，定義了變數 piece_amount，其初始資料為代表每個資料錄中之欄位個數的整數值 3。

◆ 列 03 的語法，定義了變數 roles，其初始資料為空的串列結構。

◆ 列 05 至列 14 的語法，定義了函數 read_records，以便將檔案 cartoon-role-records.txt 中的每列文字，逐一讀取出來，加工成為字典結構，並且新增至變數 roles 中的串列裡。

- 列 06 的語法，在被開啟的 cartoon-role-records.txt 中，以萬國碼的編碼方式 UTF-8，確保中文字可正確被讀取的前提下，將其所有文字，讀取出來，並包裝至區域變數 file 所代表的檔案物件裡。其中：

  ▶ 第 1 個參數位置的傳入資料「'datafiles/cartoon-role-records.txt'」意謂著相對資料夾的路徑，以及檔案名稱。

  ▶ 參數「mode = 'r'」意謂著讀取模式 (read mode)。

  ▶ 參數「encoding = 'utf-8'」意謂著以萬國碼的編碼方式 UTF-8，來加以處理檔案。

- 列 08 的語法，使得迴圈 for 具有變數 record_amount 中整數 11 所代表的迭代次數。

- 列 09 的語法，在迴圈每次迭代時，「依次」取出變數 file 所代表之檔案物件裡的每列文字。

- 列 10 的語法，在迴圈每次迭代時，如下處置區域變數 line 中的每列文字：

  ▶ 透過「.strip()」的片段語法，「依次」會將每列文字，先去除「前、後」的空格 (space)、換列 (new line)、定位 (tab) 字元等等空白字元 (white space character)，以避免顯示每列文字在畫面上時，呈現出不必要的間隔、縮排或換列的情況。

  ▶ 透過「.split(', ')」的片段語法，去除每列文字中的「, 」兩個字元，並切割成為，內含代表年份、名稱和絕招等 3 個副屬字串的新串列。例如：切割一列文字「1998, 皮卡丘　, 十萬伏特」，成為內含代表年份的字串 '1998'、代表名稱的字串 '皮卡丘　'，以及代表絕招的字串 '十萬伏特' 之新串列結構。

  ▶ 再將前述新串列，指定成為區域變數 pieces 的內含資料。

- 列 12 的語法，在迴圈每次迭代時，將帶有代表年份、名稱與絕招之副屬字串的串列結構，改造成為帶有屬性 year、name 與 unique_skill 的

字典結構，最後存放至區域變數 one_role 裡。其中：

> ▸ 藉由預設支援的函數 int，轉換代表年份的字串，成為整數值，並存入字典結構的屬性 year 裡。

- 列 14 的語法，在迴圈每次迭代時，將區域變數 one_role 代表的字典結構，逐一新增至變數 roles 所代表的串列結構裡。

◆ 列 16 至列 18 的語法，定義了函數 display_records，以便將變數 roles 所代表之串列裡的每筆資料錄，呈現在畫面上。

- 列 17 的語法，使得迴圈 for 具有變數 record_amount 中整數 11 所代表的迭代次數。

- 列 18 的語法，在迴圈每次迭代時，依次輸出其中 1 筆資料錄之代表年份、名稱與絕招的副屬字串，於畫面上。

◆ 列 20 至列 27 的語法，定義了函數 linear_search_among_records，以便搜尋出目標年份所對應的特定資料錄。例如：以 1994 作為目標年份，搜尋出資料錄「1994 不知火舞 超必殺忍蜂」和「1994 緋村劍心 天翔龍閃」。

- 列 20 的語法，定義了函數 linear_search_among_records 和其參數 target_year 與 choice。其中：

> ▸ 參數 target_year 內含代表目標年份的整數值。

> ▸ 參數 choice 的內含資料，係為字串 'one' 的時候，意謂著欲搜尋出符合目標年份的第 1 筆資料錄就好。倘若其內含資料，沒有被傳入的話，則參數 choice 的內含資料預設為字串 'all'，進而意謂著欲搜尋出符合目標年份的「所有」資料錄。

- 列 23 的語法，使得迴圈 for 具有變數 record_amount 中整數 11 所代表的迭代次數。

- 列 24 的語法，是用來判斷目前正在被處理的資料錄之年份，倘若相同於目標年份的話，就會執行列 25 的語法。

- 列 25 的語法，是用來顯示出代表搜尋結果的至少 1 筆資料錄。

- 列 27 的語法，是用來判斷參數 choice 的內含資料，倘若為字串 'one' 的話，則執行 break 指令，以立即終止迴圈的後續迭代。進而意謂著，就算有多筆符合目標年份的資料錄，也只需搜尋出第 1 筆資料錄即可！

◆ 列 29 的語法，執行了函數 read_records，以正式讀取文字檔案中的每列文字，並加工成為每筆資料錄。

◆ 列 31 的語法，執行了函數 display_records，以正式將前述每筆資料錄，逐一顯示在畫面上。

◆ 列 33 的語法，以傳入參數資料 1994 的形式，執行了函數 linear_search_among_records，進而搜尋並顯示出符合目標年份 1994 的所有資料錄「1994 不知火舞 超必殺忍蜂」與「1994 緋村劍心 天翔龍閃」。

◆ 列 34 的語法，以傳入參數資料 1994 與 'one' 的形式，執行了函數 linear_search_among_records，進而搜尋並顯示出符合目標年份 1994 的第 1 筆資料錄「1994 不知火舞 超必殺忍蜂」。

在 C++ 程式語言的版本中，各筆資料錄是以「struct」資料結構的形式，被存放在**陣列變數 roles** 裡。

```cpp
範例：ch04-01-01-02.cpp
01   #include <iostream>
02   #include <fstream>
03
04   using namespace std;
05
06   struct role_unit
07   {
08     unsigned int year;
09     string name;
10     string unique_skill;
11   };
12
```

```
13   #define RECORD_AMOUNT 11
14   #define PIECE_AMOUNT 3
15
16   struct role_unit roles[RECORD_AMOUNT];
17   string line, piece;
18   int i, j, start_index, end_index;
19
20   void read_records()
21   {
22     ifstream file("datafiles/cartoon-role-records.txt");
23
24     for (i = 0; i < RECORD_AMOUNT; i++)
25     {
26       getline(file, line);
27
28       start_index = end_index = 0;
29
30       for (j = 0; j < PIECE_AMOUNT; j++)
31       {
32         end_index = line.find(", ", start_index);
33
34         piece = line.substr(start_index, end_index - start_index);
35
36         start_index = end_index + 2;
37
38         if (j == 0) roles[i].year = stoi(piece);
39         else if (j == 1) roles[i].name = piece;
40         else if (j == 2) roles[i].unique_skill = piece;
41       }
42     }
43   }
44
45   void display_records()
46   {
47     for (i = 0; i < RECORD_AMOUNT; i++)
48       cout << roles[i].year << "  " << roles[i].name << "  "
           << roles[i].unique_skill << endl;
```

```
49   }
50
51   void linear_search_among_records(int target_year, string choice = "all")
52   {
53     cout << "\n" << "搜尋結果如下 : " << endl;
54
55     for (i = 0; i < RECORD_AMOUNT; i++)
56       if (roles[i].year == target_year)
57       {
58         cout << roles[i].year << "  " << roles[i].name << "  " <<
             roles[i].unique_skill << endl;
59
60         if (choice == "one") break;
61       }
62   }
63
64   int main(void)
65   {
66     read_records();
67
68     display_records();
69
70     linear_search_among_records(1994);
71     linear_search_among_records(1994, "one");
72
73     return 0;
74   }
```

📥 **輸出結果**

```
1983   拳四郎      北斗百裂拳
1985   星矢        天馬流星拳
1999   漩渦鳴人    多重影分身之術
1997   魯夫        橡膠猿王槍
1994   不知火舞    超必殺忍蜂
1998   皮卡丘      十萬伏特
```

```
1990    蠟筆小新    動感光波
1984    孫悟空      元氣彈
1996    犬夜叉      冥道殘月破
1994    緋村劍心    天翔龍閃
2001    黑崎一護    月牙天衝

搜尋結果如下：
1994    不知火舞    超必殺忍蜂
1994    緋村劍心    天翔龍閃

搜尋結果如下：
1994    不知火舞    超必殺忍蜂
```

🔓 說明

◆ 列 02 的語法，載入了和類別 fstream 之相關的資源庫，以便如下的語法可以被利用：

- 列 22 之代表著輸入檔案串流 (input file stream) 的資料型態 ifstream。

- 列 26 之每次取出其中一列文字的函數 getline。

◆ 列 06 至列 11 的語法，定義了代表單一角色單位的資料型態「struct role_unit」，並且內含 3 個副屬的變數，分別為整數變數 year、字串變數 name 與字串變數 unique_skill。

◆ 列 13 的語法，定義了整數值 11 的巨集常數 RECORD_AMOUNT，以代表資料錄的總數。

- 值得注意的是，在文字檔案 cartoon-role-records.txt 裡的文字列，總共有 11 列，一個文字列即是代表 1 筆資料錄。

- 若前述文字檔案之文字列的個數，有所變更的話；那麼，巨集常數 RECORD_AMOUNT 的初始整數值，也必須被修正成為文字列的個數。

◆ 列 14 的語法，定義了內含整數值 3 的巨集常數 PIECE_AMOUNT，以代表資料錄中的欄位個數。

◆ 列 16 的語法，定義了陣列變數 roles，並可存放 11 個「資料型態為 struct role_unit」的資料錄。

◆ 列 17 的語法，定義了字串變數 line，以用來暫存代表特定資料錄的原始字串；也定義了字串變數 piece，以用來暫存代表特定資料錄中之其中一個欄位的原始字串。

◆ 列 18 的語法，定義了用於迴圈的變數 i 與 j，以及定義了變數 start_index 與 end_index，以暫存「在資料錄之原始字串裡，副屬字串的字元」之起始索引值和結束索引值。

◆ 列 20 至列 43 的語法，定義了函數 read_records，以便將檔案 cartoon-role-records.txt 中的每列文字，逐一讀取出來，加工成為資料型態為 struct role_unit 的資料錄，並存放至陣列變數 roles 中。

　● 列 22 的語法，在被開啟的 cartoon-role-records.txt 中，將其所有文字，讀取出來，並包裝至區域變數 file 中資料型態為 ifstream 的檔案物件裡。其中，第 1 個參數位置的傳入資料「"datafiles/cartoon-role-records.txt"」意謂著相對資料夾的路徑，以及檔案名稱。

　● 列 24 的語法，使得該第 1 層迴圈 for 具有巨集常數 RECORD_AMOUNT 中整數 11 所代表的迭代次數。

　● 列 26 的語法，在迴圈每次迭代時，「依次」取出變數 file 所代表之檔案物件裡的每列文字，並存放至變數 line 裡。

　● 列 28 的語法，在第 1 層迴圈每次迭代之後，以及第 2 層迴圈每次迭代之前，皆會將變數 start_index 與 end_index 的內含資料，重新設置為 0。

　● 列 30 的語法，使得該第 2 層迴圈 for 具有巨集常數 PIECE_AMOUNT 中整數 3 所代表的迭代次數。

　● 列 32 的語法，在迴圈每次迭代時，透過「.find(", ", start_index)」的片段語法，依次搜尋並傳回各個副屬字串「", "」所在的索引值，進而暫存至變數 end_index。其中：

> ▶ 變數 start_index 所代表的索引值，即是意請著在變數 line 中所代表的字串裡，開始搜尋的索引位置。

> ▶ 變數 end_index 所代表的索引值，就會變成下一次切割字串時的結束索引值。

- 列 34 的語法，在迴圈每次迭代時，在變數 line 中目前所代表的一列文字裡，從變數 start_index 目前所代表之字元的起始索引值，到變數 end_index 目前所代表的字元之結束索引值，切割出其中一個副屬字串，並暫存至變數 piece 裡。其中，「end_index - start_index」即是副屬字串的字元個數。

> ▶ 例如：在一列文字「1998, 皮卡丘　, 十萬伏特」中，切割出代表年份的 "1998"、代表名稱的 "皮卡丘　"，或是代表絕招的 "十萬伏特" 之副屬字串。

- 列 36 的語法，就是將第 2 層迴圈下一次迭代並搜尋的起始索引位置，變成是第 1 個「", "」後方的索引位置。其中：

> ▶ 「", "」係為 2 個字元，所以在此才出現「end_index + 2」的片段語法。

> ▶ 第 2 層迴圈下一次迭代並搜尋的起始索引值，會被暫存在變數 start_index 裡。

- 列 38 至 40 的語法，在第 2 層迴圈每次迭代時，透過變數 j 的內含資料，以決定目前變數 piece 中的內含資料，是代表年份、名稱或絕招的其中一個副屬字串，進而存放至變數 roles 中特定資料錄之其中一個副屬變數 year、name 或 unique_skill 裡。

> ▶ 在此，藉由預設支援的函數 stoi (string to integer)，轉換代表年份的副屬字串，成為整數值。

◆ 列 45 至列 49 的語法，定義了函數 display_records，以便將變數 roles 所代表之串列裡的每筆資料錄，呈現在畫面上。

- 列 47 的語法，使得迴圈 for 具有巨集常數 RECORD_AMOUNT 中整數 11 所代表的迭代次數。

- 列 48 的語法，在迴圈每次迭代時，依次輸出其中 1 筆資料錄之代表年份、名稱與絕招的副屬字串，於畫面上。

◆ 列 51 至列 62 的語法，定義了函數 linear_search_among_records，以便搜尋出目標年份所對應的特定資料錄。例如：以 1994 作為目標年份，以搜尋出資料錄「1994 不知火舞 超必殺忍蜂」和「1994 緋村劍心 天翔龍閃」。

- 列 51 的語法，定義了函數 linear_search_among_records 和其參數 target_year 與 choice。其中：

  ▶ 參數 target_year 內含代表目標年份的整數值。

  ▶ 參數 choice 的內含資料，係為字串 "one" 的時候，意謂著欲搜尋出符合目標年份的第 1 筆資料錄就好。倘若其內含資料，沒有被傳入的話，則參數 choice 的內含資料預設為字串 "all"，進而意謂著欲搜尋出符合目標年份的「所有」資料錄。

- 列 55 的語法，使得迴圈 for 具有巨集常數 RECORD_AMOUNT 中整數 11 所代表的迭代次數。

- 列 56 的語法，是用來判斷目前正在被處理的資料錄之年份，倘若相同於目標年份的話，就會執行列 58 的語法。

- 列 58 的語法，是用來顯示出代表搜尋結果的至少 1 筆資料錄。

- 列 60 的語法，是用來判斷參數 choice 的內含資料，倘若為字串 "one" 的話，則執行 break 指令，以立即終止迴圈的後續迭代。進而意謂著，就算有多筆符合目標年份的資料錄，也只需搜尋出第 1 筆資料錄即可！

◆ 列 66 的語法，執行了函數 read_records，以正式讀取文字檔案中的每列文字，並加工成為每筆資料錄。

- 列 68 的語法，執行了函數 display_records，以正式將前述每筆資料錄，逐一顯示在畫面上。

- 列 70 的語法，以傳入參數資料 1994 的形式，執行了函數 linear_search_among_records，進而搜尋並顯示出符合目標年份 1994 的所有資料錄「1994 不知火舞 超必殺忍蜂」與「1994 緋村劍心 天翔龍閃」。

- 列 71 的語法，以傳入參數資料 1994 與 "one" 的形式，執行了函數 linear_search_among_records，進而搜尋並顯示出符合目標年份 1994 的第 1 筆資料錄「1994 不知火舞 超必殺忍蜂」。

4.1.2 二元搜尋演算法的實例

在本小節的兩個範例中，一開始會讀取帶有「已經按照年份，升序排列」之 11 筆資料錄的如下外部文字檔 sorted-cartoon-role-records.txt。

```
需要被讀取的文字檔：datafiles/sorted-cartoon-role-records.txt

1983，拳四郎    ，北斗百裂拳
1984，孫悟空    ，元氣彈
1985，星矢      ，天馬流星拳
1990，蠟筆小新，動感光波
1994，不知火舞，超必殺忍蜂
1994，緋村劍心，天翔龍閃
1996，犬夜叉    ，冥道殘月破
1997，魯夫      ，橡膠猿王槍
1998，皮卡丘    ，十萬伏特
1999，漩渦鳴人，多重影分身之術
2001，黑崎一護，月牙天衝
```

將 11 筆資料錄，讀取進來，並且經過自訂函數的處理過後，便被逐一放入變數 roles 裡，最後再個別透過不同的自訂函數，顯示出 11 筆資料錄和被搜尋出來的其中 1 筆資料錄，在畫面上。

已知欲搜尋的，係為目標年份為 **1990** 的資料錄。在這種前提下，二元搜尋演算法的執行過程大致如下：

二元搜尋的第1回合

搜尋＆比對中

| 1983，拳四郎，北斗百裂拳 | 1984，孫悟空，元氣彈 | 1985，星矢，天馬流星拳 | 1990，蠟筆小新，動感光波 | 1994，不知火舞，超必殺忍蜂 | 1994，緋村劍心，天翔龍閃 | 1996，犬夜叉，冥道殘月破 | 1997，魯夫，橡膠猿王槍 | 1998，皮卡丘，十萬伏特 | 1999，漩渦鳴人，多重影分身之術 | 2001，黑崎一護，月牙天衝 |

二元搜尋的第2回合

搜尋＆比對中

| 1983，拳四郎，北斗百裂拳 | 1984，孫悟空，元氣彈 | 1985，星矢，天馬流星拳 | 1990，蠟筆小新，動感光波 | 1994，不知火舞，超必殺忍蜂 | 1994，緋村劍心，天翔龍閃 | 1996，犬夜叉，冥道殘月破 | 1997，魯夫，橡膠猿王槍 | 1998，皮卡丘，十萬伏特 | 1999，漩渦鳴人，多重影分身之術 | 2001，黑崎一護，月牙天衝 |

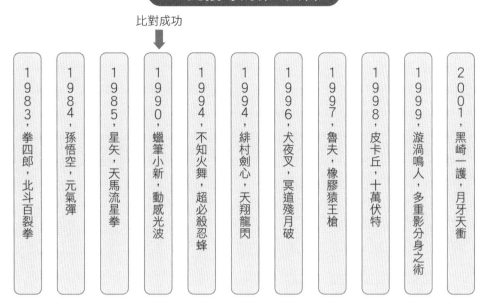

在 Python 程式語言的版本中，各筆資料錄是以字典資料結構的形式，被存放在串列變數 roles 裡。

```
範例：ch04-01-02-01.py
01  record_amount = 11
02  piece_amount = 3
03  roles = []
04
05  def read_records():
06    file = open('datafiles/sorted-cartoon-role-records.txt', mode = 'r',
        encoding = 'utf-8')
07
08    for i in range(record_amount):
09      line = file.readline()
10      pieces = line.strip().split(', ')
11
12      one_role = {'year': int(pieces[0]), 'name': pieces[1],
        'unique_skill': pieces[2]}
13
14      roles.append(one_role)
```

```python
15
16  def display_records():
17    for i in range(record_amount):
18      print(f"{roles[i]['year']}  {roles[i]['name']}
        {roles[i]['unique_skill']}")
19
20  def binary_search_among_records(target_year, choice = 'all'):
21    middle_index, left_index, right_index = -1, 0, record_amount - 1
22
23    print('\n搜尋結果如下 : ')
24
25    while right_index >= left_index:
26      middle_index = int((left_index + right_index) / 2)
27
28      if roles[middle_index]['year'] == target_year:
29        left_index = right_index = middle_index
30
31        if choice != 'one':
32          while roles[left_index - 1]['year'] == target_year:
33            left_index -= 1
34
35          while roles[right_index + 1]['year'] == target_year:
36            right_index += 1
37
38        for middle_index in range(left_index, right_index + 1):
39          print(f"{roles[middle_index]['year']}  {roles[middle_index]['name']}
            {roles[middle_index]['unique_skill']}")
40
41        break
42
43      elif roles[middle_index]['year'] > target_year:
44        right_index = middle_index - 1
45
46      else:
47        left_index = middle_index + 1
48
49  read_records()
```

```
50
51   display_records()
52
53   binary_search_among_records(1990)
54   binary_search_among_records(1994)
55   binary_search_among_records(1994, 'one')
```

📥 輸出結果

```
1983   拳四郎      北斗百裂拳
1984   孫悟空      元氣彈
1985   星矢        天馬流星拳
1990   蠟筆小新    動感光波
1994   不知火舞    超必殺忍蜂
1994   緋村劍心    天翔龍閃
1996   犬夜叉      冥道殘月破
1997   魯夫        橡膠猿王槍
1998   皮卡丘      十萬伏特
1999   漩渦鳴人    多重影分身之術
2001   黑崎一護    月牙天衝

搜尋結果如下：
1990 蠟筆小新 動感光波

搜尋結果如下：
1994 不知火舞 超必殺忍蜂
1994 緋村劍心 天翔龍閃

搜尋結果如下：
1994 緋村劍心 天翔龍閃
```

🔓 說明

◆ 除了函數 linear_search_among_records、函數 binary_search_among_records，以及列 06 和列 53 的語法之外，本範例 ch04-01-02-01.py 和前一個 Python 程式語言的範例 ch04-01-01-01.py 的其餘程式碼，皆是完全相同的！所以在此，僅加以說明本範例列 06 的語法，與列 20 至列 47 之函數 binary_search_among_records 的定義，以及列 53 的語法。

◆ 列 06 的語法，可看出被讀取的文字檔案為 sorted-cartoon-role-records.txt，和前兩個範例之文字檔案 cartoon-role-records.txt 並不相同！這是因為，標準版本的「二元」搜尋演算法，只能夠套用於「升序」排列過的一組資料錄。

- 在文字檔案 sorted-cartoon-role-records.txt 裡的一組資料錄，係為按照西元年份，加以「升序」排列過的。

◆ 列 20 至列 47 的語法，定義了函數 binary_search_among_records，以便「更有效率」地，搜尋出目標年份所對應的特定資料錄。例如：以 1990 作為目標年份，以搜尋出資料錄「1990 蠟筆小新 動感光波」。

◆ 列 20 的語法，定義了函數 binary_search_among_records 和其參數 target_year 與 choice。其中：

- 參數 target_year 內含代表目標年份的整數值。

- 參數 choice 的內含資料，係為字串 'one' 的時候，意謂著欲搜尋出符合目標年份的第 1 筆資料錄就好。倘若其內含資料，沒有被傳入的話，則參數 choice 的內含資料預設為字串 'all'，進而意謂著欲搜尋出符合目標年份的「所有」資料錄。

◆ 列 21 的語法，定義了區域變數 middle_index 和其初始資料 -1、left_index 和其初始資料 0，以及 right_index 和其初始資料為「record_amount - 1」，也就是 11 - 1 = 10 的整數值。其中：

- middle_index 用來代表「目前」被比對的「中間」資料錄所在之索引值。

- left_index 用來代表「目前」搜尋範圍之「左側」「最小」索引值的資料錄。

- right_index 用來代表「目前」搜尋範圍之「右側」「最大」索引值的資料錄。

◆ 列 25 的語法，使得這個第 1 層迴圈 while，在每次迭代時，倘若判斷出「目前」搜尋範圍之最大索引值，仍然大於或等於最小索引值的時候，就會繼續執行列 26 的語法。

◆ 列 26 的語法，是用來計算出在「目前」的迭代當中，「即將」被比對的資料錄所在之索引值。該索引值，大致為最小索引值和最大索引值的平均值。

  • 內建函數 int 可去除掉前述平均值的小數部分，僅僅保留其整數部分。

◆ 列 28 的語法，是用來判斷，倘若目前被比對的資料錄之年份，「相等於」目標年份的話，則意謂著找到了欲被搜尋出來的資料錄，進而執行列 29 的語法。

◆ 列 29 的語法，重複利用了區域變數 left_index、right_index 與 middle_index，進而將 left_index 和 right_index 的內含索引值，重新指定成為 middle_index 的內含索引值。

  • 之所以重複利用前述 3 個區域變數，主要是為了在後續搜尋出並顯示出可能存在符合目標年份的其他「多」筆資料錄。

  • 這是因為，標準版本的二元搜尋演算法，只能搜尋出 1 筆資料錄而已！所以，筆者在此改良了標準版本的二元搜尋演算法，成為本範例的版本，以簡單支援搜尋出符合目標年份之「多」筆資料錄的機制。

◆ 列 31 的語法，是用來判斷參數 choice 的內含資料，倘若為字串 'one' 的話，則執行列 32 的語法。

◆ 列 32 的語法，是用來以符合目標年份之第 1 筆資料錄的索引值為基準，持續迭代並判斷，其「左側」相鄰「較小」索引值所對應的資料錄之年份，倘若也相等於目標年份的話，則意謂著該「較小」索引值所對應的資料錄，亦屬於欲被搜尋出來的，進而執行列 33 的語法。

◆ 列 33 的語法，在每次迴圈迭代時，就會使得 left_index 的內含索引值，被遞減 1。

◆ 列 35 的語法，是用來以符合目標年份之第 1 筆資料錄的索引值為基準，

持續迭代並判斷其「右側」相鄰「較大」索引值所對應的資料錄之年份，倘若也相等於目標年份的話，則意謂著該「較大」索引值所對應的資料錄，亦屬於欲被搜尋出來的，進而執行列 36 的語法。

◆ 列 36 的語法，在每次迴圈迭代時，就會使得 right_index 的內含索引值，被遞增 1。

◆ 列 38 的語法，會使得該迴圈 for 的迭代次數，成為欲被搜尋出來的資料錄個數，也就是「right_index + 1 - left_index」的運算結果。

◆ 列 39 的語法，是用來顯示出代表搜尋結果的至少 1 筆資料錄。

◆ 列 41 的語法，執行了 break 指令，以立即終止第 1 層迴圈 while 的後續迭代。

◆ 列 43 的語法，是用來判斷，倘若目前被比對的資料錄之年份，「大於」目標年份的話，則意謂著欲被搜尋出來的資料錄所在之索引值，尚在目前被比對的資料錄所在之索引值的「左」側，進而執行列 44 的語法。

◆ 列 44 的語法，是用來在「目前」的範圍當中，縮減掉範圍的一半，進而去除掉並不存在欲被搜尋出來的資料錄之「右」半段副屬範圍。

◆ 列 46 的語法，是用來判斷，倘若目前被比對的資料錄之年份，不是「相等於」或「大於」，而是「小於」目標年份的話，則意謂著欲被搜尋出來的資料錄所在之索引值，尚在目前被比對的資料錄所在之索引值的「右」側，進而執行列 47 的語法。

◆ 列 47 的語法，是用來在「目前」的範圍當中，縮減掉範圍的一半，進而去除掉並不存在欲被搜尋出來的資料錄之「左」半段副屬範圍。

◆ 列 53 的語法，以傳入參數資料 1990 的形式，執行了函數 linear_search_among_records，進而搜尋並顯示出符合目標年份 1990 的資料錄「1990 蠟筆小新 動感光波」。

在 C++ 程式語言的版本中，各筆資料錄是以「struct」資料結構的形式，被存放在**陣列變數 roles** 裡。

範例：ch04-01-02-02.cpp

```cpp
01  #include <iostream>
02  #include <fstream>
03
04  using namespace std;
05
06  struct role_unit
07  {
08    unsigned int year;
09    string name;
10    string unique_skill;
11  };
12
13  #define RECORD_AMOUNT 11
14  #define PIECE_AMOUNT 3
15
16  struct role_unit roles[RECORD_AMOUNT];
17  string line, piece;
18  int i, j, start_index, end_index;
19
20  void read_records()
21  {
22    ifstream file("datafiles/sorted-cartoon-role-records.txt");
23
24    for (i = 0; i < RECORD_AMOUNT; i++)
25    {
26      getline(file, line);
27
28      start_index = end_index = 0;
29
30      for (j = 0; j < PIECE_AMOUNT; j++)
31      {
32        end_index = line.find(", ", start_index);
33
34        piece = line.substr(start_index, end_index - start_index);
35
36        start_index = end_index + 2;
```

```
37
38          if (j == 0) roles[i].year = stoi(piece);
39          else if (j == 1) roles[i].name = piece;
40          else if (j == 2) roles[i].unique_skill = piece;
41      }
42    }
43  }
44
45  void display_records()
46  {
47    for (i = 0; i < RECORD_AMOUNT; i++)
48      cout << roles[i].year << "  " << roles[i].name << "  " <<
           roles[i].unique_skill << endl;
49  }
50
51  void binary_search_among_records(int target_year, string choice = "all")
52  {
53    int middle_index, left_index = 0, right_index = RECORD_AMOUNT - 1;
54
55    cout << "\n" << "搜尋結果如下：" << endl;
56
57    while (right_index >= left_index)
58    {
59      middle_index = (left_index + right_index) / 2;
60
61      if (roles[middle_index].year == target_year)
62      {
63        left_index = right_index = middle_index;
64
65        if (choice != "one")
66        {
67          while (roles[left_index - 1].year == target_year)
68            left_index--;
69
70          while (roles[right_index + 1].year == target_year)
71            right_index++;
72        }
```

```
73
74        for (middle_index = left_index; middle_index < right_index + 1;
          middle_index++)
75          cout << roles[middle_index].year << "  " << roles[middle_index].name
              << "  " << roles[middle_index].unique_skill << endl;
76
77        break;
78      }
79      else if (roles[middle_index].year > target_year)
80        right_index = middle_index - 1;
81      else
82        left_index = middle_index + 1;
83    }
84  }
85
86  int main(void)
87  {
88    read_records();
89
90    display_records();
91
92    binary_search_among_records(1985);
93    binary_search_among_records(1994);
94    binary_search_among_records(1994, "one");
95
96    return 0;
97  }
```

📥 輸出結果

```
1983  拳四郎      北斗百裂拳
1984  孫悟空      元氣彈
1985  星矢        天馬流星拳
1990  蠟筆小新    動感光波
1994  不知火舞    超必殺忍蜂
1994  緋村劍心    天翔龍閃
1996  犬夜叉      冥道殘月破
1997  魯夫        橡膠猿王槍
```

```
1998    皮卡丘      十萬伏特
1999    漩渦鳴人    多重影分身之術
2001    黑崎一護    月牙天衝

搜尋結果如下：
1990 蠟筆小新 動感光波

搜尋結果如下：
1994    不知火舞    超必殺忍蜂
1994    緋村劍心    天翔龍閃

搜尋結果如下：
1994    緋村劍心    天翔龍閃
```

🔓 說明

◆ 除了函數 linear_search_among_records、函數 binary_search_among_records，以及列 22 和列 92 的語法之外，本範例 ch04-01-02-02.cpp 和前一個 Python 程式語言的範例 ch04-01-01-02.cpp 的其餘程式碼，皆是完全相同的！所以在此，僅加以說明本範例列 22 的語法，與列 51 至列 84 之函數 binary_search_among_records 的定義，以及列 92 的語法。

◆ 列 22 的語法，可看出被讀取的文字檔案為 sorted-cartoon-role-records. txt，和本節之第 1 個與第 2 個範例之文字檔案 cartoon-role-records.txt 並不相同！這是因為，標準版本的「二元」搜尋演算法，只能夠套用於「升序」排列過的一組資料錄。

  ● 在文字檔案 sorted-cartoon-role-records.txt 裡的一組資料錄，係為按照西元年份，加以「升序」排列過的。

◆ 列 51 至列 84 的語法，定義了函數 binary_search_among_records，以便「更有效率」地，搜尋出目標年份所對應的特定資料錄。例如：以 1990 作為目標年份，以搜尋出資料錄「1990 蠟筆小新 動感光波」。

◆ 列 51 的語法，定義了函數 binary_search_among_records 和其參數 target_year 與 choice。其中：

  ● 參數 target_year 內含代表目標年份的整數值。

- 參數 choice 的內含資料，係為字串 "one" 的時候，意謂著欲搜尋出符合目標年份的第 1 筆資料錄就好。倘若其內含資料，沒有被傳入的話，則參數 choice 的內含資料預設為字串 "all"，進而意謂著欲搜尋出符合目標年份的「所有」資料錄。

◆ 列 53 的語法，定義了區域變數 middle_index、left_index 和其初始資料 0，以及 right_index 和其初始資料為「RECORD_AMOUNT - 1」，也就是 11 - 1 = 10 的整數值。其中：

- middle_index 用來代表「目前」被比對的「中間」資料錄所在之索引值。

- left_index 用來代表「目前」搜尋範圍之「左側」「最小」索引值的資料錄。

- right_index 用來代表「目前」搜尋範圍之「右側」「最大」索引值的資料錄。

◆ 列 57 的語法，使得這個第 1 層迴圈 while，在每次迭代時，倘若判斷出「目前」搜尋範圍之最大索引值，仍然大於或等於最小索引值的時候，就會繼續執行列 59 的語法。

◆ 列 59 的語法，是用來計算出在「目前」的迭代當中，「即將」被比對的資料錄所在之索引值。該索引值，大致為最小索引值和最大索引值的平均值。

- 因為區域變數 middle_index 的資料型態係為整數，所以其內含整數值，會自動被去除前述平均值的小數部分，僅僅保留其整數部分。

◆ 列 61 的語法，是用來判斷，倘若目前被比對的資料錄之年份，「相等於」目標年份的話，則意謂著找到了欲被搜尋出來的資料錄，進而執行列 63 的語法。

◆ 列 63 的語法，重複利用了區域變數 left_index、right_index 與 middle_index，進而將 left_index 和 right_index 的內含索引值，重新指定成為 middle_index 的內含索引值。

- 之所以重複利用前述 3 個區域變數，主要是為了在後續搜尋出並顯示出可能存在符合目標年份的其他「多」筆資料錄。

- 這是因為，標準版本的二元搜尋演算法，只能搜尋出 1 筆資料錄而已！所以，筆者在此改良了標準版本的二元搜尋演算法，成為本範例的版本，以簡單支援搜尋出符合目標年份之「多」筆資料錄的機制。

◆ 列 65 的語法，是用來判斷參數 choice 的內含資料，倘若為字串 "one" 的話，則執行列 67 的語法。

◆ 列 67 的語法，是用來以符合目標年份之第 1 筆資料錄的索引值為基準，持續迭代並判斷，其「左側」相鄰「較小」索引值所對應的資料錄之年份，倘若也相等於目標年份的話，則意謂著該「較小」索引值所對應的資料錄，亦屬於欲被搜尋出來的，進而執行列 68 的語法。

◆ 列 68 的語法，在每次迴圈迭代時，就會使得 left_index 的內含索引值，被遞減 1。

◆ 列 70 的語法，是用來以符合目標年份之第 1 筆資料錄的索引值為基準，持續迭代並判斷其「右側」相鄰「較大」索引值所對應的資料錄之年份，倘若也相等於目標年份的話，則意謂著該「較大」索引值所對應的資料錄，亦屬於欲被搜尋出來的，進而執行列 71 的語法。

◆ 列 71 的語法，在每次迴圈迭代時，就會使得 right_index 的內含索引值，被遞增 1。

◆ 列 74 的語法，會使得迴圈 for 的迭代次數，成為欲被搜尋出來的資料錄個數，也就是「right_index + 1 - left_index」的運算結果。

◆ 列 75 的語法，是用來顯示出代表搜尋結果的至少 1 筆資料錄。

◆ 列 77 的語法，執行了 break 指令，以立即終止第 1 層迴圈 while 的後續迭代。

◆ 列 79 的語法，是用來判斷，倘若目前被比對的資料錄之年份，「大於」目標年份的話，則意謂著欲被搜尋出來的資料錄所在之索引值，尚在目前被比對的資料錄所在之索引值的「左」側，進而執行列 80 的語法。

◆ 列 80 的語法，是用來在「目前」的範圍當中，縮減掉範圍的一半，進而去除掉並不存在欲被搜尋出來的資料錄之「右」半段副屬範圍。

◆ 列 81 的語法，是用來判斷，倘若目前被比對的資料錄之年份，不是「相等於」或「大於」，而是「小於」目標年份的話，則意謂著欲被搜尋出來的資料錄所在之索引值，尚在目前被比對的資料錄所在之索引值的「右」側，進而執行列 82 的語法。

◆ 列 82 的語法，是用來在「目前」的範圍當中，縮減掉範圍的一半，進而去除掉並不存在欲被搜尋出來的資料錄之「左」半段副屬範圍。

◆ 列 92 的語法，以傳入參數資料 1990 的形式，執行了函數 linear_search_among_records，進而搜尋並顯示出符合目標年份 1985 的資料錄「1990 蠟筆小新　動感光波」。

4.2 排序演算法

在電腦科學當中，所謂的排序演算法 (sorting algorithm) 係為按照特定的順序，例如：按照數值或字母的由小至大／升序 (ascending)、由大至小／降序 (descending) 的順序等等，加以排列一組資料的演算法。

特定資訊系統處理巨量資料之際，在執行搜尋演算法 (search algorithm) 或其他演算法之前，倘若能預先執行排序演算法，將大幅有助於特定資訊系統的處理效能。

在此，僅介紹氣泡排序演算法 (bubble sorting algorithm) 與合併排序演算法 (merge sorting algorithm)。

◆ 氣泡排序演算法即是，按照各筆資料錄的原始順序，在迴圈中的每一回合裡，將「**主要欄位的資料**」較小或比較大的資料錄，往其中一端 (左邊與右邊，亦或是上方與下方。)，加以搬移。直到所有資料錄之「**主要欄位的資料**」，皆已經「升」序或「降」序排列為止。

◆ 合併排序演算法即是，先逐次分散所有資料錄，於各個容器當中。然後在迴圈中的每一回合裡，開始儘量「兩兩相連」地比較兩個容器中各筆資料錄的「**主要欄位的資料**」，並且逐一取出「**主要欄位的資料**」之最大或最小的資料錄，並漸次被放入新的容器裡，並且使得原先兩個容器皆不存在任何資料錄而被刪除。這樣子的動作，會一直被進行到，所有資料錄最終都被放入同一個新容器當中為止。

4.2.1 氣泡排序演算法的實例

在本小節的兩個範例中，一開始會讀取帶有 11 筆資料錄的如下外部文字檔 cartoon-role-records.txt。

已知特定氣泡排序演算法，欲針對各個資料錄的**年份**，「升序排列」所有資料錄。在這種前提下，**氣泡排序演算法**之「**外層迴圈**」的**整體**執行過程大致如下：

氣泡排序的外層迴圈第1回合

| 1983，拳四郎… | 1985，星矢… | 1999，漩渦鳴人… | 1997，魯夫… | 1994，不知火舞… | 1998，皮卡丘… | 1990，蠟筆小新… | 1984，孫悟空… | 1996，犬夜叉… | 1994，緋村劍心… | 2001，黑崎一護… |

持續比對&交換

| 1983，拳四郎… | 1985，星矢… | 1997，魯夫… | 1994，不知火舞… | 1998，皮卡丘… | 1990，蠟筆小新… | 1984，孫悟空… | 1996，犬夜叉… | 1994，緋村劍心… | 1999，漩渦鳴人… | 2001，黑崎一護… |

氣泡排序的外層迴圈第**2**回合

| 1983，拳四郎… | 1985，星矢… | 1997，魯夫… | 1994，不知火舞… | 1998，皮卡丘… | 1990，蠟筆小新… | 1984，孫悟空… | 1996，犬夜叉… | 1994，緋村劍心… | 1999，漩渦鳴人… | 2001，黑崎一護… |

持續比對＆交換

| 1983，拳四郎… | 1985，星矢… | 1994，不知火舞… | 1997，魯夫… | 1990，蠟筆小新… | 1984，孫悟空… | 1996，犬夜叉… | 1994，緋村劍心… | 1998，皮卡丘… | 1999，漩渦鳴人… | 2001，黑崎一護… |

氣泡排序的外層迴圈第**3**回合

| 1983，拳四郎… | 1985，星矢… | 1994，不知火舞… | 1997，魯夫… | 1990，蠟筆小新… | 1984，孫悟空… | 1996，犬夜叉… | 1994，緋村劍心… | 1998，皮卡丘… | 1999，漩渦鳴人… | 2001，黑崎一護… |

持續比對＆交換

| 1983，拳四郎… | 1985，星矢… | 1994，不知火舞… | 1990，蠟筆小新… | 1984，孫悟空… | 1996，犬夜叉… | 1994，緋村劍心… | 1997，魯夫… | 1998，皮卡丘… | 1999，漩渦鳴人… | 2001，黑崎一護… |

氣泡排序的外層迴圈第4回合

| 1983，拳四郎… | 1985，星矢… | 1994，不知火舞… | 1990，蠟筆小新… | 1984，孫悟空… | 1996，犬夜叉… | 1994，緋村劍心… | 1997，魯夫… | 1998，皮卡丘… | 1999，漩渦鳴人… | 2001，黑崎一護… |

持續比對＆交換

| 1983，拳四郎… | 1985，星矢… | 1990，蠟筆小新… | 1984，孫悟空… | 1994，不知火舞… | 1994，緋村劍心… | 1996，犬夜叉… | 1997，魯夫… | 1998，皮卡丘… | 1999，漩渦鳴人… | 2001，黑崎一護… |

氣泡排序的外層迴圈第5回合

| 1983，拳四郎… | 1985，星矢… | 1990，蠟筆小新… | 1984，孫悟空… | 1994，不知火舞… | 1994，緋村劍心… | 1996，犬夜叉… | 1997，魯夫… | 1998，皮卡丘… | 1999，漩渦鳴人… | 2001，黑崎一護… |

持續比對＆交換

| 1983，拳四郎… | 1985，星矢… | 1984，孫悟空… | 1990，蠟筆小新… | 1994，不知火舞… | 1994，緋村劍心… | 1996，犬夜叉… | 1997，魯夫… | 1998，皮卡丘… | 1999，漩渦鳴人… | 2001，黑崎一護… |

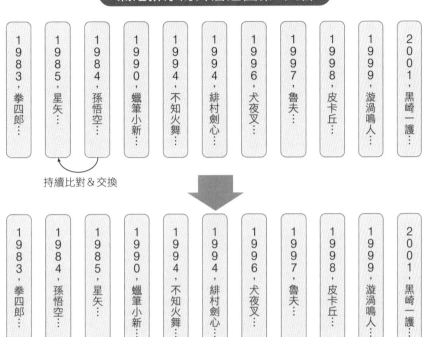

將 11 筆資料錄，讀取進來，並且經過自訂函數的處理過後，便被逐一放入變數 roles 裡，然後經過具有**氣泡排序**演算法的自訂函數，針對其主要欄位的資料，來加以「**升序排列**」各個資料錄之後，最後顯示出已經升序排列其主要欄位完畢的 11 筆資料錄，在畫面上。

```
範例：ch04-02-01-01.py
01  record_amount = 11
02  piece_amount = 3
03  roles = []
04
05  def read_records():
06      file = open('datafiles/cartoon-role-records.txt', mode = 'r',
        encoding = 'utf-8')
07
08      for i in range(record_amount):
09          line = file.readline()
10          pieces = line.strip().split(', ')
```

```
11
12      one_role = {'year': int(pieces[0]), 'name': pieces[1],
         'unique_skill': pieces[2]}
13
14      roles.append(one_role)
15
16  def display_records():
17    for i in range(record_amount):
18      print(f"{roles[i]['year']}  {roles[i]['name']}
         {roles[i]['unique_skill']}")
19
20  def bubble_sort_among_records():
21    for round in range(1, record_amount):
22      changed = False
23
24      for index in range(0, record_amount - round):
25        if roles[index]['year'] > roles[index + 1]['year']:
26          roles[index], roles[index + 1] = roles[index + 1], roles[index]
27
28          changed = True
29
30      if not changed: break
31
32  read_records()
33
34  bubble_sort_among_records()
35
36  display_records()
```

📥 輸出結果

```
1983  拳四郎    北斗百裂拳
1984  孫悟空    元氣彈
1985  星矢     天馬流星拳
1990  蠟筆小新   動感光波
1994  不知火舞   超必殺忍蜂
1994  緋村劍心   天翔龍閃
1996  犬夜叉    冥道殘月破
```

1997	魯夫	橡膠猿王槍
1998	皮卡丘	十萬伏特
1999	漩渦鳴人	多重影分身之術
2001	黑崎一護	月牙天衝

🔓 說明

◆ 扣除與前一節之範例 ch04-01-01-01.py 和 ch04-01-02-01.py 的相同部分之外，在此僅說明列 20 至列 30 的程式碼片段。

◆ 列 20 的語法，定義了沒有傳入任何參數之函數 bubble_sort_among_records，以實作出在多筆資料錄之間的氣泡排序演算法。

◆ 列 21 的語法，會使得這個第 1 層迴圈 for 的迭代次數，成為了「record_amount - 1」的整數值。其中，動態被定義的變數 round 的內含整數值，代表著第 1 層迴圈 for 之目前的第幾次迭代，也意謂著氣泡排序的第幾回合。

◆ 列 22 的語法，動態定義了區域變數 changed，其初始資料為 False，意謂著各筆資料錄的順序，在第 1 層迴圈 for 的此次迭代裡，尚未被進行任何調整，也就是沒有任何變動的意義。

◆ 列 24 的語法，會使得這個第 2 層迴圈 for 的迭代次數，成為了「record_amount - round」的整數值。其中，動態被定義的變數 index 的內含整數值，代表著第 2 層迴圈 for 之目前的第幾次迭代，也意謂著目前被比較其年份大小的資料錄之索引值。

◆ 列 25 的語法，是用來判斷，倘若目前被比對的資料錄之年份，「大於」「下一筆」資料錄之年份的話，則意謂著需要交換這兩個資料錄所在的索引位置，使得較小年份的資料錄，被擺放在比較「前面」的索引位置，進而執行列 26 的語法。

◆ 列 26 的語法，是 Python 程式語言所支援的便捷語法，以便快速交換變數 roles 中索引位置相鄰的兩筆資料錄。

◆ 列 28 的語法，將 True，指定成為 changed 的內含資料，意謂著各筆資料錄的順序，被進行了調整。

◆ 列 30 的語法，是用來判斷，倘若各筆資料錄的順序，已經沒有任何變動的話，則提早終止第 1 層迴圈 for 之多餘的後續迭代，以提升該演算法的效能。

◆ 列 34 的語法，執行了函數 bubble_sort_among_records，進而透過氣泡排序演算法，以各筆資料錄的年份為比較欄位，對所有資料錄，進行由小至大的排序。

```cpp
範例：ch04-02-01-02.cpp
01  #include <iostream>
02  #include <fstream>
03  #include <vector>
04
05  using namespace std;
06
07  struct role_unit
08  {
09      unsigned int year;
10      string name;
11      string unique_skill;
12  };
13
14  #define RECORD_AMOUNT 11
15  #define PIECE_AMOUNT 3
16
17  struct role_unit* one_role;
18  vector < struct role_unit > roles;
19
20  string line, piece;
21  int i, j, start_index, end_index;
22
23  void read_records()
```

```
24  {
25     ifstream file("datafiles/cartoon-role-records.txt");
26
27     for (i = 0; i < RECORD_AMOUNT; i++)
28     {
29       getline(file, line);
30
31       start_index = end_index = 0;
32
33       one_role = new struct role_unit;
34
35       for (j = 0; j < PIECE_AMOUNT; j++)
36       {
37         end_index = line.find(", ", start_index);
38
39         piece = line.substr(start_index, end_index - start_index);
40
41         start_index = end_index + 2;
42
43         if (j == 0) one_role->year = stoi(piece);
44         else if (j == 1) one_role->name = piece;
45         else if (j == 2) one_role->unique_skill = piece;
46       }
47
48       roles.push_back(*one_role);
49     }
50  }
51
52  void display_records()
53  {
54    for (i = 0; i < RECORD_AMOUNT; i++)
55      cout << roles[i].year << "  " << roles[i].name << "  "
           << roles[i].unique_skill << endl;
56  }
57
58  void bubble_sort_among_records()
```

```
59    {
60        int round, index;
61        struct role_unit temp;
62        bool changed;
63
64        for (round = 1; round < RECORD_AMOUNT; round++)
65        {
66            changed = false;
67
68            for (index = 0; index < RECORD_AMOUNT - round; index++)
69            {
70                if (roles[index].year > roles[index + 1].year)
71                {
72                    temp = roles[index];
73                    roles[index] = roles[index + 1];
74                    roles[index + 1] = temp;
75
76                    changed = true;
77                }
78            }
79
80            if (! changed) break;
81        }
82    }
83
84    int main(void)
85    {
86        read_records();
87
88        bubble_sort_among_records();
89
90        display_records();
91
92        return 0;
93    }
```

輸出結果

```
1983    拳四郎      北斗百裂拳
1984    孫悟空      元氣彈
1985    星矢        天馬流星拳
1990    蠟筆小新    動感光波
1994    不知火舞    超必殺忍蜂
1994    緋村劍心    天翔龍閃
1996    犬夜叉      冥道殘月破
1997    魯夫        橡膠猿王槍
1998    皮卡丘      十萬伏特
1999    漩渦鳴人    多重影分身之術
2001    黑崎一護    月牙天衝
```

說明

◆ 扣除與前一節之範例 ch04-01-01-02.cpp 和 ch04-01-02-02.cpp 的相同部分之外，在此僅說明其語法「不同」之處。

◆ 列 03 的語法，載入了和類別 vector 之相關的資源庫，以便列 18 之代表樣板資料型態的關鍵字 vector，可以被利用。

◆ 列 17 的語法，定義了指標變數 one_role，指向特定資料錄的記憶體位址，進而用來代表著特定資料錄。

◆ 列 18 的語法，定義了其資料結構「類似」於陣列的向量 (vector) 變數 roles，以便用來存放多筆資料錄。

◆ 列 33 的語法，使得變數 one_role，動態被配置了新的記憶體空間，其空間尺寸剛好就等於「struct role_unit」所代表的資料錄。

  ● 值得注意的是，隨著列 27 之迴圈 for 的迭代次數，變數 one_role，也會持續動態被配置「位址」不同的記憶體空間。

◆ 本範例在列 43 至列 45 的語法，和前一節之範例 ch04-01-01-02.cpp 和 ch04-01-02-02.cpp 的不同點在於：

  ● 在前一節之範例中，是直接以「roles[i].year」的方式，來存放特定資料錄的年份。

- 而在本範例中，則是間接以列 43 之「one_role->year」的方式，先暫存特定資料錄的年份；然後再以列 48 的語法，來存放特定資料錄的年份和其餘資料。

- 值得特別留意的是，因為 roles[i] 所傳回的，並不是記憶體位址，所以和「year」之間，被加上「.」符號；但是，指標變數 one_role 所傳回的，係為記憶體位址，所以和「year」之間，則必須加上「->」符號！

◆ 列 48 的語法，透過向量 (vector) 變數預設支援的函數 push_back，將指標變數 one_role 所代表的特定資料錄，新增至向量變數 roles 裡。

- 請特別留意，指標變數 one_role 的內含資料，係為特定資料錄所在的記憶體位址。

- 指標變數之名稱 one_role 的左側，加上「*」符號，才是代表著特定資料錄！

◆ 列 58 定義了沒有傳入任何參數之函數 bubble_sort_among_records，以實作出在多筆資料錄之間的氣泡排序演算法。

◆ 列 60 的語法，動態定義了在氣泡排序演算法中，代表目前「回合」的區域變數 round，以及代表「目前被比較年份之特定資料錄所在的索引位置」的區域變數 index。

◆ 列 61 的語法，動態定義了用來暫存欲被交換索引位置的特定資料錄之區域變數 temp。

◆ 列 62 的語法，動態定義了區域變數 changed，用來記錄在第 1 層迴圈 for 之某次迭代裡，各筆資料錄的順序，是否已經沒有任何變動了。

◆ 列 64 的語法，會使得這個第 1 層迴圈 for 的迭代次數，成為了「RECORD_AMOUNT - 1」的整數值。其中，變數 round 的內含整數值，代表著第 1 層迴圈 for 之目前的第幾次迭代，也意謂著氣泡排序的第幾回合。

◆ 列 66 的語法，將 false，指定成為 changed 的內含資料，意謂著各筆資料錄的順序，在第 1 層迴圈 for 的此次迭代裡，尚未被進行任何調整，也就是沒有任何變動的意義。

- 列 68 的語法，會使得這個第 2 層迴圈 for 的迭代次數，成為了「RECORD_AMOUNT - round」的整數值。其中，變數 index 的內含整數值，代表著第 2 層迴圈 for 之目前的第幾次迭代，也意謂著目前被比較其年份大小的資料錄之索引值。

- 列 70 的語法，是用來判斷，倘若目前被比對的資料錄之年份，「大於」「下一筆」資料錄之年份的話，則意謂著需要交換這兩個資料錄所在的索引位置，使得較小年份的資料錄，被擺放在比較「前面」的索引位置，進而執行列 72 的語法。

- 列 72 至列 74 的語法，是用來交換變數 roles 中索引位置相鄰的兩筆資料錄。

- 列 76 的語法，將 true，指定成為 changed 的內含資料，意謂著各筆資料錄的順序，被進行了調整。

- 列 80 的語法，是用來判斷，倘若各筆資料錄的順序，已經沒有任何變動的話，則提早終止第 1 層迴圈 for 之多餘的後續迭代，以提升該演算法的效能。

- 列 88 的語法，執行了函數 bubble_sort_among_records，進而透過氣泡排序演算法，以各筆資料錄的年份為比較欄位，對所有資料錄，進行由小至大的排序。

4.2.2 合併排序演算法的實例

在本小節的兩個範例中，一開始會讀取帶有 11 筆資料錄的如下外部文字檔 cartoon-role-records.txt。

已知特定合併排序演算法，欲針對各個資料錄的**年份**，「**升序排列**」所有資料錄。在這種前提下，合併排序演算法之「**外層迴圈**」的**整體**執行過程大致如下：

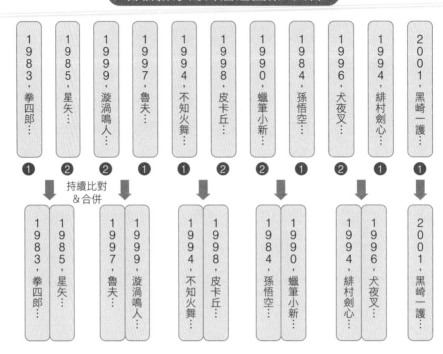

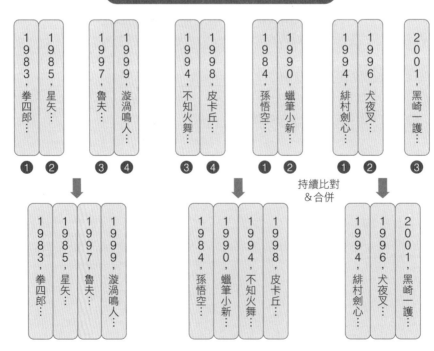

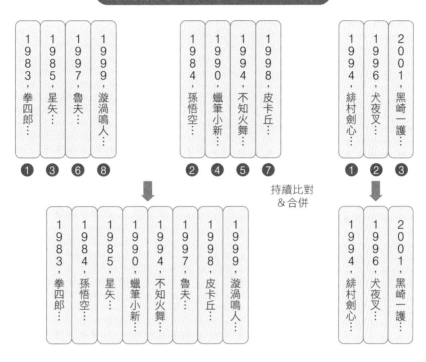

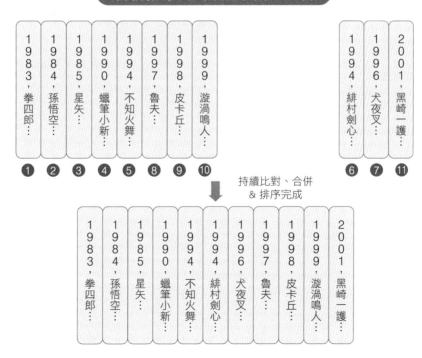

　　將 11 筆資料錄，讀取進來，並且經過自訂函數的處理過後，便被逐一放入變數 roles 裡，然後經過具有合併排序演算法的自訂函數，針對其主要欄位的資料，來加以「升序排列」各個資料錄之後，最後顯示出已經升序排列其主要欄位完畢的 11 筆資料錄，在畫面上。

　　為了方便起見，在如下兩個範例中，「逐次分散所有資料錄，於各個容器當中」的程序，已經事先經過簡化了！

```
範例：ch04-02-02-01.py
01    record_amount = 11
02    piece_amount = 3
03    roles = []
04
05    def read_records():
06      file = open('datafiles/cartoon-role-records.txt', mode = 'r',
         encoding = 'utf-8')
07
08      for i in range(record_amount):
09        line = file.readline()
10        pieces = line.strip().split(', ')
11
12        one_role = {'year': int(pieces[0]), 'name': pieces[1],
           'unique_skill': pieces[2]}
13
14        roles.append(one_role)
15
16    def display_records():
17      for i in range(record_amount):
18        print(f"{roles[i]['year']}  {roles[i]['name']}
         {roles[i]['unique_skill']}")
19
20    def merge_sort_among_records():
21      global roles
22      left_group, right_group, merged_group = [], [], []
23      out_container = []
24      in_container = [[ref] for ref in roles]
```

```
25
26    while True:
27      if len(in_container) == 0 and len(out_container) == 1:
28        roles.clear()
29        roles = out_container[0]
30        break
31
32      elif len(in_container) == 0:
33        in_container.clear()
34        in_container = out_container[:]
35        out_container.clear()
36
37      elif len(in_container) == 1:
38        out_container.append(in_container.pop())
39
40      elif len(in_container) > 1:
41        left_group = in_container.pop(0)
42        right_group = in_container.pop(0)
43
44        merged_group.clear()
45
46        while len(left_group) > 0 and len(right_group) > 0:
47          if left_group[0]['year'] <= right_group[0]['year']:
48            merged_group.append(left_group.pop(0))
49
50          else:
51            merged_group.append(right_group.pop(0))
52
53        merged_group += left_group + right_group
54
55        out_container.append(merged_group[:])
56
57  read_records()
58
59  merge_sort_among_records()
60
61  display_records()
```

📥 **輸出結果**

1983	拳四郎	北斗百裂拳
1984	孫悟空	元氣彈
1985	星矢	天馬流星拳
1990	蠟筆小新	動感光波
1994	不知火舞	超必殺忍蜂
1994	緋村劍心	天翔龍閃
1996	犬夜叉	冥道殘月破
1997	魯夫	橡膠猿王槍
1998	皮卡丘	十萬伏特
1999	漩渦鳴人	多重影分身之術
2001	黑崎一護	月牙天衝

🔒 **說明**

◆ 扣除與本節前面的範例 ch04-02-01-01.py 的相同部分之外，在此僅說明列 20 至列 55，以及列 59 的程式碼片段。

◆ 列 20 的語法，定義了沒有傳入任何參數之函數 merge_sort_among_ records，以實作出在多筆資料錄之間的合併排序演算法。

◆ 列 21 的語法，使得全域變數 roles，可在此函數內部的程式碼中，被「修改」其內含資料。

  • 倘若僅僅是在特定函數內部的程式碼中，讀取全域變數 roles 中的內含資料的話，則可省略此列的語法。

  • 例如，在函數 display_records 內部的列 18，雖然提到了全域變數 roles；因為沒有涉及到「修改」其內含資料，所以毋須在該函數內部，先行提到「global roles」的語法。

◆ 列 22 的語法，分別定義了 left_group、right_group 與 merged_group 等 3 個區域變數，其初始資料皆為占用不同記憶體空間的新串列。其中：

  • left_group 用來代表「正在被合併其內部各筆資料錄」的左群組。

  • right_group 用來代表「正在被合併其內部各筆資料錄」的右群組。

- merged_group 則是用來代表，在各個階段中，左群組與右群組之被合併後的群組。

◆ 列 23 的語法，定義了區域變數 out_container，其初始資料亦為新串列。其中：

  - 在列 26 開始的第 1 層迴圈 while 之各個迭代回合中，out_container 的內含資料，只會變動 1 次。

  - 在列 46 開始的第 2 層迴圈 while 之各個迭代回合中，out_container 會漸次被放入，在各個階段裡，左群組與右群組之被合併後的群組。

◆ 列 24 的語法，定義了區域變數 in_container，其初始資料係為二維串列。其中：

  - 在該二維串列的第 1 層，內含全域變數 roles 中資料錄「個數」的副屬串列。

  - 該二維串列的第 2 層，即是各個副屬串列，皆僅僅內含 1 筆資料錄。

  - 該列語法被執行之後，區域變數 in_container 的內含資料會類似於「[[⋯], [⋯], [⋯], [⋯], [⋯], [⋯], [⋯], [⋯], [⋯], [⋯], [⋯]]」的資料結構。

◆ 列 26 的語法，安排了無窮的迴圈 while。

◆ 在列 27 的語法中，倘若 in_container 目前不含任何群組，而且 out_container 僅內含 1 個群組的話，便會繼續執行列 28 的語法。

◆ 列 28 的語法，清除了 roles 中原始順序的所有資料錄。

◆ 列 29 的語法，將 out_container 中唯一 1 個群組所內含的所有資料錄，也就是已按照其年份，被排序完畢後的所有資料錄，存放至 roles 裡。

◆ 列 30 的語法，會中斷前述無窮的迴圈 while。

◆ 列 32 的語法，是用來判斷，倘若 in_container 目前不含任何群組的話，則執行列 33 的語法。

◆ 列 33 的語法，清除了 in_container 所內含的所有群組。

◆ 列 34 的語法,將 out_container 所內含的所有群組之「複製體」,存放至 in_container 裡。換言之,也就是將無窮迴圈前一次迭代處理後,漸次以「兩個群組為單位」而被合併之多個群組,存放至 in_container 裡。

◆ 列 35 的語法,清除了 out_container 中的所有群組。

◆ 列 37 的語法,是用來判斷,倘若 in_container 目前僅內含 1 個群組的話,意謂著在此次迭代回合中,只剩下 1 個落單的群組,無法進行「兩個群組為單位」的合併動作,進而執行列 38 的語法。

◆ 列 38 的語法,取出了 in_container 中僅存的 1 個群組,並直接新增成為 out_container 中的最後一個群組。

◆ 列 40 的語法,是用來判斷,倘若 in_container 目前內含超過 1 個群組的話,意謂著在此次迭代回合中,仍然至少存在 2 個群組,可供進行「兩個群組為單位」的合併動作,進而執行列 41 的語法。

◆ 列 41 的語法,取出了 in_container 中的第 1 個群組,並存放至 left_group 裡。

◆ 列 42 的語法,取出了 in_container 中的第 2 個群組,並存放至 right_group 裡。

◆ 列 44 的語法,清除了 merged_group 所內含的兩個群組。

◆ 列 46 的語法,透過這個第 2 層迴圈 while,在每個迭代回合中,持續判斷,倘若左群組和右群組裡,「皆」存在至少 1 筆資料錄的話,則繼續執行列 47 的語法。

◆ 列 47 的語法,是用來判斷,倘若左群組中第 1 筆資料錄之年份,小於或等於右群組中第 1 筆資料錄之年份的話,則繼續執行列 48 的語法。

◆ 列 48 的語法,取出了左群組的第 1 筆資料錄,並新增成為 merged_group 中的最後 1 筆資料錄。

◆ 列 50 的語法,是用來判斷,倘若左群組中第 1 筆資料錄之年份,大於右群組中第 1 筆資料錄之年份的話,則繼續執行列 51 的語法。

◆ 列 51 的語法，取出了右群組的第 1 筆資料錄，並新增成為 merged_group 中的最後 1 筆資料錄。

◆ 列 53 的語法，分別將左群組與右群組中的剩餘資料錄，合併至 merged_group 裡。其中：

- 經過列 46 至列 51 之迴圈 while 的處理後，只會變成 left_group 和 right_group 的其中之一，仍然殘存最多 1 筆資料錄。換言之：

  ▸ 倘若 left_group 仍然內含資料錄的話；那麼，right_group 中已經沒有任何資料錄了。

  ▸ 倘若 right_group 仍然內含資料錄的話；那麼，left_group 中已經沒有任何資料錄了。

◆ 列 55 的語法，將 merged_group 中內含所有資料錄之群組的「複製體」，新增成為 out_container 中的最後一個群組。

◆ 列 59 的語法，執行了函數 merge_sort_among_records，進而透過合併排序演算法，以各筆資料錄的年份為比較欄位，對所有資料錄，進行由小至大 (升序) 的排序。

範例：ch04-02-02-02.cpp

```cpp
01    #include <iostream>
02    #include <fstream>
03    #include <vector>
04
05    using namespace std;
06
07    struct role_unit
08    {
09      unsigned int year;
10      string name;
11      string unique_skill;
12    };
13
```

```
14   #define RECORD_AMOUNT 11
15   #define PIECE_AMOUNT 3
16
17   struct role_unit* one_role;
18   vector < struct role_unit > roles;
19
20   string line, piece;
21   int i, j, start_index, end_index;
22
23   void read_records()
24   {
25     ifstream file("datafiles/cartoon-role-records.txt");
26
27     for (i = 0; i < RECORD_AMOUNT; i++)
28     {
29       getline(file, line);
30
31       start_index = end_index = 0;
32
33       one_role = new struct role_unit;
34
35       for (j = 0; j < PIECE_AMOUNT; j++)
36       {
37         end_index = line.find(", ", start_index);
38
39         piece = line.substr(start_index, end_index - start_index);
40
41         start_index = end_index + 2;
42
43         if (j == 0) one_role->year = stoi(piece);
44         else if (j == 1) one_role->name = piece;
45         else if (j == 2) one_role->unique_skill = piece;
46       }
47
48       roles.push_back(*one_role);
49     }
50   }
```

```
51
52    void display_records()
53    {
54      for (i = 0; i < RECORD_AMOUNT; i++)
55        cout << roles[i].year << " " << roles[i].name << " " <<
              roles[i].unique_skill << endl;
56    }
57
58    void merge_sort_among_records()
59    {
60      vector < struct role_unit > left_group, right_group, merged_group;
61      vector < vector < struct role_unit > > out_container;
62      vector < vector < struct role_unit > > in_container (RECORD_AMOUNT);
63
64      for (i = 0; i < RECORD_AMOUNT; i++)
65      {
66        in_container[i] = vector < struct role_unit > (1);
67        in_container[i][0] = roles[i];
68      }
69
70      while (true)
71      {
72        if (in_container.size() == 0 && out_container.size() == 1)
73        {
74          roles.clear();
75          roles = out_container[0];
76          break;
77        }
78        else if (in_container.size() == 0)
79        {
80          in_container.clear();
81          in_container = out_container;
82          out_container.clear();
83        }
84        else if (in_container.size() == 1)
85        {
86          out_container.push_back(left_group);
```

```
87        in_container.erase(in_container.begin());
88      }
89    else if (in_container.size() > 1)
90    {
91      left_group = in_container[0];
92      in_container.erase(in_container.begin());
93
94      right_group = in_container[0];
95      in_container.erase(in_container.begin());
96
97      merged_group.clear();
98
99      while (left_group.size() > 0 && right_group.size() > 0)
100      {
101        if (left_group[0].year <= right_group[0].year)
102        {
103          merged_group.push_back(left_group[0]);
104          left_group.erase(left_group.begin());
105        }
106        else
107        {
108          merged_group.push_back(right_group[0]);
109          right_group.erase(right_group.begin());
110        }
111      }
112
113      merged_group.insert(merged_group.end(), left_group.begin(),
             left_group.end());
114      merged_group.insert(merged_group.end(), right_group.begin(),
             right_group.end());
115
116      out_container.push_back(merged_group);
117    }
118  }
119 }
120
121 int main(void)
```

```
122   {
123       read_records();
124
125       merge_sort_among_records();
126
127       display_records();
128
129       return 0;
130   }
```

📥 輸出結果

```
1983   拳四郎        北斗百裂拳
1984   孫悟空        元氣彈
1985   星矢          天馬流星拳
1990   蠟筆小新      動感光波
1994   不知火舞      超必殺忍蜂
1994   緋村劍心      天翔龍閃
1996   犬夜叉        冥道殘月破
1997   魯夫          橡膠猿王槍
1998   皮卡丘        十萬伏特
1999   漩渦鳴人      多重影分身之術
2001   黑崎一護      月牙天衝
```

🔓 說明

◆ 扣除與本節前面的範例 ch04-02-01-02.cpp 的相同部分之外，在此僅說明列 58 至列 119，以及列 125 的程式碼片段。

◆ 列 58 定義了沒有傳入任何參數之函數 merge_sort_among_records，以實作出在多筆資料錄之間的合併排序演算法。

◆ 列 60 的語法，分別定義了 left_group、right_group 與 merged_group 等 3 個資料型態為「可容納資料錄的向量 (vector)」之區域變數。其中：

  • left_group 用來代表「正在被合併其內部各筆資料錄」的左群組。

  • right_group 用來代表「正在被合併其內部各筆資料錄」的右群組。

- merged_group 則是用來代表，在各個階段中，左群組與右群組之被合併後的群組。

◆ 列 61 的語法，定義了區域變數 out_container，其資料型態係為「可容納帶有多筆資料錄之副屬向量」的向量，換言之，係為「二維」向量的一種。其中：

- 在列 70 開始的第 1 層迴圈 while 之各個迭代回合中，out_container 的內含資料，只會變動 1 次。

- 在列 99 開始的第 2 層迴圈 while 之各個迭代回合中，out_container 會漸次被放入，在各個階段裡，左群組與右群組之被合併後的群組。

◆ 列 62 的語法，定義了區域變數 in_container，並設置其資料型態為二維向量，和其一開始可容納之副屬向量的個數，係為巨集常數 RECORD_AMOUNT 所內含的整數值 11。

◆ 列 64 至列 68 的語法，使得在 in_container 裡：

- 該二維向量的第 1 層，內含全域變數 roles 中資料錄「個數」的副屬向量。

- 該二維串列的第 2 層，即是各個副屬向量，皆僅僅內含 1 筆資料錄。

- 該列語法被執行之後，區域變數 in_container 的內含資料會類似於「{{⋯}, {⋯}, {⋯}, {⋯}, {⋯}, {⋯}, {⋯}, {⋯}, {⋯}, {⋯}, {⋯}}」的資料結構。

◆ 列 70 的語法，安排了無窮的迴圈 while。其中：

- 在列 72 的語法中，倘若 in_container 目前不含任何群組，而且 out_container 僅內含 1 個群組的話，便會繼續執行列 74 的語法。

- 列 74 的語法，清除了 roles 中原始順序的所有資料錄。

- 列 75 的語法，將 out_container 中唯一 1 個群組所內含的所有資料錄，也就是已按照其年份，被排序完畢後的所有資料錄，存放至 roles 裡。

- 列 76 的語法，會中斷前述無窮的迴圈 while。

◆ 列 78 的語法，是用來判斷，倘若 in_container 目前不含任何群組的話，則執行列 80 的語法。

◆ 列 80 的語法，清除了 in_container 所內含的所有群組。

◆ 列 81 的語法，將 out_container 所內含的所有群組之「複製體」，存放至 in_container 裡。換言之，也就是將無窮迴圈前一次迭代處理後，漸次以「兩個群組為單位」而被合併之多個群組，存放至 in_container 裡。

◆ 列 82 的語法，清除了 out_container 中的所有群組。

◆ 列 84 的語法，是用來判斷，倘若 in_container 目前僅內含 1 個群組的話，意謂著在此次迭代回合中，只剩下 1 個落單的群組，無法進行「兩個群組為單位」的合併動作，進而執行列 86 的語法。

◆ 列 86 的語法，僅僅先行讀取 in_container 中僅存的 1 個群組，成為複製體，進而新增成為 out_container 中的最後一個群組。

◆ 列 87 的語法，才正式移除掉 in_container 中已經被讀取的唯一 1 個群組。

◆ 列 89 的語法，是用來判斷，倘若 in_container 目前內含超過 1 個群組的話，意謂著在此次迭代回合中，仍然至少存在 2 個群組，可供進行「兩個群組為單位」的合併動作，進而執行列 91 的語法。

◆ 列 91 的語法，先行「第 1 次」讀取 in_container 中的第 1 個群組，成為複製體，進而存放至 left_group 裡。

◆ 列 92 的語法，才正式移除掉 in_container 中已經被讀取的第 1 個群組。

◆ 列 94 的語法，先行「第 2 次」讀取 in_container 中的第 1 個群組，成為複製體，進而存放至 right_group 裡。

◆ 列 95 的語法，才正式移除掉 in_container 中已經被讀取的第 1 個群組。

◆ 列 97 的語法，清除了 merged_group 所內含的兩個群組。

◆ 列 99 的語法，透過這個第 2 層迴圈 while，在每個迭代回合中，持續判

斷，倘若左群組和右群組裡，「皆」存在至少 1 筆資料錄的話，則繼續執行列 101 的語法。

◆ 列 101 的語法，是用來判斷，倘若左群組中第 1 筆資料錄之年份，小於或等於右群組中第 1 筆資料錄之年份的話，則繼續執行列 103 的語法。

◆ 列 103 的語法，先行讀取 left_group 中的第 1 筆資料錄，成為複製體，進而新增成為 merged_group 中的最後 1 筆資料錄。

◆ 列 104 的語法，才正式移除掉 left_group 中已經被讀取的第 1 筆資料錄。

◆ 列 106 的語法，是用來判斷，倘若左群組中第 1 筆資料錄之年份，大於右群組中第 1 筆資料錄之年份的話，則繼續執行列 108 的語法。

◆ 列 108 的語法，先行讀取 right_group 中的第 1 筆資料錄，成為複製體，進而新增成為 merged_group 中的最後 1 筆資料錄。

◆ 列 109 的語法，才正式移除掉 right_group 中已經被讀取的第 1 筆資料錄。

◆ 列 113 與列 114 的語法，分別將左群組與右群組中的剩餘資料錄，合併至 merged_group 裡。其中：

  ● 經過列 99 至列 111 之迴圈 while 的處理後，只會變成 left_group 和 right_group 的其中之一，仍然殘存最多 1 筆資料錄。換言之：

    ▶ 倘若 left_group 仍然內含資料錄的話；那麼，right_group 中已經沒有任何資料錄了。

    ▶ 倘若 right_group 仍然內含資料錄的話；那麼，left_group 中已經沒有任何資料錄了。

◆ 列 116 的語法，將 merged_group 中內含所有資料錄之群組的「複製體」，新增成為 out_container 中的最後一個群組。

◆ 列 125 的語法，執行了函數 merge_sort_among_records，進而透過合併排序演算法，以各筆資料錄的年份為比較欄位，對所有資料錄，進行由小至大的排序。

4.3 分治演算法

在電腦科學中，**分治演算法 / 分而治之演算法** (divide-and-conquer algorithm) 主要透過遞迴 (recursive / recursion) 或迴圈 (loop) 的邏輯觀念，達成如下兩者或其中之一的任務：

◆ 順向漸次將「一個」大問題，持續分割成為「至少兩個」之較小的次要問題、極小的細部問題，一直到可輕易解決之最小的簡單問題。

◆ 反向漸次將「多個」最小之簡單問題的部分解答，持續組合成為極小的細部問題之部分解答、較小的次要問題之部分解答，一直到「一個」大問題的「完整」解答。

在「4.1 節 搜尋演算法」裡的二元搜尋演算法，以及「4.2 節 排序演算法」裡的合併排序演算法，皆是分治演算法的成員之一。

◆ 二元搜尋演算法，在每個回合裡，漸次將「一個」大範圍的搜尋動作，持續限縮成為「兩個」較小、極小範圍的搜尋動作，一直到最小範圍之目標，被搜尋到為止。

◆ 合併排序演算法：

 • 漸次將沒有順序之「所有」資料的「一整個」群組，持續拆解成為較少、極少資料的「多個」群組，最後成為「最少」資料的「多個」群組。

 • 在每個回合裡，持續在相鄰之「兩個」群組中，針對其各個資料，進行比較大小，然後合併成為極少、較少資料的較大群組，一直到「所有」資料，皆被排序而存放至「一整個」群組裡。

在其定義語法裡，特定函數只要被提及了本身「自我執行」之敘述的話，則該函數即可被稱為**遞迴函數** (recursive function)，意謂著「其本身持續自我執行，直到達成目標或得到解答為止」的函數。值得注意的是：

◆ 「達成目標或得到解答」的條件，可被稱為「終止條件」。

◆ 遞迴函數必須要有「終止條件」；否則等同於沒有出口的迴圈！

4.3.1 遞迴版本之二元搜尋演算法的實例

如下範例改寫了 4.1 節的二元搜尋演算法，從純粹「迴圈」版本，變成「遞迴」版本。其中，在函數 recursive_binary_search_among_records 的定義裡：

◆ 可明確看到，又提及了該函數本身！這即是所謂的「自我執行」。

◆ 可看到 1 個明顯的終止條件，出現在列 25 的語法中，也就是「欲被搜尋的資料錄，經確認之後，並不存在」的場合。

◆ 存在另一個不太明顯的終止條件，出現在列 27 的語法中，也就是「已經找到特定資料錄」的場合。

範例：ch04-03-01-01.py

```python
01  record_amount = 11
02  piece_amount = 3
03  roles = []
04
05  def read_records():
06    file = open('datafiles/sorted-cartoon-role-records.txt', mode = 'r',
       encoding = 'utf-8')
07
08    for i in range(record_amount):
09      line = file.readline()
10      pieces = line.strip().split(', ')
11
12      one_role = {'year': int(pieces[0]), 'name': pieces[1],
         'unique_skill': pieces[2]}
13
14      roles.append(one_role)
15
16  def display_records():
```

```
17      for i in range(record_amount):
18        print(f"{roles[i]['year']}  {roles[i]['name']}
          {roles[i]['unique_skill']}")
19
20    def recursive_binary_search_among_records(left_index, middle_index,
       right_index, target_year, choice = 'all'):
21      if middle_index == -1: print('\n搜尋結果如下：')
22
23      middle_index = int((left_index + right_index) / 2)
24
25      if right_index < left_index: return
26
27      elif roles[middle_index]['year'] == target_year:
28        left_index = right_index = middle_index
29
30        if choice != 'one':
31          while roles[left_index - 1]['year'] == target_year:
32            left_index -= 1
33
34          while roles[right_index + 1]['year'] == target_year:
35            right_index += 1
36
37        for middle_index in range(left_index, right_index + 1):
38          print(f"{roles[middle_index]['year']} {roles[middle_index]['name']}
            {roles[middle_index]['unique_skill']}")
39
40      elif roles[middle_index]['year'] > target_year:
41        recursive_binary_search_among_records(left_index, middle_index,
          middle_index - 1, target_year, choice)
42
43      else:
44        recursive_binary_search_among_records(middle_index + 1, middle_index,
          right_index, target_year, choice)
45
46  read_records()
47
48  display_records()
```

```
49
50   recursive_binary_search_among_records(0, -1, record_amount - 1, 1985)
51   recursive_binary_search_among_records(0, -1, record_amount - 1, 1994)
52   recursive_binary_search_among_records(0, -1, record_amount - 1, 1994, 'one')
```

⬇ 輸出結果

```
1983   拳四郎      北斗百裂拳
1984   孫悟空      元氣彈
1985   星矢        天馬流星拳
1990   蠟筆小新   動感光波
1994   不知火舞   超必殺忍蜂
1994   緋村劍心   天翔龍閃
1996   犬夜叉      冥道殘月破
1997   魯夫        橡膠猿王槍
1998   皮卡丘      十萬伏特
1999   漩渦鳴人   多重影分身之術
2001   黑崎一護   月牙天衝


搜尋結果如下：
1985   星矢        天馬流星拳


搜尋結果如下：
1994   不知火舞   超必殺忍蜂
1994   緋村劍心   天翔龍閃


搜尋結果如下：
1994   緋村劍心   天翔龍閃
```

🔓 說明

◆ 扣除與 4.1.2 小節之範例 ch04-01-02-01.py 的相同部分之外，在此僅說明列 20 至列 44，以及列 50 至列 52 的程式碼片段。

◆ 列 20 的語法，定義了帶有參數 left_index、middle_index、right_index、target_year 與 choice 的 函 數 recursive_binary_search_among_records，以實作出「遞迴」版本的二元搜尋演算法。其中，left_index、middle_index、與 right_index：

- 在範例 ch04-01-02-01.py 中，被定義成為函數內部的「區域變數」。

- 在本範例中，則被定義成為函數的參數。事實上，函數的參數之性質，也有一部分相似於區域變數，也就是可以在函數內部被存取的性質。

◆ 列 21 的語法，是用來判斷，倘若參數 middle_index 中代表目前被比對的資料錄之索引整數值，等於 -1 的話，則意謂著才剛啟動搜尋的動作，進而繼續執行「print('\n 搜尋結果如下：')」敘述，使得換列之後的字串訊息 '搜尋結果如下：'，一開始就被顯示在畫面裡。

◆ 列 23 的語法，是用來計算出在「目前」的迭代當中，「即將」被比對的資料錄所在之索引值。該索引值，大致為最小索引值和最大索引值的平均值。

- 內建函數 int 可去除掉前述平均值的小數部分，僅僅保留其整數部分。

◆ 列 25 的語法，是用來判斷，倘若「目前」搜尋範圍之「最大」索引值，「竟然」小於「目前」搜尋範圍之「最小」索引值的話，意謂著從頭到尾並不存在欲被搜尋出來的資料錄，進而執行 return 敘述，代表著該函數此次的執行已結束。

◆ 列 27 的語法，是用來判斷，倘若目前被比對的資料錄之年份，「相等於」目標年份的話，則意謂著找到了欲被搜尋出來的資料錄，進而執行列 28 的語法。

◆ 列 28 的語法，重複利用了區域變數 left_index、right_index 與 middle_index，進而將 left_index 和 right_index 的內含索引值，重新指定成為 middle_index 的內含索引值。

- 之所以重複利用前述 3 個區域變數，主要是為了在後續搜尋出並顯示出可能存在符合目標年份的其他「多」筆資料錄。

- 這是因為，標準版本的二元搜尋演算法，只能搜尋出 1 筆資料錄而已！所以，筆者在此改良了標準版本的二元搜尋演算法，成為本範例的版本，以簡單支援搜尋出符合目標年份之「多」筆資料錄的機制。

◆ 列 30 的語法，是用來判斷參數 choice 的內含資料，倘若為字串 'one' 的話，則執行列 31 的語法。

◆ 列 31 的語法，是用來以符合目標年份之第 1 筆資料錄的索引值為基準，持續迭代並判斷，其「左側」相鄰「較小」索引值所對應的資料錄之年份，倘若也相等於目標年份的話，則意謂著該「較小」索引值所對應的資料錄，亦屬於欲被搜尋出來的，進而執行列 32 的語法。

◆ 列 32 的語法，在每次迴圈迭代時，就會使得 left_index 的內含索引值，被遞減 1。

◆ 列 34 的語法，是用來以符合目標年份之第 1 筆資料錄的索引值為基準，持續迭代並判斷其「右側」相鄰「較大」索引值所對應的資料錄之年份，倘若也相等於目標年份的話，則意謂著該「較大」索引值所對應的資料錄，亦屬於欲被搜尋出來的，進而執行列 35 的語法。

◆ 列 35 的語法，在每次迴圈迭代時，就會使得 right_index 的內含索引值，被遞增 1。

◆ 列 37 的語法，會使得迴圈 for 的迭代次數，成為欲被搜尋出來的資料錄個數，也就是「right_index + 1 - left_index」的運算結果。

◆ 列 38 的語法，是用來顯示出代表搜尋結果的至少 1 筆資料錄。

◆ 列 40 的語法，是用來判斷，倘若目前被比對的資料錄之年份，「大於」目標年份的話，則意謂著欲被搜尋出來的資料錄所在之索引值，尚在目前被比對的資料錄所在之索引值的「左」側，進而執行列 41 的語法。

◆ 列 41 的語法，自我執行了函數 recursive_binary_search_among_records 本身，以便用來在「目前」的範圍當中，縮減掉範圍的一半，進而去除掉並不存在欲被搜尋出來的資料錄之「右」半段副屬範圍。

◆ 列 43 的語法，是用來判斷，倘若目前被比對的資料錄之年份，既不是「相等於」或「大於」，而是「小於」目標年份的話，則意謂著欲被搜尋出來的資料錄所在之索引值，尚在目前被比對的資料錄所在之索引值的「右」側，進而執行列 44 的語法。

◆ 列 44 的語法，自我執行了函數 recursive_binary_search_among_records 本身，以便用來在「目前」的範圍當中，縮減掉範圍的一半，進而去除掉並不存在欲被搜尋出來的資料錄之「左」半段副屬範圍。

◆ 列 50 的語法，以傳入 0 作為參數 left_index 的初始資料，傳入 -1 作為參數 middle_index 的初始資料，傳入「record_amount - 1」的計算結果作為參數 right_index 的初始資料，以及傳入 1985 作為參數 target_year 的初始資料，執行了函數 recursive_binary_search_among_records，進而搜尋並顯示出符合目標年份 1985 的資料錄「1985　星矢　　　天馬流星拳」。

◆ 列 51 和列 52 的語法，也以傳入多個參數之初始資料的形式，進而個別搜尋並顯示出，分別符合目標年份 1994 的「兩筆」資料錄和「一筆」資料錄。

　　如下範例改寫了 4.1 節的二元**搜尋**演算法，從純粹「迴圈」版本，變成「遞迴」版本。其中，在函數 recursive_binary_search_among_records 的定義裡：

◆ 可明確看到，又提及了該函數本身！這即是所謂的「自我執行」。

◆ 可看到 1 個**明顯**的**終止條件**，出現在列 57 的語法中，也就是「欲被搜尋的資料錄，經確認之後，並不存在」的場合。

◆ 存在另一個不太明顯的終止條件，出現在列 58 的語法中，也就是「已經找到特定資料錄」的場合。

範例：ch04-03-01-02.cpp

```
01   #include <iostream>
02   #include <fstream>
03
04   using namespace std;
05
06   struct role_unit
07   {
08     unsigned int year;
```

```
09      string name;
10      string unique_skill;
11   };
12
13   #define RECORD_AMOUNT 11
14   #define PIECE_AMOUNT 3
15
16   struct role_unit roles[RECORD_AMOUNT];
17   string line, piece;
18   int i, j, start_index, end_index;
19
20   void read_records()
21   {
22      ifstream file("datafiles/sorted-cartoon-role-records.txt");
23
24      for (i = 0; i < RECORD_AMOUNT; i++)
25      {
26        getline(file, line);
27
28        start_index = end_index = 0;
29
30        for (j = 0; j < PIECE_AMOUNT; j++)
31        {
32          end_index = line.find(", ", start_index);
33
34          piece = line.substr(start_index, end_index - start_index);
35
36          start_index = end_index + 2;
37
38          if (j == 0) roles[i].year = stoi(piece);
39          else if (j == 1) roles[i].name = piece;
40          else if (j == 2) roles[i].unique_skill = piece;
41        }
42      }
43   }
44
45   void display_records()
```

```
46  {
47    for (i = 0; i < RECORD_AMOUNT; i++)
48      cout << roles[i].year << "  " << roles[i].name << "  " <<
        roles[i].unique_skill << endl;
49  }
50
51  void recursive_binary_search_among_records(int left_index,
     int middle_index, int right_index, int target_year, string choice = "all")
52  {
53    if (middle_index == -1) cout << "\n" << "搜尋結果如下：" << endl;
54
55    middle_index = (left_index + right_index) / 2;
56
57    if (right_index < left_index) return;
58    else if (roles[middle_index].year == target_year)
59    {
60      left_index = right_index = middle_index;
61
62      if (choice != "one")
63      {
64        while (roles[left_index - 1].year == target_year)
65          left_index--;
66
67        while (roles[right_index + 1].year == target_year)
68          right_index++;
69      }
70
71      for (middle_index = left_index; middle_index < right_index + 1;
        middle_index++)
72        cout << roles[middle_index].year << "  " << roles[middle_index].name
          << "  " << roles[middle_index].unique_skill << endl;
73    }
74    else if (roles[middle_index].year > target_year)
75      recursive_binary_search_among_records(left_index, middle_index,
        middle_index - 1, target_year, choice);
76    else
77      recursive_binary_search_among_records(middle_index + 1, middle_index,
        right_index, target_year, choice);
```

```
78  }
79
80  int main(void)
81  {
82    read_records();
83
84    display_records();
85
86    recursive_binary_search_among_records(0, -1, RECORD_AMOUNT - 1, 2020);
87    recursive_binary_search_among_records(0, -1, RECORD_AMOUNT - 1, 1994);
88    recursive_binary_search_among_records(0, -1, RECORD_AMOUNT - 1, 1994, "one");
89
90    return 0;
91  }
```

輸出結果

```
1983  拳四郎     北斗百裂拳
1984  孫悟空     元氣彈
1985  星矢       天馬流星拳
1990  蠟筆小新   動感光波
1994  不知火舞   超必殺忍蜂
1994  緋村劍心   天翔龍閃
1996  犬夜叉     冥道殘月破
1997  魯夫       橡膠猿王槍
1998  皮卡丘     十萬伏特
1999  漩渦鳴人   多重影分身之術
2001  黑崎一護   月牙天衝

搜尋結果如下：

搜尋結果如下：
1994  不知火舞   超必殺忍蜂
1994  緋村劍心   天翔龍閃

搜尋結果如下：
1994  緋村劍心   天翔龍閃
```

🔓 說明

◆ 扣除與 4.1.2 小節之範例 ch04-01-02-02.cpp 的相同部分之外，在此僅說明列 51 至列 78，以及列 86 至列 88 的程式碼片段。

◆ 列 51 定義了帶有參數 left_index、middle_index、right_index、target_year 與 choice 的函數 recursive_binary_search_among_records，以實作出「遞迴」版本的二元搜尋演算法。其中，left_index、middle_index、與 right_index：

  • 在範例 ch04-01-02-02.cpp 中，被定義成為函數內部的「區域變數」。

  • 在本範例中，則被定義成為函數的參數。事實上，函數的參數之性質，也有一部分相似於區域變數，也就是可以在函數內部被存取的性質。

◆ 列 53 的語法，是用來判斷，倘若參數 middle_index 中代表目前被比對的資料錄之索引整數值，等於 -1 的話，則意謂著才剛啟動搜尋的動作，進而繼續執行「cout << "\n" << "搜尋結果如下：" << endl;」敘述，使得換列之後的字串訊息 "搜尋結果如下："，一開始就被顯示在畫面裡。

◆ 列 55 的語法，是用來計算出在「目前」的迭代當中，「即將」被比對的資料錄所在之索引值。該索引值，大致為最小索引值和最大索引值的平均值。

◆ 列 57 的語法，是用來判斷，倘若「目前」搜尋範圍之「最大」索引值，「竟然」小於「目前」搜尋範圍之「最小」索引值的話，意謂著從頭到尾並不存在欲被搜尋出來的資料錄，進而執行 return 敘述，代表著該函數此次的執行已結束。

◆ 列 58 的語法，是用來判斷，倘若目前被比對的資料錄之年份，「相等於」目標年份的話，則意謂著找到了欲被搜尋出來的資料錄，進而執行列 60 的語法。

◆ 列 60 的語法，重複利用了區域變數 left_index、right_index 與 middle_index，進而將 left_index 和 right_index 的內含索引值，重新指定成為

middle_index 的內含索引值。

- 之所以重複利用前述 3 個區域變數，主要是為了在後續搜尋出並顯示出可能存在符合目標年份的其他「多」筆資料錄。

- 這是因為，標準版本的二元搜尋演算法，只能搜尋出 1 筆資料錄而已！所以，筆者在此改良了標準版本的二元搜尋演算法，成為本範例的版本，以簡單支援搜尋出符合目標年份之「多」筆資料錄的機制。

◆ 列 62 的語法，是用來判斷參數 choice 的內含資料，倘若為字串 "one" 的話，則執行列 64 的語法。

◆ 列 64 的語法，是用來以符合目標年份之第 1 筆資料錄的索引值為基準，持續迭代並判斷，其「左側」相鄰「較小」索引值所對應的資料錄之年份，倘若也相等於目標年份的話，則意謂著該「較小」索引值所對應的資料錄，亦屬於欲被搜尋出來的，進而執行列 65 的語法。

◆ 列 65 的語法，在每次迴圈迭代時，就會使得 left_index 的內含索引值，被遞減 1。

◆ 列 67 的語法，是用來以符合目標年份之第 1 筆資料錄的索引值為基準，持續迭代並判斷其「右側」相鄰「較大」索引值所對應的資料錄之年份，倘若也相等於目標年份的話，則意謂著該「較大」索引值所對應的資料錄，亦屬於欲被搜尋出來的，進而執行列 68 的語法。

◆ 列 68 的語法，在每次迴圈迭代時，就會使得 right_index 的內含索引值，被遞增 1。

◆ 列 71 的語法，會使得迴圈 for 的迭代次數，成為欲被搜尋出來的資料錄個數，也就是「right_index + 1 - left_index」的運算結果。

◆ 列 72 的語法，是用來顯示出代表搜尋結果的至少 1 筆資料錄。

◆ 列 74 的語法，是用來判斷，倘若目前被比對的資料錄之年份，「大於」目標年份的話，則意謂著欲被搜尋出來的資料錄所在之索引值，尚在目前被比對的資料錄所在之索引值的「左」側，進而執行列 75 的語法。

- 列 75 的語法，自我執行了函數 recursive_binary_search_among_records 本身，以便用來在「目前」的範圍當中，縮減掉範圍的一半，進而去除掉並不存在欲被搜尋出來的資料錄之「右」半段副屬範圍。

- 列 76 的語法，是用來判斷，倘若目前被比對的資料錄之年份，既不是「相等於」或「大於」，而是「小於」目標年份的話，則意謂著欲被搜尋出來的資料錄所在之索引值，尚在目前被比對的資料錄所在之索引值的「右」側，進而執行列 77 的語法。

- 列 77 的語法，自我執行了函數 recursive_binary_search_among_records 本身，以便用來在「目前」的範圍當中，縮減掉範圍的一半，進而去除掉並不存在欲被搜尋出來的資料錄之「左」半段副屬範圍。

- 列 86 的語法，以傳入 0 作為參數 left_index 的初始資料，傳入 -1 作為參數 middle_index 的初始資料，傳入「record_amount - 1」的計算結果作為參數 right_index 的初始資料，以及傳入 1985 作為參數 target_year 的初始資料，執行了函數 recursive_binary_search_among_records，進而搜尋並顯示出符合目標年份 1985 的資料錄「1985　星矢　　　天馬流星拳」。

- 列 87 和列 88 的語法，也以傳入多個參數之初始資料的形式，進而個別搜尋並顯示出，分別符合目標年份 1994 的「兩筆」資料錄和「一筆」資料錄。

4.3.2　遞迴版本之合併排序演算法的實例

　　如下範例改寫了 4.2 節的合併排序演算法，從純粹「迴圈」版本，變成「遞迴」版本。其中，在函數 recursive_merge_sort_among_records 的定義裡：

- 可明確看到，又提及了該函數本身！這即是所謂的「自我執行」。

- 可看到 1 個終止條件，出現在列 24 的語法中，也就是「當所有資料錄，皆被合併至單一容器時」的場合。

```
範例：ch04-03-02-01.py
01  record_amount = 11
02  piece_amount = 3
03  roles = []
04
05  def read_records():
06    file = open('datafiles/cartoon-role-records.txt', mode = 'r',
      encoding = 'utf-8')
07
08    for i in range(record_amount):
09      line = file.readline()
10      pieces = line.strip().split(', ')
11
12      one_role = {'year': int(pieces[0]), 'name': pieces[1],
        'unique_skill': pieces[2]}
13
14      roles.append(one_role)
15
16  def display_records():
17    for i in range(record_amount):
18      print(f"{roles[i]['year']}  {roles[i]['name']}  {roles[i]['unique_skill']}")
19
20  def recursive_merge_sort_among_records(in_container, out_container):
21    global roles
22    left_group, right_group, merged_group = [], [], []
23
24    if len(in_container) == 0 and len(out_container) == 1:
25      roles.clear()
26      roles = out_container[0]
27
28    elif len(in_container) == 0:
29      recursive_merge_sort_among_records(out_container, [])
30
31    elif len(in_container) == 1:
32      out_container.append(in_container.pop())
33
34      recursive_merge_sort_among_records(in_container, out_container)
```

```
35
36    elif len(in_container) > 1:
37      left_group = in_container.pop(0)
38      right_group = in_container.pop(0)
39
40      merged_group.clear()
41
42      while len(left_group) > 0 and len(right_group) > 0:
43        if left_group[0]['year'] <= right_group[0]['year']:
44          merged_group.append(left_group.pop(0))
45
46        else:
47          merged_group.append(right_group.pop(0))
48
49      merged_group += left_group + right_group
50
51      out_container.append(merged_group[:])
52
53      recursive_merge_sort_among_records(in_container, out_container)
54
55  read_records()
56
57  recursive_merge_sort_among_records([[ref] for ref in roles], [])
58
59  display_records()
```

📥 **輸出結果**

```
1983  拳四郎    北斗百裂拳
1984  孫悟空    元氣彈
1985  星矢      天馬流星拳
1990  蠟筆小新  動感光波
1994  不知火舞  超必殺忍蜂
1994  緋村劍心  天翔龍閃
1996  犬夜叉    冥道殘月破
1997  魯夫      橡膠猿王槍
1998  皮卡丘    十萬伏特
1999  漩渦鳴人  多重影分身之術
2001  黑崎一護  月牙天衝
```

🔒 說明

◆ 扣除與前面的範例 ch04-02-02-01.py 的相同部分之外，在此僅說明列 20 至列 53，以及列 57 的程式碼片段。

◆ 列 20 的語法，定義了帶有參數 in_container 與 out_container 的函數 recursive_merge_sort_among_records，以實作出「遞迴」版本的合併排序演算法。其中，in_container 與 out_container：

- 在範例 ch04-02-02-01.py 中，被定義成為函數內部的「區域變數」。

- 在本範例中，則被定義成為函數的參數。事實上，函數的參數之性質，也有一部分相似於區域變數，也就是可以在函數內部被存取的性質。

◆ 列 21 的語法，使得全域變數 roles，可在此函數內部的程式碼中，被「修改」其內含資料。

- 倘若僅僅是在特定函數內部的程式碼中，讀取全域變數 roles 中的內含資料的話，則可省略此列的語法。

- 例如，在函數 display_records 內部的列 18，雖然提到了全域變數 roles；因為沒有涉及到「修改」其內含資料，所以毋須在該函數內部，先行提到「global roles」的語法。

◆ 列 22 的語法，分別定義了 left_group、right_group 與 merged_group 等 3 個區域變數，其初始資料皆為占用不同記憶體空間的新串列。其中：

- left_group 用來代表「正在被合併其內部各筆資料錄」的左群組。

- right_group 用來代表「正在被合併其內部各筆資料錄」的右群組。

- merged_group 則是用來代表，在各個階段中，左群組與右群組之被合併後的群組。

◆ 列 24 的語法，是用來判斷，倘若 in_container 目前不含任何群組，而且 out_container 僅內含 1 個群組的話，便會繼續執行列 25 的語法。

◆ 列 25 的語法，清除了 roles 中原始順序的所有資料錄。

◆ 列 26 的語法，將 out_container 中唯一 1 個群組所內含的所有資料錄，也就是已按照其年份，被排序完畢後的所有資料錄，存放至 roles 裡。

◆ 列 28 的語法，是用來判斷，倘若 in_container 目前不含任何群組的話，則執行列 29 的語法。

◆ 列 29 的語法，自我執行了函數 recursive_merge_sort_among_records 本身，並傳入「此層」自我執行階段中的「out_container」作為「下一層」自我執行階段之參數 in_container 的初始資料，與傳入「此層」自我執行階段中的「[]」作為「下一層」自我執行階段之參數 out_container 的初始資料，以便：

  ● 將此次「遞迴」階段所產出之「合併與排序」進行中的群組結構，傳遞到「下一層」的自我執行階段裡，成為新的「輸入」群組結構。

  ● 在「下一層」的自我執行階段裡，指定沒有任何副屬群組的群組結構，成為新的「輸出」群組結構。

◆ 列 31 的語法，是用來判斷，倘若 in_container 目前僅內含 1 個群組的話，意謂著在此次迭代回合中，只剩下 1 個落單的群組，無法進行「兩個群組為單位」的合併動作，進而執行列 32 的語法。

◆ 列 32 的語法，取出了 in_container 中僅存的 1 個群組，並直接新增成為 out_container 中的最後一個群組。

◆ 列 34 的語法，自我執行了函數 recursive_merge_sort_among_records 本身，並傳入「此層」自我執行階段中已被取出第 1 個群組的「in_container」，作為「下一層」自我執行階段之參數 in_container 的初始資料，與傳入「此層」自我執行階段中已被新增前述第 1 個群組的「out_container」，作為「下一層」自我執行階段之參數 out_container 的初始資料，以便：

  ● 將此次「遞迴」階段所產出之「合併與排序」進行中的「兩個」群組結構，傳遞到「下一層」的自我執行階段裡，成為新的「輸入」和「輸出」群組結構。

◆ 列 36 的語法，是用來判斷，倘若 in_container 目前內含超過 1 個群組的話，意謂著在「此層」自我執行階段中，仍然至少存在 2 個群組，可供進行「兩個群組為單位」的合併動作，進而執行列 37 的語法。

◆ 列 37 的語法，取出了 in_container 中的第 1 個群組，並存放至 left_group 裡。

◆ 列 38 的語法，取出了 in_container 中的第 2 個群組，並存放至 right_group 裡。

◆ 列 40 的語法，清除了 merged_group 所內含的兩個群組。

◆ 列 42 的語法，透過這個迴圈 while，在每個迭代回合中，持續判斷，倘若左群組和右群組裡，「皆」存在至少 1 筆資料錄的話，則繼續執行列 43 的語法。

◆ 列 43 的語法，是用來判斷，倘若左群組中第 1 筆資料錄之年份，小於或等於右群組中第 1 筆資料錄之年份的話，則繼續執行列 44 的語法。

◆ 列 44 的語法，取出了左群組的第 1 筆資料錄，並新增成為 merged_group 中的最後 1 筆資料錄。

◆ 列 46 的語法，是用來判斷，倘若左群組中第 1 筆資料錄之年份，大於右群組中第 1 筆資料錄之年份的話，則繼續執行列 47 的語法。

◆ 列 47 的語法，取出了右群組的第 1 筆資料錄，並新增成為 merged_group 中的最後 1 筆資料錄。

◆ 列 49 的語法，分別將左群組與右群組中的剩餘資料錄，合併至 merged_group 裡。其中：

- 經過列 42 至列 47 之迴圈 while 的處理後，只會變成 left_group 和 right_group 的其中之一，仍然殘存最多 1 筆資料錄。換言之：

  ▶ 倘若 left_group 仍然內含資料錄的話；那麼，right_group 中已經沒有任何資料錄了。

▶ 倘若 right_group 仍然內含資料錄的話；那麼，left_group 中已經沒有任何資料錄了。

◆ 列 51 的語法，將 merged_group 中內含所有資料錄之群組的「複製體」，新增成為 out_container 中的最後一個群組。

◆ 列 53 的語法，自我執行了函數 recursive_merge_sort_among_records 本身，並傳入「此層」自我執行階段中已被取出「兩個」群組的「in_container」，作為「下一層」自我執行階段之參數 in_container 的初始資料，與傳入「此層」自我執行階段中已被新增前述「兩個群組」被進行「合併與排序」後的新群組之「out_container」，作為「下一層」自我執行階段之參數 out_container 的初始資料，以便：

● 將此次「遞迴」階段所產出之「合併與排序」進行中的「兩個」群組結構，傳遞到「下一層」的自我執行階段裡，成為新的「輸入」和「輸出」群組結構。

◆ 列 57 的語法，以傳入「[[ref] for ref in roles]」所動態產生的二維串列，作為參數 in_container 的初始資料，傳入「[]」所代表的空串列，作為參數 out_container 的初始資料，執行了函數 recursive_merge_sort_among_records，進而按照合併排序演算法，以各筆資料錄的年份為比較欄位，對全域變數 roles 中的所有資料錄，進行由小至大的排序。

　　如下範例改寫了 4.2 節的合併排序演算法，從純粹「迴圈」版本，變成「遞迴」版本。其中，在函數 recursive_merge_sort_among_records 的定義裡：

◆ 可明確看到，又提及了該函數本身！這即是所謂的「自我執行」。

◆ 可看到 1 個終止條件，出現在列 66 的語法中，也就是「當**所有**資料錄，皆被合併至**單一**容器時」的場合。

範例：ch04-03-02-02.cpp

```
01    #include <iostream>
02    #include <fstream>
03    #include <vector>
```

```cpp
04
05    using namespace std;
06
07    struct role_unit
08    {
09      unsigned int year;
10      string name;
11      string unique_skill;
12    };
13
14    #define RECORD_AMOUNT 11
15    #define PIECE_AMOUNT 3
16
17    struct role_unit* one_role;
18    vector < struct role_unit > roles;
19
20    string line, piece;
21    int i, j, start_index, end_index;
22
23    void read_records()
24    {
25      ifstream file("datafiles/cartoon-role-records.txt");
26
27      for (i = 0; i < RECORD_AMOUNT; i++)
28      {
29        getline(file, line);
30
31        start_index = end_index = 0;
32
33        one_role = new struct role_unit;
34
35        for (j = 0; j < PIECE_AMOUNT; j++)
36        {
37          end_index = line.find(", ", start_index);
38
39          piece = line.substr(start_index, end_index - start_index);
40
```

```
41          start_index = end_index + 2;
42
43          if (j == 0) one_role->year = stoi(piece);
44          else if (j == 1) one_role->name = piece;
45          else if (j == 2) one_role->unique_skill = piece;
46        }
47
48      roles.push_back(*one_role);
49    }
50  }
51
52  void display_records()
53  {
54    for (i = 0; i < RECORD_AMOUNT; i++)
55      cout << roles[i].year << "  " << roles[i].name << "  "
           << roles[i].unique_skill << endl;
56  }
57
    void recursive_merge_sort_among_records(
58   vector < vector < struct role_unit > > in_container,
     vector < vector < struct role_unit > > out_container)
59  {
60    vector < struct role_unit > left_group, right_group, merged_group;
61
62    if (in_container.size() == 0 && out_container.size() == 1)
63      roles = out_container[0];
64
65    else if (in_container.size() == 0)
66      recursive_merge_sort_among_records(out_container,
         vector < vector < struct role_unit > > {});
67
68    else if (in_container.size() == 1)
69    {
70      out_container.push_back(in_container[0]);
71      in_container.erase(in_container.begin());
72
73      recursive_merge_sort_among_records(in_container, out_container);
```

```
74        }
75        else if (in_container.size() > 1)
76        {
77          left_group = in_container[0];
78          in_container.erase(in_container.begin());
79
80          right_group = in_container[0];
81          in_container.erase(in_container.begin());
82
83          while (left_group.size() > 0 && right_group.size() > 0)
84          {
85            if (left_group[0].year <= right_group[0].year)
86            {
87              merged_group.push_back(left_group[0]);
88              left_group.erase(left_group.begin());
89            }
90            else
91            {
92              merged_group.push_back(right_group[0]);
93              right_group.erase(right_group.begin());
94            }
95          }
96
97          merged_group.insert(merged_group.end(), left_group.begin(),
                left_group.end());
98          merged_group.insert(merged_group.end(), right_group.begin(),
                right_group.end());
99
100         out_container.push_back(merged_group);
101
102         recursive_merge_sort_among_records(in_container, out_container);
103       }
104   }
105
106   int main(void)
107   {
108     read_records();
```

```
109
110     vector < vector < struct role_unit > > record_in_vectors (RECORD_AMOUNT);
111     vector < vector < struct role_unit > > record_out_vectors;
112
113
114     for (i = 0; i < RECORD_AMOUNT; i++)
115     {
116       record_in_vectors[i] = vector < struct role_unit > (1);
117       record_in_vectors[i][0] = roles[i];
118     }
119
120     recursive_merge_sort_among_records(record_in_vectors, record_out_vectors);
121
122     display_records();
123
124     return 0;
125   }
```

📥 輸出結果

1983	拳四郎	北斗百裂拳
1984	孫悟空	元氣彈
1985	星矢	天馬流星拳
1990	蠟筆小新	動感光波
1994	不知火舞	超必殺忍蜂
1994	緋村劍心	天翔龍閃
1996	犬夜叉	冥道殘月破
1997	魯夫	橡膠猿王槍
1998	皮卡丘	十萬伏特
1999	漩渦鳴人	多重影分身之術
2001	黑崎一護	月牙天衝

🔓 說明

◆ 扣除與前面的範例 ch04-02-02-02.cpp 的相同部分之外，在此僅說明列 58 至列 104，以及列 110 至列 120 的程式碼片段。

- 列 58 定義了帶有參數 in_container 與 out_container 的函數 recursive_merge_sort_among_records，以實作出「遞迴」版本的合併排序演算法。其中，in_container 與 out_container：

  - 在範例 ch04-02-02-02.cpp 中，被定義成為函數內部的「區域變數」。

  - 在本範例中，則被定義成為函數的參數。事實上，函數的參數之性質，也有一部分相似於區域變數，也就是可以在函數內部被存取的性質。

- 列 60 的語法，分別定義了 left_group、right_group 與 merged_group 等 3 個區域變數，其資料型態皆為類似於陣列的二維向量 (two-dimensional vector)。其中：

  - left_group 用來代表「正在被合併其內部各筆資料錄」的左群組。

  - right_group 用來代表「正在被合併其內部各筆資料錄」的右群組。

  - merged_group 則是用來代表，在各個階段中，左群組與右群組之被合併後的群組。

- 列 62 的語法，是用來判斷，倘若 in_container 目前不含任何群組，而且 out_container 僅內含 1 個群組的話，便會繼續執行列 63 的語法。

- 列 63 的語法，將 out_container 中唯一 1 個群組所內含的所有資料錄，也就是已按照其年份，被排序完畢後的所有資料錄，存放至 roles 裡。

- 列 65 的語法，是用來判斷，倘若 in_container 目前不含任何群組的話，則執行列 66 的語法。

- 列 66 的語法，自我執行了函數 recursive_merge_sort_among_records 本身，並傳入「此層」自我執行階段中的「out_container」作為「下一層」自我執行階段之參數 in_container 的初始資料，與傳入「此層」自我執行階段中的「{}」作為「下一層」自我執行階段之參數 out_container 的初始資料，以便：

- 將此次「遞迴」階段所產出之「合併與排序」進行中的群組結構，傳遞到「下一層」的自我執行階段裡，成為新的「輸入」群組結構。

- 在「下一層」的自我執行階段裡，指定沒有任何副屬群組的群組結構，成為新的「輸出」群組結構。

◆ 列 68 的語法，是用來判斷，倘若 in_container 目前僅內含 1 個群組的話，意謂著在此次迭代回合中，只剩下 1 個落單的群組，無法進行「兩個群組為單位」的合併動作，進而執行列 70 的語法。

◆ 列 70 的語法，僅僅先行讀取 in_container 中僅存的 1 個群組，成為複製體，進而新增成為 out_container 中的最後一個群組。

◆ 列 71 的語法，才正式移除掉 in_container 中已經被讀取的唯一 1 個群組。

◆ 列 73 的語法，自我執行了函數 recursive_merge_sort_among_records 本身，並傳入「此層」自我執行階段中已被取出第 1 個群組的「in_container」，作為「下一層」自我執行階段之參數 in_container 的初始資料，與傳入「此層」自我執行階段中已被新增前述第 1 個群組的「out_container」，作為「下一層」自我執行階段之參數 out_container 的初始資料，以便：

- 將此次「遞迴」階段所產出之「合併與排序」進行中的「兩個」群組結構，傳遞到「下一層」的自我執行階段裡，成為新的「輸入」和「輸出」群組結構。

◆ 列 75 的語法，是用來判斷，倘若 in_container 目前內含超過 1 個群組的話，意謂著在「此層」自我執行階段中，仍然至少存在 2 個群組，可供進行「兩個群組為單位」的合併動作，進而執行列 77 的語法。

◆ 列 77 的語法，僅僅先行讀取 in_container 中的第 1 個群組，成為複製體，並存放至 left_group 裡。

◆ 列 78 的語法，才正式移除掉 in_container 中已經被讀取的第 1 個群組。

◆ 列 80 的語法，僅僅先行讀取 in_container 中的第 2 個群組，成為複製體，並存放至 left_group 裡。

- 列 81 的語法，才正式移除掉 in_container 中已經被讀取的第 2 個群組。

- 列 83 的語法，透過這個迴圈 while，在每個迭代回合中，持續判斷，倘若左群組和右群組裡，「皆」存在至少 1 筆資料錄的話，則繼續執行列 85 的語法。

- 列 85 的語法，是用來判斷，倘若左群組中第 1 筆資料錄之年份，小於或等於右群組中第 1 筆資料錄之年份的話，則繼續執行列 87 的語法。

- 列 87 的語法，僅僅先行讀取 left_group 中的第 1 筆資料錄，並新增成為 merged_group 中的最後 1 筆資料錄。

- 列 88 的語法，才正式移除掉 left_group 中已經被讀取的第 1 筆資料錄。

- 列 90 的語法，是用來判斷，倘若左群組中第 1 筆資料錄之年份，大於右群組中第 1 筆資料錄之年份的話，則繼續執行列 92 的語法。

- 列 92 的語法，僅僅先行讀取 right_group 中的第 1 筆資料錄，並新增成為 merged_group 中的最後 1 筆資料錄。

- 列 93 的語法，才正式移除掉 right_group 中已經被讀取的第 1 筆資料錄。

- 列 97 至列 98 的語法，分別將左群組與右群組中的剩餘資料錄，合併至 merged_group 裡。其中：

  - 經過列 83 至列 95 之迴圈 while 的處理後，只會變成 left_group 和 right_group 的其中之一，仍然殘存最多 1 筆資料錄。換言之：

    ▶ 倘若 left_group 仍然內含資料錄的話；那麼，right_group 中已經沒有任何資料錄了。

    ▶ 倘若 right_group 仍然內含資料錄的話；那麼，left_group 中已經沒有任何資料錄了。

- 列 100 的語法，將 merged_group 中內含所有資料錄之群組的「複製體」，新增成為 out_container 中的最後一個群組。

◆ 列 102 的語法，自我執行了函數 recursive_merge_sort_among_records 本身，並傳入「此層」自我執行階段中已被取出「兩個」群組的「in_container」，作為「下一層」自我執行階段之參數 in_container 的初始資料，與傳入「此層」自我執行階段中已被新增前述「兩個群組」被進行「合併與排序」後的新群組之「out_container」，作為「下一層」自我執行階段之參數 out_container 的初始資料，以便：

• 將此次「遞迴」階段所產出之「合併與排序」進行中的「兩個」群組結構，傳遞到「下一層」的自我執行階段裡，成為新的「輸入」和「輸出」群組結構。

◆ 列 110 的語法，定義了區域變數 record_in_vectors，並設置其資料型態為二維向量，和其一開始可容納之副屬向量的個數，係為巨集常數 RECORD_AMOUNT 所內含的整數值 11。

◆ 列 111 的語法，僅僅先行定義了區域變數 record_out_vectors，並設置其資料型態為二維向量。

◆ 列 114 至列 118 的語法，使得在 record_in_vector 裡：

• 該二維向量的第 1 層，內含全域變數 roles 中資料錄「個數」的副屬向量。

• 該二維串列的第 2 層，即是各個副屬向量，皆僅僅內含 1 筆資料錄。

• 該列語法被執行之後，區域變數 record_in_vector 的內含資料會類似於「{{…}, {…}, {…}, {…}, {…}, {…}, {…}, {…}, {…}, {…}, {…}}」的資料結構。

◆ 列 120 的語法，以傳入 record_in_vectors 所內含的二維向量，作為參數 in_container 的初始資料，傳入 record_out_vectors 所內含的二維向量，作為參數 out_container 的初始資料，執行了函數 recursive_merge_sort_among_records，進而按照合併排序演算法，以各筆資料錄的年份為比較欄位，對全域變數 roles 中的所有資料錄，進行由小至大的排序。

4.4 演算法效能的分析與比較

在電腦科學中，主要可透過數學理論在「時間複雜度 (time complexity)」與「函數 (function)」的觀念，來加以分析和比較演算法之間的效能。時間複雜度的函數表示法，具有如下特性：

◆ 在該函數中：

- 僅具有單一變數。其變數名稱通常為小寫字母「n」。

- 帶有「未知」常數時，常數名稱通常為**英文小寫字母「c」**、希臘小寫字母「α」或「ε」。

- 出現**對數**符號「log」時，雖然有可能是其他正整數為基底，然而通常是以「2」為基底，並且會被省略其基底的註記。

◆ 該時間複雜度函數 T(n)，主要會被表示成為如下兩者之一：

- 「T(n) = **明確**的多項式」。例如：

  ▶ $T(n) = 30$

  ▶ $T(n) = 8 \log n + 5$

  ▶ $T(n) = 9\,n^{1/2} + 2$

  ▶ $T(n) = 15\,n + 6$

  ▶ $T(n) = 25\,n \log n + 4$

  ▶ $T(n) = 7\,n^2 + 3\,n + 11$

  ▶ $T(n) = 13 \cdot 2^n + 15\,n + 17$

  ▶ $T(n) = 14 \cdot n! + 12\,n^2 + 23$

- 「T(n) = O(…)」。其中，「O」是**簡化**的複雜度代表符號，在其小括號裡，僅會表示特定多項式「**省略係數**」之後的**最高階項目**。例如：

  ▶ 「T(n) = 30」簡化成為 $T(n) = O(1)$

- 「T(n) = 8 log n + 5」簡化成為「T(n) = $O(\log n)$」

- 「T(n) = 9 $n^{1/2}$ + 2」簡化成為「T(n) = $O(n^{1/2})$」

- 「15 n + 6」簡化成為「T(n) = $O(n)$」

- 「25 n log n + 4」簡化成為「T(n) = $O(n \log n)$」

- 「7 n^2 + 3 n + 11」簡化成為「T(n) = $O(n^2)$」

- 「13 · 2^n + 15 n + 17」簡化成為「T(n) = $O(2^n)$」

- 「14 · $n!$ + 12 n^2 + 23」簡化成為「T(n) = $O(n!)$」

具體而言，**時間複雜度**函數，主要用來**抽象**描述特定演算法之特定執行動作(資料的比對、交換、儲存等等)的**邏輯執行次數**！

4.4.1 迴圈敘述之效能的分析

舉例來說，已知特定演算法需要從外部檔案，先行讀取 n 筆資料錄，並存放在特定記憶體空間裡，以利進行特定形式的資料處理。在這個前提底下，如下各個程式碼片段，透過不同的「迴圈」敘述，個別具有不同的時間複雜度。

Python 程式碼	C++ 程式碼

``python
for i in range(特定正整數):
    特定執行動作
``
	``cpp
	for (int i = 0; i < 特定正整數; i++)
	{
	    特定執行動作
	}
	``

🔓 說明

- 在此，特定正整數，係為一個**常數**，代表著此迴圈之迭代的「不變」次數，所以其時間複雜度為 O(1)。

- 換言之，O(1) 意謂著，無論資料錄數量 n 如何變動，特定執行動作的次數，皆是「固定」的！

Python 程式碼	C++ 程式碼
```while i < n: 特定執行動作 i *= 2```	```for (int i = 0; i < n; i *= 2){ 特定執行動作}```

🔓 說明

◆ 在此，n，係為代表資料錄數量的**變數**，可間接推演出此迴圈之**迭代**的「可變」次數為 $\log_2 n$，所以其時間複雜度為 $T(n) = O(\log n)$。

◆ 換言之，$O(\log n)$ 意謂著，隨著資料錄數量 n 有所變動，特定執行動作的次數，會隨之「$\log n$」增加的！

Python 程式碼	C++ 程式碼
```for i in range(n): 特定執行動作```	```for (int i = 0; i < n; i++){ 特定執行動作}```

🔓 說明

◆ 在此，n，係為代表資料錄數量的**變數**，亦代表著此迴圈之**迭代**的「可變」次數 n，所以其時間複雜度為 $T(n) = O(n)$。

◆ 換言之，$O(n)$ 意謂著，隨著資料錄數量 n 有所變動，特定執行動作的次數，會隨之「線性」增加的！

Python 程式碼	C++ 程式碼
```for i in range(n): while j < n: 特定執行動作 j *= 2```	```for (int i = 0; i < n; i++) for (int j = 0; j < n; j *= 2) { 特定執行動作 }```

🔓 說明

◆ 在此，n，係為代表資料錄數量的**變數**，可間接推演出其第 1 層迴圈之迭代的「可變」次數為 n，其第 2 層迴圈之迭代的「可變」次數為 $\log_2 n$，所以其時間複雜度為 $T(n) = O(n \log n)$。

◆ 換言之，$O(n \log n)$ 意謂著，隨著資料錄數量 n 有所變動，特定執行動作的次數，會隨之「$n \log n$」增加的！

Python 程式碼	C++ 程式碼

``
for i in range(n):
  for j in range(n):
    特定執行動作
``
	``
	for (int i = 0; i < n; i++)
	  for (int j = 0; j < n; j++)
	  {
	    特定執行動作
	  }
	``

🔓 說明

◆ 在此，n，係為代表資料錄數量的**變數**，可間接推演出其第 1 層迴圈之迭代的「可變」次數為 n，其第 2 層迴圈之迭代的「可變」次數亦為 n，所以其時間複雜度為 $T(n) = O(n^2)$。

◆ 換言之，$O(n^2)$ 意謂著，隨著資料錄數量 n 有所變動，特定執行動作的次數，會隨之「平方」增加的！

4.4.2 遞迴敘述之效能的分析

遞迴敘述的程式碼，即是透過函數本身的自我執行，進而簡化原本需要好幾層迴圈的複雜敘述，成為「至少」減少 1 層迴圈的等效敘述。

Python 程式碼	C++ 程式碼

``
def render(j):
  for k in range(j):
    特定執行動作
    render(k - 1)
 	
render(n)
``
	``
	void render(int j)
	{
	  for (int k = 0; k < j; k++)
	  {
	    特定執行動作
	    render(k - 1);
	  }
	}
	
	render(n);
	``

🔓 **說明**

◆ 在此，n，係為代表資料錄數量的**變數**，可間接推演出持續執行函數 render 之遞迴的「可變」次數為 n，其函數內部該迴圈之迭代的「可變」次數為 $(n-1)!$，所以其時間複雜度為 $T(n) = O(n!)$。

◆ 換言之，$O(n!)$ 意謂著，隨著資料錄數量 n 有所變動，特定執行動作的次數，會隨之「n 階層」增加的！

4.4.3 線性搜尋演算法之效能的分析

在此，我們來回顧並分析，從 4.1 節開始，到 4.3 節為止，各個範例所提及之搜尋演算法和排序演算法的時間複雜度。

在 ch04-01-01-01.py 與 ch04-01-01-02.cpp 中，分別提及了 Python 和 C++ 程式語言之語法的線性搜尋演算法，也就是函數 linear_search_among_records 的定義。

ch04-01-01-01.py 在函數 linear_search_among_records 中 關於線性搜尋演算法的主要程式碼片段之虛擬碼

``
for i in range(record_amount):
    比對特定資料錄，倘若為目標資料錄的話，則向下執行。
        顯示目標資料錄在畫面上。
 	
        確認倘若僅欲顯示單一目標資料錄的話，則終止迴圈 for。
``

ch04-01-01-02.cpp 在函數 `linear_search_among_records` 中
關於線性搜尋演算法的主要程式碼片段之虛擬碼

```
for (i = 0; i < RECORD_AMOUNT; i++)
  比對特定資料錄，倘若為目標資料錄的話，則向下執行。
  {
    顯示目標資料錄在畫面上。

    確認倘若僅欲顯示單一目標資料錄的話，則終止迴圈 for。
  }
```

🔒 說明

◆ 在此，應將代表資料錄的數量之 record_amount 或 RECORD_AMOUNT，視為時間複雜度函數中的變數 n。

◆ 由如上兩個虛擬碼可得知，該迴圈之**迭代**的「可變」次數為 n，所以：

  • 倘若目標資料錄剛好是「最後」1 筆的話，必須搜尋剛好 n 次，才能找到目標資料錄。此時所謂的「最差」時間複雜度為 $T(n) = O(n)$。

  • 倘若目標資料錄剛好是「第 1」筆的話，只搜尋 1 次，就能找到目標資料錄。此時所謂的「最佳」時間複雜度為 $T(n) = O(1)$。

◆ 換言之，$O(n)$ 意謂著，隨著資料錄數量 n 有所變動，特定執行動作的次數，會隨之「線性」增加的！

4.4.4 二元搜尋演算法之效能的分析

在 ch04-01-02-01.py 與 ch04-01-02-02.cpp 中，分別提及了 Python 和 C++ 程式語言之語法的純粹「迴圈」版本的二元搜尋演算法，也就是函數 binary_search_among_records 的定義。

ch04-01-02-01.py 在函數 `binary_search_among_records` 中
關於純粹「迴圈」版本之二元搜尋演算法的主要程式碼片段之虛擬碼

```
while right_index >= left_index:
  在每次迭代中，透過搜尋範圍減半的方式，計算並儲存欲被比對之下一筆資料錄所在的索引位置。
```

比對特定資料錄，倘若為目標資料錄的話，則向下執行。
　重新指定並重複利用變數 left_index 與 right_index。

　確認倘若僅欲顯示「不只 1 筆」目標資料錄的話，則往下執行。
　　while roles[left_index - 1]['year'] == target_year:
　　　遞減變數 left_index 的內含整數值。

　　while roles[right_index + 1]['year'] == target_year:
　　　遞增變數 right_index 的內含整數值。

　for middle_index in range(left_index, right_index + 1):
　　顯示其中 1 筆目標資料錄在畫面上。

　中止第 1 層迴圈 while。

確認特定資料錄，倘若位於目標資料錄之右側的話，則向下執行。
　將搜尋範圍，縮減成為只剩下左半部分。
確認特定資料錄，倘若位於目標資料錄之左側的話，則向下執行。
　將搜尋範圍，縮減成為只剩下右半部分。

---

ch04-01-02-02.cpp 在函數 binary_search_among_records 中
關於純粹「迴圈」版本之二元搜尋演算法的主要程式碼片段之虛擬碼

```
while (right_index >= left_index)
{
```
　在每次迭代中，透過搜尋範圍減半的方式，計算並儲存欲被比對之下一筆資料錄所在的索引位置。

　比對特定資料錄，倘若為目標資料錄的話，則向下執行。
```
  {
```
　　重新指定並重複利用變數 left_index 與 right_index。

　　確認倘若僅欲顯示「不只 1 筆」目標資料錄的話，則往下執行。
```
    {
      while (roles[left_index - 1].year == target_year)
```
　　　　遞減變數 left_index 的內含整數值。

```
      while (roles[right_index + 1].year == target_year)
```
　　　　遞增變數 right_index 的內含整數值。
```
    }
```

```
    for (middle_index = left_index; middle_index < right_index + 1; middle_index++)
        顯示其中 1 筆目標資料錄在畫面上。

    中止第 1 層迴圈 while。
}


確認特定資料錄，倘若位於目標資料錄之右側的話，則向下執行。
    將搜尋範圍，縮減成為只剩下左半部分。

確認特定資料錄，倘若位於目標資料錄之左側的話，則向下執行。
    將搜尋範圍，縮減成為只剩下右半部分。
}
```

🔓 說明

◆ 在此，應將代表資料錄的數量之 record_amount 或 RECORD_AMOUNT，視為時間複雜度函數中的變數 n。

◆ 由如上兩個虛擬碼可得知，第 1 層迴圈 while 之**迭代**的「可變」次數為 $\log_2 n$，所以：

  ● 倘若目標資料錄剛好是第 1 筆或最後 1 筆的話，必須搜尋剛好 $\log_2 n$ 次，才能找到目標資料錄。此時所謂的「最差」時間複雜度為 $T(n) = O(\log n)$。

  ● 倘若目標資料錄剛好是第 1 次就被進行搜尋和比對的中間那 1 筆的話，只搜尋 1 次，就能找到目標資料錄。此時所謂的「最佳」時間複雜度為 $T(n) = O(1)$。

◆ 換言之，$O(\log n)$ 意謂著，隨著資料錄數量 n 有所變動，特定執行動作的次數，會隨之「$\log n$」增加的！

◆ 值得注意的是，第 2 層的迴圈 for 和兩個迴圈 while，係為額外加入的程式碼，主要用來同時找出其**年份**相同的「多筆」資料錄。所以，它和標準版本的二元搜尋演算法，並沒有直接關聯！

在 ch04-03-01-01.py 與 ch04-03-01-02.cpp 中，分別提及了 Python 和 C++ 程式語言之語法的純粹「遞迴」版本的二元搜尋演算法，也就是函數 recursive_binary_search_among_records 的定義。

---

ch04-03-01-01.py 在函數 recursive_binary_search_among_records 中
關於純粹「遞迴」版本之二元搜尋演算法的主要程式碼片段之虛擬碼

```
def recursive_binary_search_among_records(left_index, middle_index,
right_index, target_year, choice = 'all'):

  在每次迭代中，透過搜尋範圍減半的方式，計算並儲存欲被比對之下一筆資料錄所在的索引位置。

  確認在特定遞迴裡，倘若並沒有找到目標資料錄的話，則立即結束這個最終的遞迴。

  確認特定資料錄，倘若為目標資料錄的話，則向下執行。
    重新指定並重複利用變數 left_index 與 right_index。

    確認倘若僅欲顯示「不只 1 筆」目標資料錄的話，則往下執行。
      while roles[left_index - 1]['year'] == target_year:
        遞減變數 left_index 的內含整數值。

      while roles[right_index + 1]['year'] == target_year:
        遞增變數 right_index 的內含整數值。

    for middle_index in range(left_index, right_index + 1):
      顯示其中 1 筆目標資料錄在畫面上。


  確認特定資料錄，倘若位於目標資料錄之右側的話，則向下執行。
    recursive_binary_search_among_records(left_index, middle_index,
    middle_index - 1, target_year, choice)

  確認特定資料錄，倘若位於目標資料錄之左側的話，則向下執行。
    recursive_binary_search_among_records(middle_index + 1, middle_index,
    right_index, target_year, choice)
```

ch04-03-01-02.cpp 在函數 recursive_binary_search_among_records 中
關於純粹「遞迴」版本之二元搜尋演算法的主要程式碼片段之虛擬碼

```
void recursive_binary_search_among_records(int left_index, int middle_index, int
right_index, int target_year, string choice = "all")
{

    在每次迭代中,透過搜尋範圍減半的方式,計算並儲存欲被比對之下一筆資料錄所在的索引位置。

    確認在特定遞迴裡,倘若並沒有找到目標資料錄的話,則立即結束這個最終的遞迴。

    比對特定資料錄,倘若為目標資料錄的話,則向下執行。
    {
        重新指定並重複利用變數 left_index 與 right_index。

        確認倘若僅欲顯示「不只 1 筆」目標資料錄的話,則往下執行。
        {
            while (roles[left_index - 1].year == target_year)
                遞減變數 left_index 的內含整數值。

            while (roles[right_index + 1].year == target_year)
                遞增變數 right_index 的內含整數值。
        }

        for (middle_index = left_index; middle_index < right_index + 1; middle_index++)
            顯示其中 1 筆目標資料錄在畫面上。
    }


    確認特定資料錄,倘若位於目標資料錄之右側的話,則向下執行。
        recursive_binary_search_among_records(left_index, middle_index,
        middle_index - 1, target_year, choice);

    確認特定資料錄,倘若位於目標資料錄之左側的話,則向下執行。
        recursive_binary_search_among_records(middle_index + 1, middle_index,
        right_index, target_year, choice);
}
```

🔒 說明

◆ 在此,應將代表資料錄的數量之 record_amount 或 RECORD_AMOUNT,
   視為時間複雜度函數中的變數 n。

◆ 由如上兩個虛擬碼可得知，透過了函數本身「遞迴」自我執行，取代了「迴圈」版本之第 1 層迴圈 while 的迭代。在此，其「遞迴」自我執行的「可變」次數，仍然為 $\log_2 n$。也因此：

- 倘若目標資料錄剛好是第 1 筆或最後 1 筆的話，必須搜尋剛好 $\log_2 n$ 次，才能找到目標資料錄。此時所謂的「最差」時間複雜度為 $T(n) = O(\log n)$。

- 倘若目標資料錄剛好是第 1 次就被進行搜尋和比對的中間那 1 筆的話，只搜尋 1 次，就能找到目標資料錄。此時所謂的「最佳」時間複雜度為 $T(n) = O(1)$。

◆ 換言之，$O(\log n)$ 意謂著，隨著資料錄數量 n 有所變動，特定執行動作的次數，會隨之「$\log n$」增加的！

4.4.5 氣泡排序演算法之效能的分析

在 ch04-02-01-01.py 與 ch04-02-01-02.cpp 中，分別提及了 Python 和 C++ 程式語言之語法的氣泡排序演算法，也就是函數 bubble_sort_among_records 的定義。

---

ch04-02-01-01.py 在函數 bubble_sort_among_records 中
關於氣泡排序演算法的主要程式碼片段之虛擬碼

```
for round in range(1, record_amount):
    在此次第 1 層迴圈 for 一開始迭代時，先行記錄著，各筆資料錄的順序，尚未被進行任何調整。

    for index in range(0, record_amount - round):
        比對相鄰的前一筆資料錄之年份，倘若大於下一筆資料錄之年份的話，則向下執行。
            交換相鄰之兩筆資料錄所在的索引位置。

        在此記錄著，第 1 層迴圈 for 的此次迭代中，各筆資料錄的順序，已經被變動了。

    確認各筆資料錄的順序，倘若已經沒有任何變動了，則在此終止第 1 層迴圈 for 之多餘的後續迭代。
```

---

ch04-02-01-02.cpp 在函數 bubble_sort_among_records 中
關於氣泡排序演算法的主要程式碼片段之虛擬碼

```
for (round = 1; round < RECORD_AMOUNT; round++)
{
    在此次第 1 層迴圈 for 一開始迭代時，先行記錄著，各筆資料錄的順序，尚未被進行任何調整。

    for (index = 0; index < RECORD_AMOUNT - round; index++)
    {
        比對相鄰的前一筆資料錄之年份，倘若大於下一筆資料錄之年份的話，則向下執行。
        {
            交換相鄰之兩筆資料錄所在的索引位置。

            在此記錄著，第 1 層迴圈 for 的此次迭代中，各筆資料錄的順序，已經被變動了。
        }
    }

    確認各筆資料錄的順序，倘若已經沒有任何變動了，則在此終止第 1 層迴圈 for 之多餘的後續迭代。
}
```

🔒 說明

◆ 在此，應將代表資料錄的數量之 record_amount 或 RECORD_AMOUNT，視為時間複雜度函數中的變數 n。

◆ 由如上兩個虛擬碼可得知，第 1 層迴圈 for 之迭代的「可變」次數為 n，而第 2 層迴圈 for 之迭代的「可變」次數為 (n - round)，其中 round 第 1 層迴圈 for 所提及變數 round。

   • 該兩層迴圈，會使得其內部之比對和交換的動作，總共被執行了
   $(n - 1) + (n - 2) + (n - 3) + \cdots + 1 = \dfrac{[(n - 1) + 1] \times (n - 1)}{2} = 0.5\,n\,(n - 1) = 0.5\,n^2 - 0.5\,n$。所以：

      ▸ 倘若所有資料錄的順序，剛好是「由大至小」之降序的話，那麼必須比對和交換「$0.5\,n^2 - 0.5\,n$」次，才能重新將所有資料錄，排列成為「由小至大」的升序。此時所謂的「最差」時間複雜度為 $T(n) = O(n^2)$。

▶ 倘若所有資料錄的順序，已經是「由小至大」之升序的話，那麼第 1 層迴圈，只會迭代 1 次！在這種情況下，雖然沒有再進行任何「交換」的動作，仍舊進行了 $(n - 1)$ 次的「比對」的動作。此時所謂的「最佳」時間複雜度為 $T(n) = O(n)$。

4.4.6 合併排序演算法之效能的分析

在 ch04-02-02-01.py 與 ch04-02-02-02.cpp 中，分別提及了 Python 和 C++ 程式語言之語法的「迴圈」版本的合併排序演算法，也就是函數 merge_sort_among_records 的定義。

---

ch04-02-02-01.py 在函數 merge_sort_among_records 中
關於純粹「迴圈」版本之合併排序演算法的主要程式碼片段之虛擬碼

將存放所有資料錄的串列，拆解成為內含「帶有各筆資料錄之副屬串列」的新串列。

```
while True:
    確認排序後的所有資料錄，倘若已經合併成為單一「輸出」容器，則向下執行。
        加以存放排序後的所有資料錄，以利最終在畫面上加以顯示。
        立即終止第 1 層迴圈 while 的後續迭代。

    確認在特定迭代裡，倘若各個群組皆已經被兩兩合併至特定「輸出」容器，則向下執行。
        複製各個「輸出」容器，成為「下一次」迭代裡的「輸入」容器。

    確認在特定迭代裡，倘若在「輸入」容器中，只剩下 1 個群組，則向下執行。
        取出這一個「輸入」群組，並直接放入「輸出」群組的行列裡。

    確認在特定迭代裡，倘若在「輸入」容器中，存在至少兩個群組，則向下執行。
        取出「輸入」容器中第 1 個群組，並指定成為在特定迭代裡的「左」群組。
        取出「輸入」容器中第 2 個群組，並指定成為在特定迭代裡的「右」群組。

        清空前 1 次迭代時「整合」其「左」與「右」群組的「合併」群組。


        while len(left_group) > 0 and len(right_group) > 0:
            比對左群組第 1 筆資料錄之年份，倘若小於或等於右群組第 1 筆資料錄之年份的話，則向下執行。
                取出「左」群組第 1 筆資料錄，並放入至「合併」群組的尾端。

            比對左群組第 1 筆資料錄之年份，倘若大於右群組第 1 筆資料錄之年份的話，則向下執行。
                取出「右」群組第 1 筆資料錄，並放入至「合併」群組的尾端。
```

將左群組與右群組之剩餘的資料錄，依序放入至「合併」群組的尾端。

複製在特定迭代裡的「合併」群組，並放入至「輸出」容器的尾端。

---

ch04-02-02-02.cpp 在函數 merge_sort_among_records 中
關於純粹「迴圈」版本之合併排序演算法的主要程式碼片段之虛擬碼

```
for (i = 0; i < RECORD_AMOUNT; i++)
{
    從帶有所有資料錄的向量中，每次取出其中 1 筆資料錄，並包裝成為「輸入」容器中「帶有 1 筆
    資料錄之副屬串列」的其中 1 個新串列。
}


while (true)
{
    確認排序後的所有資料錄，倘若已經合併成為單一「輸出」容器，則向下執行。
    {
        加以存放排序後的所有資料錄，以利最終在畫面上加以顯示。
        立即終止第 1 層迴圈 while 的後續迭代。
    }

    確認在特定迭代裡，倘若各個群組皆已經被兩兩合併至特定「輸出」容器，則向下執行。
    {
        複製各個「輸出」容器，成為「下一次」迭代裡的「輸入」容器。
    }

    確認在特定迭代裡，倘若在「輸入」容器中，只剩下 1 個群組，則向下執行。
    {
        取出這一個「輸入」群組，並直接放入「輸出」群組的行列裡。
    }

    確認在特定迭代裡，倘若在「輸入」容器中，存在至少兩個群組，則向下執行。
    {
        取出「輸入」容器中第 1 個群組，並指定成為在特定迭代裡的「左」群組。
        取出「輸入」容器中第 2 個群組，並指定成為在特定迭代裡的「右」群組。

        清空前 1 次迭代時「整合」其「左」與「右」群組的「合併」群組。


        while (left_group.size() > 0 && right_group.size() > 0)
        {
            比對左群組第 1 筆資料錄之年份，倘若小於或等於右群組第 1 筆資料錄之年份的話，
            則向下執行。
            {
                取出「左」群組第 1 筆資料錄，並放入至「合併」群組的尾端。
```

```
        }
        比對左群組第 1 筆資料錄之年份，倘若大於右群組第 1 筆資料錄之年份的話，則向下執行。
        {
            取出「右」群組第 1 筆資料錄，並放入至「合併」群組的尾端。
        }
    }
    將左群組與右群組之剩餘的資料錄，依序放入至「合併」群組的尾端。

    複製在特定迭代裡的「合併」群組，並放入至「輸出」容器的尾端。
    }
}
```

🔒 說明

◆ 在此，應將代表資料錄的數量之 record_amount 或 RECORD_AMOUNT，視為時間複雜度函數中的變數 n。

◆ 察看如上兩個虛擬碼，並經過筆者的實測：

- 第 1 層迴圈 while 之迭代的「可變」次數為 $\sum_{k=1}^{\lceil \log_2 n \rceil} \left\lceil \dfrac{n}{2^k} \right\rceil + \lfloor \log_2(n-1) \rfloor$ 次，並且會近似於 $n + \log_2(n-1) \pm 1$。

- 第 2 層迴圈 while 之迭代的「可變」次數約為 $\lfloor \log_2(n-1) \rfloor - 1$，可簡單表示成為其近似值 $\log_2(n-1) - 1$ 即可。

- 該兩層迴圈，會使得其內部之比對與合併的動作，總共大致被執行了 $[n + \log_2(n-1) \pm 1] \times [\log_2(n-1) - 1]$ 次。所以可被表示成為 O($n + \log n$) $\times$ O($\log n$)，再表示成為帶有其最高階項目的 O(n) $\times$ O($\log n$) 即可，最後表示成為了 O($n \log n$)。其中：

  ▶ 倘若所有資料錄的順序，剛好是「由大至小」之降序的話，那麼除了「比對」的動作之外，「合併」的動作，仍然是少不了！此時所謂的「最差」時間複雜度，為 T(n) = O($n \log n$)。

  ▶ 倘若所有資料錄的順序，已經是「由小至大」之升序的話，因為演算法的天性使然，任何「交換」與「合併」的動作，仍然是會被進行的！此時所謂的「最佳」時間複雜度，仍舊為為 T(n) = O($n \log n$)。

在 ch04-03-02-01.py 與 ch04-03-02-02.cpp 中，分別提及了 Python 和 C++ 程式語言之語法的「遞迴」版本的合併排序演算法，也就是函數 recursive_ merge_sort_among_records 的定義。

---

ch04-03-02-01.py 在函數 recursive_merge_sort_among_records 中
關於「遞迴」版本之合併排序演算法的主要程式碼片段之虛擬碼

```
def recursive_merge_sort_among_records(in_container, out_container):

  確認排序後的所有資料錄，倘若已經合併成為單一「輸出」容器，則向下執行。
    加以存放排序後的所有資料錄，以利最終在畫面上加以顯示。

  確認在特定迭代裡，倘若各個群組皆已經被兩兩合併至特定「輸出」容器，則向下執行。
    recursive_merge_sort_among_records(out_container, [])

  確認在特定迭代裡，倘若在「輸入」容器中，只剩下 1 個群組，則向下執行。：
    取出這一個「輸入」群組，並直接放入「輸出」群組的行列裡。

    recursive_merge_sort_among_records(in_container, out_container)


  確認在特定迭代裡，倘若在「輸入」容器中，存在至少兩個群組，則向下執行。
    取出「輸入」容器中第 1 個群組，並指定成為在特定迭代裡的「左」群組。
    取出「輸入」容器中第 2 個群組，並指定成為在特定迭代裡的「右」群組。

    清空前 1 次迭代時「整合」其「左」側與「右」群組的「合併」群組。

    while len(left_group) > 0 and len(right_group) > 0:
      比對左群組第 1 筆資料錄之年份，倘若小於或等於右群組第 1 筆資料錄之年份的話，
      則向下執行。
        取出「左」群組第 1 筆資料錄，並放入至「合併」群組的尾端。

      比對左群組第 1 筆資料錄之年份，倘若大於右群組第 1 筆資料錄之年份的話，則向下執行。
        取出「右」群組第 1 筆資料錄，並放入至「合併」群組的尾端。


    將左群組與右群組之剩餘的資料錄，依序放入至「合併」群組的尾端。

    複製在特定迭代裡的「合併」群組，並放入至「輸出」容器的尾端。

    recursive_merge_sort_among_records(in_container, out_container)
  ⋮
recursive_merge_sort_among_records([[ref] for ref in roles], [])
```

---

ch04-03-02-02.cpp 在函數 recursive_merge_sort_among_records 中
關於「遞迴」版本之合併排序演算法的主要程式碼片段之虛擬碼

```
void recursive_merge_sort_among_records(vector < vector < struct role_unit > >
in_container, vector < vector < struct role_unit > > out_container)
{
```
　　確認排序後的所有資料錄，倘若已經合併成為單一「輸出」容器，則向下執行。
　　　加以存放排序後的所有資料錄，以利最終在畫面上加以顯示。

　　確認在特定迭代裡，倘若各個群組皆已經被兩兩合併至特定「輸出」容器，則向下執行。
```
        recursive_merge_sort_among_records(out_container, vector < vector < struct
        role_unit > > {});
```

　　確認在特定迭代裡，倘若在「輸入」容器中，只剩下 1 個群組，則向下執行。
```
    {
```
　　　取出這一個「輸入」群組，並直接放入「輸出」群組的行列裡。

```
        recursive_merge_sort_among_records(in_container, out_container);
    }
```

　　確認在特定迭代裡，倘若在「輸入」容器中，存在至少兩個群組，則向下執行。
```
    {
```
　　　取出「輸入」容器中第 1 個群組，並指定成為在特定迭代裡的「左」群組。
　　　取出「輸入」容器中第 2 個群組，並指定成為在特定迭代裡的「右」群組。

```
        while (left_group.size() > 0 && right_group.size() > 0)
        {
```
　　　　比對左群組第 1 筆資料錄之年份，倘若小於或等於右群組第 1 筆資料錄之年份的話，
　　　　　則向下執行。
```
            {
```
　　　　　取出「左」群組第 1 筆資料錄，並放入至「合併」群組的尾端。
```
            }
```

　　　　比對左群組第 1 筆資料錄之年份，倘若大於右群組第 1 筆資料錄之年份的話，則向下執行。
```
            {
```
　　　　　取出「右」群組第 1 筆資料錄，並放入至「合併」群組的尾端。
```
            }
        }
```

　　　將左群組與右群組之剩餘的資料錄，依序放入至「合併」群組的尾端。

　　　複製在特定迭代裡的「合併」群組，並放入至「輸出」容器的尾端。

```
        recursive_merge_sort_among_records(in_container, out_container);
    }
}


int main(void)
{
    .
    .
    .
    for (i = 0; i < RECORD_AMOUNT; i++)
    {
        從帶有所有資料錄的向量中，每次取出其中 1 筆資料錄，並包裝成為「輸入」容器中
        「帶有 1 筆資料錄之副屬串列」的其中 1 個新串列。
    }

    recursive_merge_sort_among_records(record_in_vectors, record_out_vectors);
    .
    .
    .
}
```

🔓 說明

◆ 在此，應將代表資料錄的數量之 record_amount 或 RECORD_AMOUNT，
   視為時間複雜度函數中的變數 n。

◆ 由如上兩個虛擬碼可得知，透過了函數本身「遞迴」自我執行，取代
   了「迴圈」版本之第 1 層迴圈 while 的迭代。在此，其「遞迴」自我
   執行的「可變」次數，仍然為 $\sum_{k=1}^{\lceil \log_2 n \rceil} \left\lceil \dfrac{n}{2^k} \right\rceil + \lfloor \log_2(n-1) \rfloor$ 次，並且會近似於
   $n + \log_2(n-1) \pm 1$。

◆ 而「遞迴」函數內部的迴圈 while 之迭代的「可變」次數，仍然約為
   $\lfloor \log_2(n-1) \rfloor - 1$，可簡單表示成為其近似值 $\log_2(n-1) - 1$ 即可。

◆ 該「遞迴」函數搭配其內部的迴圈，會使得其內部之比對與合併的動作，
   總共大致被執行了 $[n + \log_2(n-1) \pm 1] \times [\log_2(n-1) - 1]$ 次。所以可被表示成為
   $O(n + \log n) \times O(\log n)$，再表示成為帶有其最高階項目的 $O(n) \times O(\log n)$
   即可，最後表示成為了 $O(n \log n)$。其中：

- 倘若所有資料錄的順序，剛好是「由大至小」之降序的話，那麼除了「比對」的動作之外，「合併」的動作，仍然是少不了！此時所謂的「最差」時間複雜度，為 $T(n) = O(n \log n)$。

- 倘若所有資料錄的順序，已經是「由小至大」之升序的話，因為演算法的天性使然，任何「交換」與「合併」的動作，仍然是會被進行的！此時所謂的「最佳」時間複雜度，仍舊為為 $T(n) = O(n \log n)$。

📝 練 習 題

1. 假設目前存在 100 筆「已針對主要欄位」進行「升序排列」的資料錄，而且使用者想要搜尋其中 1 筆資料錄而已！在這種前提之下，請問究竟在什麼場合當中，「線性」搜尋演算法搜尋某資料錄所耗費的時間，仍然小於「同樣是純粹迴圈版本」之「二元」搜尋演算法所耗費的時間？

2. 假設目前存在 500 筆「已針對主要欄位」進行「升序排列」的資料錄，而且使用者想要搜尋其中 1 筆資料錄而已！在這種前提之下，請問究竟在什麼場合當中，「二元」搜尋演算法搜尋某資料錄所耗費的時間，「皆」會小於「同樣是迴圈版本」之「線性」搜尋演算法所耗費的時間？

3. 請撰寫「改良範例檔案 ch04-01-01-01.py 之程式碼」的新版本，以便從搜尋目標「年份」的功能，改版成為搜尋目標「人物名稱」的功能，並搜尋與顯示出其人物名稱為「皮卡丘」的那筆資料錄，在畫面上。

4. 請撰寫「改良範例檔案 ch04-01-01-02.cpp 之程式碼」的新版本，以便從搜尋目標「年份」的功能，改版成為搜尋目標「**絕招**名稱」的功能，並搜尋與顯示出其**絕招**名稱為「動感光波」的那筆資料錄，在畫面上。

5. 請撰寫「改良範例檔案 ch04-01-02-01.py 之程式碼」的新版本，以便從搜尋目標「年份」的功能，改版成為搜尋目標「人物名稱」的功能，並搜尋與顯示出其人物名稱為「魯夫」的那筆資料錄，在畫面上。

6. 請撰寫「改良範例檔案 ch04-01-02-02.cpp 之程式碼」的新版本，以便從搜尋目標「年份」的功能，改版成為搜尋目標「**絕招**名稱」的功能，並搜尋與顯示出其**絕招**名稱為「多重影分身之術」的那筆資料錄，在畫面上。

7. 請撰寫「改良範例檔案 ch04-02-01-01.py 之程式碼」的新版本，以便從「**升序**」排列，改版成為「**降序**」排列，最後顯示出其排列結果，在畫面上。

8. 請撰寫「改良範例檔案 ch04-02-02-01.py 之程式碼」的新版本，以便從「升序」排列，改版成為「降序」排列，最後顯示出其排列結果，在畫面上。

9. 請透過 Python 或 C++ 程式語言，撰寫出「遞迴」版本之具有如下功能的程式碼：

   • 定義變數 n，其初始資料為 100。

   • 計算並顯示出「$1^2 + 2^2 + 3^2 + \cdots + n^2$」的平方和，在畫面上。

10. 請透過 Python 或 C++ 程式語言，撰寫出「遞迴」版本之具有如下功能的程式碼：

    • 定義變數 n，其初始資料為 250。

    • 計算並顯示出「$1 + 2 - 3 + 4 - 5 + \cdots + (n - 2) - (n - 1) + n$」的總和，在畫面上。

11. 請透過 Python 或 C++ 程式語言的語法，撰寫出其時間複雜度為「$T(n) = O(n^3)$」的 1 個程式碼片段。

12. 請透過 Python 或 C++ 程式語言的語法，撰寫出其時間複雜度為「$T(n) = O(n^2 \log n)$」的 1 個程式碼片段。

13. 已知 $n = 125$。請問，在數學理論當中，「$\sum_{k=1}^{\lceil \log_2 n \rceil} \left\lceil \dfrac{n}{2^k} \right\rceil$」展開後的常數多項式，應該怎麼表示？該常數多項目的結果值是多少？

14. 若某段程式碼片段中的特定動作，被執行的次數為 $\left[n^3 + \log_2(n-1)^5 \right] \times \left[7 \cdot \log_2(n-1)^2 + 6 \right]$。請問，在這種情況下，其時間複雜度要如何表示？

15. 學習本書至今，你個人比較喜歡 Python 程式語言，或者是 C++ 程式語言？為什麼？

05
CHAPTER

程式碼的除錯
和執行時間

本章學習重點

5.1 程式碼的除錯

特定程式語言之程式碼的除錯，在不同的開發環境當中，會有相當類似，但是不完全相同的除錯功能與方式。

在高中、高職階段的學子們，尚未有機會撰寫充斥龐大程式碼的應用程式或系統程式。也因此，先行學習簡易的除錯方式，即可漸次找出，進而修正其發生問題的程式碼片段。

假使，特定程式碼，是由你自己所撰寫的，那麼原則上，不太可能出現什麼「一直」無法解決的語法錯誤和執行階段之其他類型的錯誤。這是因為，程式碼是由你一筆一筆勾勒出來的！每當撰寫一小部分時，理應經過立即的測試；一旦發生錯誤時，也理應很快地知道在哪一個細節上，出現問題才是。

換言之，較容易出現難以解決錯誤的程式碼，大致具有如下特性之一：

◆ 這個程式碼，並不是由你親自撰寫出來的。也因此，你無法迅速理解其邏輯和細節 ...。

◆ 這個程式碼，雖然是由你親自撰寫出來的：

• 但是因為沒有被妥善加上註解，而且可能因為事隔已久或者其他因素，以致於你已經忘記其一些重要邏輯和細節了 ...。

• 就算已經被妥善加上註解了；但是因為其份量過於龐大，再加上其邏輯過於複雜，進而超過你的負荷了 ...。

既然出現了問題，終究還是得解決程式碼中的錯誤 (bug / error)！筆者在此，透過 ch05-01-01-01.py 與 ch05-01-02-01.cpp 中的範例程式碼，加以描述簡易卻相當實用的除錯方式，以供理解與操作。

在 ch05-01-01-01.py 中，筆者安排了兩個錯誤：

◆ 一個是語法上的錯誤，Python 核心系統，可輕易地找出其錯誤，並顯示其對應的錯誤訊息。

◆ 另一個是「語意」上的錯誤，Python 核心系統，皆無法感知那樣子的錯
誤，導致會顯示出不正確的輸出結果 ...。

5.1.1 Python 程式語言的簡易除錯方式

在如下範例中，主要安排了運算式、迴圈敘述，以供練習簡易除錯方式。

```
範例：ch05-01-01-01.py
01  a = 10
02  b = 75
03
04  area = (a + b) * (b - a + 1) / 2
05
06  print(f'梯形面積 = {area}')
07
08  total = 0
09
10  for i in range(a, b):
11      total += i
12
13  print(f'總和 = {total}')
```

🔓 說明

◆ 在本範例中，列 04 存在「語法」錯誤，而列 10 則存在「語意」錯誤。

◆ 在練習過程中，可「假想」在一開始，你並不知道會發生錯誤！

以下是除錯的步驟：

1. 觀察你認為「最有可能」發生錯誤的程式碼片段之「上」一列，插入
一列帶有「exit()」語法的程式碼，以便提示 Python 核心系統，執行到
「exit()」那一列為止，即終止該程式的運作。

```
a = 10
b = 75
```

```
exit()
area = (a + b) * (b - a + 1) / 2
  ⋮
```

2. 按下 Ctrl + S 快捷鍵,以快速存檔,接著按下 Ctrl + B 快捷鍵,以快速執行並測試,Python 核心系統執行到「exit()」那一列為止。

3. 倘若沒有發生任何錯誤,則按 1 次或數次 Ctrl + Shift + ↓ 快捷鍵,將「exit()」那一列的程式碼,往下搬移至你認為「最有可能」發生錯誤的程式碼片段之「下」一列,並重複步驟 2。

```
a = 10
b = 75

area = (a + b) * (b - a + 1) / 2
exit()
  ⋮
```

4. 倘若發生了錯誤,則仔細觀察錯誤訊息!

```
print(f'梯形面積 = {area}')
Traceback (most recent call last):
  File "..........\codes\ch05-01-01-01.py", line 4, in <module>
    area = (a + b) * (b - a + 1) / 2
NameError: name 'l' is not defined
```

- 在錯誤訊息當中:

  ▸ 「line 4」即是意指發生錯誤的位置,係為列 04 的程式碼「area = (a + b) * (b - a + 1) / 2」。

  ▸ 「NameError: name 'l' is not defined」即是意指錯誤類型,係為名稱錯誤 (Name Error),而細部說明「name 'l' is not defined」則是意指錯誤原因,係為「名稱 'l' 尚未被定義」!

  ▸ 在此,你可以發現,變數 l 確實尚未被定義!但是,筆者在這裡安排的錯誤,是故意將數字「1」,撰打成為錯誤的「l」!

  ▸ 所以,在此練習將錯誤的「l」,修正成為數字「1」即可。

- 修正完區域性的錯誤之後,才重複步驟 2。

5. 不斷地進行步驟 2 至步驟 4，可逐步解決程式碼的「語法」錯誤！不過，
   卻不能解決程式碼的「語意」錯誤...。

```python
a = 10
b = 75

area = (a + b) * (b - a + 1) / 2

print(f'梯形面積 = {area}')

total = 0

for i in range(a, b):
  total += i

print(f'總和 = {total}')
exit()
```

程式碼的「語意」錯誤，只能靠監看其過程中的「輸出」資料，以判斷
出程式設計者在思考上的粗心或偏差。

以本範例來看，修正完「語法」錯誤之後，可看到「梯形面積 =
2805.0」和「總和 = 2730」的輸出結果。

然而，照理說，從整數 10，每次遞增 1，一直累加到整數 75 的結果，理
應也是 2805 才對；為何會只有 2730 呢？！這時候，我們可以透過另一種方
式來除錯。

在此，我們試圖在迴圈 for 敘述的內部，加上一列測試語法「print(f'i =
{i}, current total = {total}')」，存檔之後，並執行測試。此時，我們會發現如
下的輸出結果：

```
梯形面積 = 2805.0
i = 10, current total = 10
i = 11, current total = 21
i = 12, current total = 33
    :
i = 72, current total = 2583
i = 73, current total = 2656
i = 74, current total = 2730
總和 = 2730
```

可以赫然發現，在迴圈的迭代中，變數 i 的內含整數值，只被迭代而遞增到 74，就結束了；明顯沒有迭代至整數值 75！

面對這種屬於人類本身思考上的粗心和偏差，Python 核心系統是無法檢測出來的！

在此，我們加以修正之後，並註解掉或是刪除掉測試語法之後，可發現其輸出結果，已經完全正確了：

```python
a = 10
b = 75

area = (a + b) * (b - a + 1) / 2

print(f'梯形面積 = {area}')

total = 0

for i in range(a, b + 1):
  total += i
  # print(f'i = {i}, current total = {total}')

print(f'總和 = {total}')
exit()
```

輸出結果

```
梯形面積 = 2805.0
總和 = 2805
```

在 ch05-01-02-01.cpp 中，筆者一樣安排了同樣的兩個錯誤：

◆ 一個是語法上的錯誤，C++ 核心系統，可輕易地找出其錯誤，並顯示其對應的錯誤訊息。

◆ 另一個是「語意」上的錯誤，C++ 核心系統，皆無法感知那樣子的錯誤，導致會顯示出不正確的輸出結果 ...。

5.1.2　C++ 程式語言的簡易除錯方式

　　在如下範例中，亦主要安排了運算式、迴圈敘述，以供練習簡易除錯方式。

```
範例：ch05-01-02-01.cpp
01  #include <iostream>
02
03  using namespace std;
04
05  int main(void)
06  {
07    int a = 10, b = 75, i, total = 0;
08
09    float area = (a + b) * (b - a + 1) / 2.0;
10
11    cout << "梯形面積 = " << area << endl;
12
13    for (i = a; i < b; i++)
14    {
15      total += i;
16    }
17
18    cout << "總和 = " << total << endl;
19
20    return 0;
21  }
```

🔒 說明

◆ 在本範例中，列 09 存在「語法」錯誤，而列 13 則存在「語意」錯誤。

◆ 在練習過程中，可「假想」在一開始，你並不知道會發生錯誤！

以下是除錯的步驟：

1. 觀察你認為「最有可能」發生錯誤的程式碼片段之「上」一列，插入一列帶有「exit(-1)」語法的程式碼，以便提示 C++ 核心系統執行到「exit(-1);」那一列為止，即終止該程式的運作。

```
int main(void)
{
  int a = 10, b = 75, i, total = 0;
  exit(-1);

  float area = (a + b) * (b - a + 1) / 2.0;
     ⋮
}
```

2. 按下 Ctrl + S 快捷鍵，以快速存檔，接著按下 Ctrl + B 快捷鍵，以快速執行並測試，C++ 核心系統執行到「exit(-1);」那一列為止。

3. 倘若發生了錯誤，則仔細觀察錯誤訊息！

```
..........\codes\ch05-01-02-xx.cpp: In function 'int main()':
..........\ch05-01-02-xx.cpp:10:35: error: 'l' was not declared
 in this scope
   float area = (a + b) * (b - a + l) / 2.0;
                                    ^
```

- 在錯誤訊息當中：
  - ▶ 「:10:35」即是意指發生錯誤的位置，係為在列 10 的程式碼「area = (a + b) * (b - a + l) / 2」中之第 35 個字元的「l」之處。值得注意的是：
    - ▪ 加入一列語法「exit(-1);」之後，上述語法就從列 09，變成在列 10 沒錯！
    - ▪ 所謂第 35 個字元，亦包含其中所有的空白字元，例如：空格字元 (space)、定位字元 (tab) 等等。

▸ 「: error:」即是意指訊息類型，係為錯誤 (error)，而細部說明「'l' was not declared in this scope」則是意指錯誤原因，係為「'l' 尚未**被宣告**在這個作用範圍裡」！

  ▪ C++ 核心系統所述的「被宣告 (declared)」，其實和 Python 核心系統所謂的「被定義 (defined)」是差不多的！

▸ 在此，你可以發現，變數 l 確實尚未被定義！但是，筆者在這裡安排的錯誤，是故意將數字「1」，撰打成為錯誤的「l」！

▸ 所以，在此練習將錯誤的「l」，修正成為數字「1」即可。

● 修正完區域性的錯誤之後，才重複步驟 2。

4. 倘若沒有發生任何錯誤，則按 1 次或數次 Ctrl + Shift + ↓ 快捷鍵，將「exit(-1);」那一列的程式碼，往下搬移至你認為「最有可能」發生錯誤的程式碼片段之「下」一列，並重複步驟 2。

```cpp
int main(void)
{
  int a = 10, b = 75, i, total = 0;

  float area = (a + b) * (b - a + 1) / 2.0;
  exit(-1);
  :
  :
}
```

5. 不斷地進行步驟 2 至步驟 4，可逐步解決程式碼之訊息類型為「錯誤 (error)」、「警告 (warning)」的相關問題，以及沒有任何錯誤訊息而卻卡住的詭異問題！不過，卻不能解決程式碼的「語意」錯誤 ...。

```cpp
#include <iostream>

using namespace std;

int main(void)
{
  int a = 10, b = 75, i, total = 0;

  exit(-1);
```

```
    float area = (a + b) * (b - a + 1) / 2.0;

    cout << "梯形面積 = " << area << endl;

    for (i = a; i < b; i++)
    {
      total += i;
    }

    cout << "總和 = " << total << endl;

    return 0;
    exit(-1);
}
```

　　程式碼的「語意」錯誤，只能靠監看其過程中的「輸出」資料，以判斷出程式設計者在思考上的粗心或偏差。

　　以本範例來看，修正完「語法」錯誤之後，可看到「梯形面積 = 2805」和「總和 = 2730」的輸出結果。

　　然而，照理說，從整數 10，每次遞增 1，一直累加到整數 75 的結果，理應也是 2805 才對；為何會只有 2730 呢？！這時候，我們可以透過另一種方式來除錯。

　　在此，我們試圖在迴圈 for 敘述的內部，加上一列測試語法「cout << "i = " << i << ", current total = " << total << endl;」，存檔之後，並執行測試。此時，我們會發現如下的輸出結果：

```
梯形面積 = 2805
i = 10, current total = 10
i = 11, current total = 21
i = 12, current total = 33
   ⋮
i = 72, current total = 2583
i = 73, current total = 2656
i = 74, current total = 2730
總和 = 2730
```

我們可以赫然發現，在迴圈的迭代中，變數 i 的內含整數值，只被迭代而遞增到 74，就結束了；明顯沒有迭代至整數值 75！

面對這種屬於人類本身思考上的粗心和偏差，C++ 核心系統是無法檢測出來的！

在此，我們加以修正之後，並註解掉或是刪除掉測試語法之後，可發現其輸出結果，已經完全正確了：

```cpp
#include <iostream>

using namespace std;

int main(void)
{
  int a = 10, b = 75, i, total = 0;

  exit(-1);
  float area = (a + b) * (b - a + 1) / 2.0;

  cout << "梯形面積 = " << area << endl;

  for (i = a; i < b + 1; i++)
  {
    total += i;
    // cout << "i = " << i << ", current total = " << total << endl;
  }

  cout << "總和 = " << total << endl;

  return 0;
  exit(-1);
}
```

📥 輸出結果

```
梯形面積 = 2805
總和 = 2805
```

5.2 程式碼的執行時間

在第 4 章，我們討論了有關於多種演算法的時間複雜度！但是，仍然不足於明確得知各個演算法的實際效能。在本節當中，透過兩個範例，筆者以純粹「迴圈」版本和「遞迴」版本的合併排序演算法為例，介紹如何細部計算「作業系統執行了該演算法所對應的**函數**，究竟占用了」多少時間？！

```python
範例：ch05-02-xx-01.py
01    import timeit
02
03    record_amount = 11
04    piece_amount = 3
05    roles = []
06
07    def read_records():
08      file = open('datafiles/cartoon-role-records.txt', mode = 'r',
        encoding = 'utf-8')
09
10      for i in range(record_amount):
11        line = file.readline()
12        pieces = line.strip().split(', ')
13
14        one_role = {'year': int(pieces[0]), 'name': pieces[1],
          'unique_skill': pieces[2]}
15
16        roles.append(one_role)
17
18    def display_records():
19      for i in range(record_amount):
20        print(f"{roles[i]['year']}  {roles[i]['name']} {roles[i]['unique_skill']}")
21
22    def merge_sort_among_records():
23      global roles
24      left_group, right_group, merged_group = [], [], []
25      out_container = []
```

```
26        in_container = [[ref] for ref in roles]

27

28    while True:

29        if len(in_container) == 0 and len(out_container) == 1:

30            roles.clear()

31            roles = out_container[0]

32            break

33

34        elif len(in_container) == 0:

35            in_container.clear()

36            in_container = out_container[:]

37            out_container.clear()

38

39        elif len(in_container) == 1:

40            out_container.append(in_container.pop())

41

42        elif len(in_container) > 1:

43            left_group = in_container.pop(0)

44            right_group = in_container.pop(0)

45

46            merged_group.clear()

47

48            while len(left_group) > 0 and len(right_group) > 0:

49                if left_group[0]['year'] <= right_group[0]['year']:

50                    merged_group.append(left_group.pop(0))

51

52                else:

53                    merged_group.append(right_group.pop(0))

54

55            merged_group += left_group + right_group

56

57            out_container.append(merged_group[:])

58

59    def recursive_merge_sort_among_records(in_container, out_container):

60        global roles

61        left_group, right_group, merged_group = [], [], []

62
```

```python
63      if len(in_container) == 0 and len(out_container) == 1:
64          roles.clear()
65          roles = out_container[0]
66
67      elif len(in_container) == 0:
68          recursive_merge_sort_among_records(out_container, [])
69
70      elif len(in_container) == 1:
71          out_container.append(in_container.pop())
72
73          recursive_merge_sort_among_records(in_container, out_container)
74
75      elif len(in_container) > 1:
76          left_group = in_container.pop(0)
77          right_group = in_container.pop(0)
78
79          merged_group.clear()
80
81          while len(left_group) > 0 and len(right_group) > 0:
82              if left_group[0]['year'] <= right_group[0]['year']:
83                  merged_group.append(left_group.pop(0))
84
85              else:
86                  merged_group.append(right_group.pop(0))
87
88          merged_group += left_group + right_group
89
90          out_container.append(merged_group[:])
91
92          recursive_merge_sort_among_records(in_container, out_container)
93
94
95  def initial():
96      read_records()
97      merge_sort_among_records()
98
```

```
99    def test01():
100      roles.clear()
101      read_records()
102      merge_sort_among_records()
103
104    def test02():
105      roles.clear()
106      read_records()
107      recursive_merge_sort_among_records([[ref] for ref in roles], [])
108
109    not_accurate = timeit.timeit(initial, number = 10)
110    time01 = timeit.timeit(test01, number = 10)
111    time02 = timeit.timeit(test02, number = 10)
112
113    print(f'未被優化版　費時 {not_accurate} 秒')
114    print(f'純粹迴圈版　費時 {time01} 秒')
115    print(f'遞迴版　　　費時 {time02} 秒')
```

📥 輸出結果

```
未被優化版　費時 0.004349400000000003 秒
純粹迴圈版　費時 0.0011813999999999991 秒
遞迴版　　　費時 0.0012609999999999982 秒
```

🔓 說明

◆ 在本範例當中，同時將純粹迴圈版所對應的函數 merge_sort_among_records，和遞迴版所對應的函數 recursive_merge_sort_among_records，置入同一份程式碼裡。而與第 4 章之各範例不同的部分，僅有列 01，以及列 95 至列 115 的部分。

◆ 列 01 的語法，載入了模組 timeit，以便在列 109 至列 111 之間，提及其內部的函數「timeit.timeit」，進而計算特定自訂函數的執行時間。

◆ 因為函數 timeit.timeit 可支援直接傳入特定自訂函數的「名稱」，以便直接測試並計算該自訂函數的執行時間；所以，筆者在列 95 至列 107，分

別額外定義了 initial、test01 與 test02 等 3 個函數。其中：

- 在函數 initial 的定義中，提及了會執行 1 次代表純粹「迴圈」版之合併排序演算法所對應的函數 merge_sort_among_records。

- 在函數 test01 的定義中，清除並重新讀取所有資料錄之後，亦提及了會執行 1 次代表純粹「迴圈」版之合併排序演算法所對應的函數 merge_sort_among_records。

- 在函數 test02 的定義中，清除並重新讀取所有資料錄之後，提及了會執行 1 次代表「遞迴」版之合併排序演算法所對應的函數 recursive_merge_sort_among_records。

◆ 列 109 的語法，是將計算出並傳回「執行 10 次自訂函數 initial」所耗費的秒數，存放在變數 not_accurate 裡。

◆ 列 110 的語法，是將計算出並傳回「執行 10 次自訂函數 test01」所耗費的秒數，存放在變數 time01 裡。

◆ 列 111 的語法，是將計算出並傳回「執行 10 次自訂函數 test02」所耗費的秒數，存放在變數 time02 裡。

◆ 列 113 至列 115 的語法，分別顯示出個別執行 10 次特定自訂函數 initial、test01 與 test02，所耗費的秒數。其中：

- 可發現，函數 initial 中所提及的程式碼, 明明比較少，但是一開始執行「和函數 test01 或函數 test02」之類似的動作時，確實會耗費較久的時間！

- 可發現，類似的動作，已在函數 initial 中，被執行過了；所以，同質性很高的函數 test01 所耗費的時間，自動經過 Python 核心系統和作業系統的優化之後，明顯比較短！

- 可發現，提及了「遞迴」版本之合併排序演算法的函數 test02 所耗費的時間，竟然只比「迴圈」版本的，多出一點點時間而已，甚至有時候還比較短！

```
範例：ch05-02-xx-02.cpp
01    #include <iostream>
02    #include <fstream>
03    #include <vector>
04    #include <chrono>
05    #include <cmath>
06
07    using namespace std;
08
09    struct role_unit
10    {
11      unsigned int year;
12      string name;
13      string unique_skill;
14    };
15
16    #define RECORD_AMOUNT 11
17    #define PIECE_AMOUNT 3
18
19    struct role_unit* one_role;
20    vector < struct role_unit > roles;
21
22    string line, piece;
23    int i, j, start_index, end_index;
24
25    void read_records()
26    {
27      ifstream file("datafiles/cartoon-role-records.txt");
28
29      for (i = 0; i < RECORD_AMOUNT; i++)
30      {
31        getline(file, line);
32
33        start_index = end_index = 0;
34
35        one_role = new struct role_unit;
36
```

```
37        for (j = 0; j < PIECE_AMOUNT; j++)
38        {
39          end_index = line.find(", ", start_index);
40
41          piece = line.substr(start_index, end_index - start_index);
42
43          start_index = end_index + 2;
44
45          if (j == 0) one_role->year = stoi(piece);
46          else if (j == 1) one_role->name = piece;
47          else if (j == 2) one_role->unique_skill = piece;
48        }
49
50        roles.push_back(*one_role);
51    }
52  }
53
54  void display_records()
55  {
56    for (i = 0; i < RECORD_AMOUNT; i++)
57      cout << roles[i].year << "  " << roles[i].name << "  " <<
         roles[i].unique_skill << endl;
58  }
59
60  void merge_sort_among_records()
61  {
62    vector < struct role_unit > left_group, right_group, merged_group;
63    vector < vector < struct role_unit > > out_container;
64    vector < vector < struct role_unit > > in_container (RECORD_AMOUNT);
65
66    for (i = 0; i < RECORD_AMOUNT; i++)
67    {
68      in_container[i] = vector < struct role_unit > (1);
69      in_container[i][0] = roles[i];
70    }
71
72    while (true)
```

```
73          {
74              if (in_container.size() == 0 && out_container.size() == 1)
75              {
76                  roles.clear();
77                  roles = out_container[0];
78                  break;
79              }
80              else if (in_container.size() == 0)
81              {
82                  in_container.clear();
83                  in_container = out_container;
84                  out_container.clear();
85              }
86              else if (in_container.size() == 1)
87              {
88                  out_container.push_back(in_container[0]);
89                  in_container.erase(in_container.begin());
90              }
91              else if (in_container.size() > 1)
92              {
93                  left_group = in_container[0];
94                  in_container.erase(in_container.begin());
95
96                  right_group = in_container[0];
97                  in_container.erase(in_container.begin());
98
99                  merged_group.clear();
100
101                 while (left_group.size() > 0 && right_group.size() > 0)
102                 {
103                     if (left_group[0].year <= right_group[0].year)
104                     {
105                         merged_group.push_back(left_group[0]);
106                         left_group.erase(left_group.begin());
107                     }
108                     else
109                     {
```

```
110            merged_group.push_back(right_group[0]);
111            right_group.erase(right_group.begin());
112          }
113        }
114
115        merged_group.insert(merged_group.end(), left_group.begin(),
             left_group.end());
116        merged_group.insert(merged_group.end(), right_group.begin(),
             right_group.end());
117
118        out_container.push_back(merged_group);
119      }
120    }
121  }
122
123  void recursive_merge_sort_among_records(
      vector < vector < struct role_unit > > in_container,
      vector < vector < struct role_unit > > out_container)
124  {
125    vector < struct role_unit > left_group, right_group, merged_group;
126
127    if (in_container.size() == 0 && out_container.size() == 1)
128      roles = out_container[0];
129
130    else if (in_container.size() == 0)
131      recursive_merge_sort_among_records(out_container,
           vector < vector < struct role_unit > > {});
132
133    else if (in_container.size() == 1)
134    {
135      out_container.push_back(in_container[0]);
136      in_container.erase(in_container.begin());
137
138      recursive_merge_sort_among_records(in_container, out_container);
139    }
140    else if (in_container.size() > 1)
141    {
142      left_group = in_container[0];
```

```
143        in_container.erase(in_container.begin());
144
145        right_group = in_container[0];
146        in_container.erase(in_container.begin());
147
148        while (left_group.size() > 0 && right_group.size() > 0)
149        {
150          if (left_group[0].year <= right_group[0].year)
151          {
152            merged_group.push_back(left_group[0]);
153            left_group.erase(left_group.begin());
154          }
155          else
156          {
157            merged_group.push_back(right_group[0]);
158            right_group.erase(right_group.begin());
159          }
160        }
161
162        merged_group.insert(merged_group.end(), left_group.begin(),
             left_group.end());
163        merged_group.insert(merged_group.end(), right_group.begin(),
             right_group.end());
164
165        out_container.push_back(merged_group);
166
167        recursive_merge_sort_among_records(in_container, out_container);
168    }
169  }
170
171  void test01()
172  {
173    for (int count = 0; count < 10; count++)
174    {
175      roles.clear();
176      read_records();
177      merge_sort_among_records();
```

```
178      }
179    }
180
181    void test02()
182    {
183      for (int count = 0; count < 10; count++)
184      {
185        roles.clear();
186        read_records();
187
188        vector < vector < struct role_unit > > record_in_vectors (RECORD_AMOUNT);
189        vector < vector < struct role_unit > > record_out_vectors;
190
191        chrono::high_resolution_clock::time_point
             start02 = chrono::high_resolution_clock::now();
192
193        for (i = 0; i < RECORD_AMOUNT; i++)
194        {
195          record_in_vectors[i] = vector < struct role_unit > (1);
196          record_in_vectors[i][0] = roles[i];
197        }
198
199        recursive_merge_sort_among_records(record_in_vectors,
             record_out_vectors);
200      }
201    }
202
203    int main(void)
204    {
205      chrono::high_resolution_clock::time_point start01, start02,
           end01, end02;
206      double time01, time02;
207
208      test01();
209
210      start01 = chrono::high_resolution_clock::now();
211      test01();
```

```
212     end01 = chrono::high_resolution_clock::now();
213
214     start02 = chrono::high_resolution_clock::now();
215     test02();
216     end02 = chrono::high_resolution_clock::now();
217
218     time01 = chrono::duration_cast<chrono::nanoseconds>
         (end01 - start01).count() / pow(10, 9);
219     time02 =  chrono::duration_cast<chrono::nanoseconds>
         (end02 - start02).count() / pow(10, 9);
220
221     cout << "純粹迴圈版  費時 " << time01 << " 秒" << endl;
222     cout << "遞迴版      費時 " << time02 << " 秒" << endl;
223
        return 0;
    }
```

📥 輸出結果

```
未被優化版  費時 0.0009973 秒
純粹迴圈版  費時 0.0009972 秒
遞迴版      費時 0.0019948 秒
```

🔒 說明

◆ 在本範例當中，同時將純粹迴圈版所對應的函數 merge_sort_among_
   records，和遞迴版所對應的函數 recursive_merge_sort_among_records，
   置入同一份程式碼裡。而與第 4 章之各範例不同的部分，僅有列 04 與列
   05，以及列 171 至列 222 的部分。

◆ 列 04 的語法，載入了資源庫 chrono (chronometry)，以便支援在程式碼
   中，名稱空間「chrono::」開頭的所有相關語法。

◆ 列 05 的語法，載入了資源庫 cmath (c math)，以便支援在程式碼中，使用
   其內部的函數 pow。

◆ 在列 171 至列 201，分別額外定義了 test01 與 test02 等兩個函數。其中：

- 在函數 test01 的定義中，提及了會執行 10 次代表純粹「迴圈」版之合併排序演算法所對應的函數 merge_sort_among_records。

- 在函數 test02 的定義中，提及了會執行 10 次代表「遞迴」版之合併排序演算法所對應的函數 recursive_merge_sort_among_records。

◆ 列 205 的語法，定義了用來記錄起始與結束時間點的 start01、start02、start03、end01 與 end02 等 4 個變數。

◆ 列 206 的語法，定義了用來記錄結束與起始時間點之相差值的 time01 與 time02 等兩個變數。

◆ 列 208 的語法，執行函數 test01，以便讓作業系統能夠「優化」後續之同質性高的執行動作，例如：列 211 與列 215 的語法。

◆ 列 210 的語法，是用來記錄 start01 所代表的起始時間點。

◆ 列 212 的語法，是用來記錄 end01 所代表的結束時間點。

◆ 列 214 的語法，是用來記錄 start02 所代表的起始時間點。

◆ 列 216 的語法，是用來記錄 end02 所代表的結束時間點。

◆ 列 218 與列 219 的語法，是分別將計算出並傳回「執行 10 次自訂函數 test01」與「執行 10 次自訂函數 test02」所耗費的秒數，存放在變數 time01 與 time02 裡。其中：

  - 因為「chrono::nanoseconds」的關係，「end01 - start01」在此傳回的，是「奈」秒數！必須再除以 10^9 之後，才會得到秒數。

◆ 列 221 與列 222 的語法，分別顯示出個別執行 10 次特定自訂函數 test01 與 test02，個別耗費的秒數。其中：

  - 可發現，在「大多數」的執行當中，提及「遞迴」版本之合併排序演算法的函數 test02 所耗費的時間，會比「迴圈」版本的，多出一些時間！

練習題

1. 截至目前為止，你個人在撰寫程式碼時，最容易出錯的原因有哪些？你認為如何減少自己出錯的機率？

2. 在 Python 程式語言的語法中，是透過「**一致的縮排**」來決定哪些**連續**之列的程式碼，是屬於同一個群組的！請問，在 C++ 程式語言的語法中，究竟是透過「**什麼符號**」來決定**連續**之列的程式碼，是屬於同一個群組的？在什麼場合下，可以不加上那些**符號**？

3. 撰寫程式碼時，倘若程式碼整體看起來相當工整的話，勢必可大幅降低出錯機率。你個人認為，怎麼樣去撰寫程式碼，才能夠「相當」工整呢？

4. 有時發生一些意外，需要將程式碼恢復成為「舊版」程式碼。在不使用 GitHub 或 GitLab 的前提之下，為了讓舊版與新版的程式碼能夠共存，請說明你個人認為的良好對策！

5. 在本書當中，有許多函數的名稱，相當冗長，例如：binary_search_among_records、bubble_sort_among_records 與 recursive_merge_sort_among_records 等等。你個人覺得，為什麼各個函數會被命名得那麼冗長呢？那麼長的函數名稱，究竟有什麼好處？

6. 利用範例檔案 ch05-02-xx-01.py 中所提及的方式，請計算並顯示出在範例檔案 ch03-01-xx-01.py 中自訂函數 push 被執行 1 萬次所耗費的時間長度，在畫面上。重要提示：

    *   timeit.timeit(func01, number = 10000)

    *   timeit.timeit("func02('hello', 55)", number = 10000, globals = globals())

7. 利用範例檔案 ch05-02-xx-02.cpp 中所提及的方式，請計算並顯示出在範例檔案 ch03-01-xx-02.cpp 中自訂函數 push 被執行 1 萬次所耗費的時間長度，在畫面上。

8. 利用範例檔案 ch05-02-xx-01.py 中所提及的方式，請計算並顯示出在範例檔案 ch03-02-xx-01.py 中自訂函數 enqueue 被執行 5000 次所耗費的時間長度，在畫面上。重要提示：

- timeit.timeit(func01, number = 10000)

- timeit.timeit("func02('hello', 55)", number = 10000, globals = globals())

9. 利用範例檔案 ch05-02-xx-02.cpp 中所提及的方式，請計算並顯示出在範例檔案 ch03-02-xx-02.cpp 中自訂函數 enqueue 被執行 5000 次所耗費的時間長度，在畫面上。

10. 利用範例檔案 ch05-02-xx-01.py 中所提及的方式，請計算並顯示出在範例檔案 ch03-03-xx-01.py 中類別 Linked_List 裡的函數 insert 被執行 100 次所耗費的時間長度，在畫面上。重要提示：

- timeit.timeit(func01, number = 10000)

- timeit.timeit("func02('hello', 55)", number = 10000, globals = globals())

11. 利用範例檔案 ch05-02-xx-02.cpp 中所提及的方式，請計算並顯示出在範例檔案 ch03-03-xx-02.cpp 中類別 Linked_List 裡的函數 insert 被執行 100 次所耗費的時間長度，在畫面上。

12. 利用範例檔案 ch05-02-xx-01.py 中所提及的方式，請計算並顯示出在範例檔案 ch04-01-01-01.py 中自訂函數 linear_search_among_records 被執行 500 次所耗費的時間長度，在畫面上。重要提示：

- timeit.timeit(func01, number = 10000)

- timeit.timeit("func02('hello', 55)", number = 10000, globals = globals())

13. 利用範例檔案 ch05-02-xx-02.cpp 中所提及的方式，請計算並顯示出在範例檔案 ch04-01-01-02.cpp 中自訂函數 linear_search_among_records 被執行 500 次所耗費的時間長度，在畫面上。

14. 利用範例檔案 ch05-02-xx-01.py 中所提及的方式，請計算並顯示出在範例
　　檔案 ch04-01-02-01.py 中自訂函數 binary_search_among_records 被執行
　　500 次所耗費的時間長度，在畫面上。重要提示：

- timeit.timeit(func01, number = 10000)

- timeit.timeit("func02('hello', 55)", number = 10000, globals = globals())

15. 利用範例檔案 ch05-02-xx-02.cpp 中所提及的方式，請計算並顯示出在範
　　例檔案 ch04-01-02-02.cpp 中自訂函數 binary_search_among_records 被執
　　行 500 次所耗費的時間長度，在畫面上。

06
CHAPTER

APCS 相關考題
的實作與解析

本章學習重點

6.1 實作題的綜合演練 part 1

以下是「編碼」相關題目。

任何文字與數字在電腦中儲存時都是使用二元編碼，而所謂二元編碼也就是一段由 0 與 1 構成的序列。在本題中，A～F 這六個字元由一種特殊方式來編碼，在這種編碼方式中，這六個字元的編碼都是一個長度為 4 的二元序列，對照表如下：

字元	A	B	C	D	E	F
編號	0101	0111	0010	1101	1000	1100

請你寫一個程式從編碼辨識這六個字元。

📥 輸入格式

第一行是一個正整數 N，$1 \le N \le 4$，以下有 N 行，每行有 4 個 0 或 1 的數字，**數字間彼此以空白隔開**，每一行必定是上述六個字元其中之一的編碼。

📤 輸出格式

輸出編碼所代表的 N 個字元，字元之間不需要空白或換行間格。

範例一：輸入 1 0 1 0 1	範例二：輸入 1 0 0 1 0
範例一：正確輸出 A	範例二：正確輸出 C
範例三：輸入 2 1 0 0 0 1 1 0 0	範例四：輸入 4 1 1 0 1 1 0 0 0 0 1 1 1 1 1 0 1
範例三：正確輸出 EF	範例四：正確輸出 DEBD

評分說明

輸入包含若干筆測試資料，每一筆測試資料的執行時間限制均為 1 秒，依正確通過測資筆數給分。其中：

第 1 子題組 50 分：$N = 1$。

第 2 子題組 50 分：$N \leq 4$。

```
範例：ch06-01-xx-01.py
01  code_to_alphabet = {'0101': 'A', '0111': 'B', '0010': 'C', '1101': 'D',
     '1000': 'E', '1100': 'F'}
02
03  amount = eval(input(''))
04
05  current_code, result = '', ''
06
07  for i in range(amount):
08    current_code = input('').replace(' ', '')
09
10    result += code_to_alphabet[current_code]
11
12  print(result)
```

輸入資料	輸入資料	輸入資料	輸入資料
1 0 1 0 1	2 1 0 0 0 1 1 0 0	1 0 0 1 0	4 1 1 0 1 1 0 0 0 0 1 1 1 1 1 0 1
輸出結果	輸出結果	輸出結果	輸出結果
A	EF	C	DEBD

說明

◆ 列 01 的語法，善用了 Python 程式語言所支援的字典資料型態，定義了變數 code_to_alphabet，其初始資料為帶有編碼對應到大寫英文字母的字典常數。

◆ 列 03 的語法，將文字的「讀取」、「轉換成為數值」、「存放至變數 amount」的 3 個動作，濃縮成為單一列的程式碼。其中，變數 amount 中的數值，即是代表輸入之編碼到底有幾組的數量。

◆ 列 05 的語法，同時定義了變數 current_code 與 result，其初始資料皆為空字串。

◆ 列 07 的迴圈 for 語法，使得編碼的數量，成為了列 08 與列 10 的程式碼，會被執行次數的次數。

◆ 列 08 的語法，將後續被輸入而代表特定編碼的文字，移除掉其所有夾雜的空格 (space) 字元，最後存放至變數 current_code 裡。

◆ 列 10 的語法，將多組被輸入的編碼，轉換成為對應的大寫英文字母，並漸次銜接並存放至變數 result 裡。

```
範例：ch06-01-xx-02.cpp
01   #include <iostream>
02   #include <map>
03
04   using namespace std;
05
06   map<string, string> code_to_alphabet
07   {
08     {"0101", "A"}, {"0111", "B"}, {"0010", "C"},
09     {"1101", "D"}, {"1000", "E"}, {"1100", "F"}
10   };
11
12   map<string, string>::iterator it;
13
14   int amount, i, j;
15   string data, current_code, result;
16
17   int main(void)
18   {
19     cin >> amount;
```

```
20    cin.ignore();
21
22    for (i = 0; i < amount; i++)
23    {
24      getline(cin, data);
25
26      current_code = "";
27
28      for (j = 0; j < data.size() + 1; j++)
29        if (data[j] != ' ' && data[j] != '\0')
30          current_code += data[j];
31
32      it = code_to_alphabet.find(current_code);
33      result += it->second;
34    }
35
36    cout << result << endl;
37
38    return 0;
39  }
```

輸入資料	輸入資料	輸入資料	輸入資料
1 0 1 0 1	2 1 0 0 0 1 1 0 0	1 0 0 1 0	4 1 1 0 1 1 0 0 0 0 1 1 1 1 1 0 1
輸出結果	輸出結果	輸出結果	輸出結果
A	EF	C	DEBD

🔓 說明

◆ 列 02 的語法，載入了資源庫 map，以便支援運用資料型態 map 和副屬的資料型態 iterator，以及相關的函數。

◆ 列 06 至列 10 的語法，善用了 C++ 程式語言所支援的 map 資料型態，定義了變數 code_to_alphabet，其初始資料為帶有編碼與大寫英文字母之對應關係的 map 常數。

◆ 列 12 的語法，定義了可用來指向資料型態 map 之變數內部各個資料的迭代器變數 it。

◆ 列 14 的語法，定義了代表編碼的個數之變數 amount，以及迴圈之迭代用途的變數 i 與 j。

◆ 列 15 的語法，分別定義了變數 data、current_code 與 result。其中：

  ● 變數 data 是用來存放，在迴圈各個迭代中被讀取進來，並且夾雜空格字元與編碼的文字。

  ● 變數 current_code 是用來存放，在迴圈各個迭代中，被去除空格 (space) 字元之後的特定編碼字串。

  ● 變數 result 是用來存放，在迴圈各個迭代中，漸次被銜接起來的大寫英文字母。

◆ 列 19 的語法，將代表編碼之個數的整數值，讀取進來並存放至變數 amount 裡。

◆ 列 20 的語法，可避免畫面上額外顯示出多餘的換列。

◆ 列 22 的迴圈 for 語法，使得編碼的數量，成為了列 24 至列 33 的語法，會被執行的次數。

◆ 列 24 的語法，使得夾雜空格 (space) 字元的編碼文字，被存放至變數 data 裡。

◆ 列 26 的語法，將空字串，指定成為變數 current_code 的內含資料。

◆ 列 28 的迴圈 for 語法，使得編碼文字中的字元個數，成為了列 29 的語法，會被執行的次數。

◆ 列 29 的語法，是用來判斷，倘若目前被處理的字元，並不是空格字元或字串「結尾」字元的話，則向下執行列 30 的語法。

◆ 列 30 的語法，將所有並非空格字元和字串「結尾」字元的其他字元，漸次銜接並存放至變數 current_code 裡。

◆ 列 32 的語法，是用來將迭代器變數 it，指向到變數 current_code 所代表之特定編碼所在的那組資料。

◆ 列 33 的語法，是用來將特定編碼所對應的大寫英文字母，漸次銜接並存放至變數 result 裡。

6.2　實作題的綜合演練 part 2

以下是「奇數」相關題目。

如果一個正整數的每一位數都是奇數時，例如：7、19、1759977 等，我們稱這種數字為完全奇數。對於輸入的一正整數 N，如果 K 是最靠近 N 的完全奇數，請寫一程式找出 K 與 N 之間差距的絕對值，也就是說，請計算並輸出 $|K - N|$。

以 $N = 13256$ 為例，比 13256 大的最小完全奇數是 13311，比它小的最大完全奇數是 13199，因為 $|13311 - 13256| = 55 < |13256 - 13199| = 57$，因此輸出 55。

⬇ 輸入格式

一個正整數 N，$N < 10^{18}$。

⬆ 輸出格式

輸出 N 與其最近的完全奇數的差距。

範例一：輸入	範例二：輸入
135	13256
範例一：正確輸出	範例二：正確輸出
0	55
範例三：輸入	範例四：輸入
35001	1001
範例三：正確輸出	範例四：正確輸出
110	2

🔒 評分說明

輸入包含若十筆測試資料，每一筆測試資料的執行時間限制均為 1 秒，依正確通過測資筆數給分。其中：

第 1 子題組 20 分：$N < 100$。

第 2 子題組 30 分：$N < 10^6$。

第 3 子題組 50 分：$N < 10^{18}$。

範例：ch06-02-xx-01.py

```python
01   import re
02
03   even_index, min_difference = 0, 0
04   larger_nstr, smaller_nstr, smaller_nstr_right = '', '', ''
05
06   nstr = input()
07   found = re.search(r'[02468]', nstr)
08
09   if found == None: min_difference = 0
10   else:
11     even_index = found.start()
12
13     larger_nstr = nstr[:even_index] + str(eval(nstr[even_index]) + 1) +
       '1' * len(nstr[even_index + 1:])
14
15     smaller_nstr_right = '9' * len(nstr[even_index + 1:])
16
17     if nstr[even_index] != '0':
18       smaller_nstr = nstr[:even_index] + str(eval(nstr[even_index]) - 1) +
         smaller_nstr_right
19
20     else:
21       while True:
22         if even_index == 0:
23           smaller_nstr = smaller_nstr_right
```

```
24          break
25
26      elif even_index > 0:
27          smaller_nstr = nstr[:even_index - 1] +
                str(eval(nstr[even_index - 1]) - 1) + '9' + smaller_nstr_right
28
29      even_index = re.search(r'[02468]', smaller_nstr).start()
30
31      smaller_nstr_right = smaller_nstr[even_index + 1:]
32
33  min_difference = min(eval(larger_nstr) - eval(nstr),
        eval(nstr) - eval(smaller_nstr))
34
35  print(min_difference)
```

輸入資料	輸入資料	輸入資料	輸入資料
135	35001	13256	1001
輸出結果	輸出結果	輸出結果	輸出結果
0	110	55	2

🔓 說明

◆ 列 01 的語法，載入了正規表示式 (re, regular expression) 模組，以便在程式碼中，使用其內建的函數 search 與 start。在 Python 核心系統之較新的版本 (列如：3.8.1 版) 當中，可以省略這一列的語法。

◆ 列 03 的語法，分別定義了變數 even_index 與 min_difference，其初始資料皆為 0。其中：

- 變數 even_index 是用來存放，在被輸入的數值資料中，「從左至右」第 1 個「偶」數「數字」的索引位置。

- 變數 min_difference 是用來存放，「較高於輸入數值的完全奇數」和「較低於輸入數值之完全奇數」，分別減掉「輸入數值」之「差值」的「最小」值。

◆ 列 04 的語法，分別定義了變數 larger_nstr、smaller_nstr 與 smaller_nstr_right，其初始資料皆為空字串。其中：

- 變數 larger_nstr 是用來存放「較高於輸入數值之完全奇數」的字串。

- 變數 smaller_nstr 是用來存放「較低於輸入數值之完全奇數」的字串。

- 變數 smaller_nstr_right 是用來存放，以目前被處理的數字為基準，其「較低於輸入數值之完全奇數」的「右半段」字串。

◆ 列 06 的語法，將讀取進來的輸入數值，以字串的形式，存放在變數 nstr 裡。

◆ 列 07 的語法，嘗試在輸入數值的字串中，找尋「從左至右」第 1 個「偶」數「數字」的索引位置。

- 倘若找到的話，變數 found 會被存放內含「特定偶數**數字**所在之索引位置」相關資料的物件。

- 倘若並沒有找到的話，變數 found 會被存放特殊常數 None。

◆ 列 09 的語法，是用來判斷，倘若變數 found 的內含資料，係為 None 的話，則意謂著輸入數值本身，已經是一個完全奇數了，進而存放 0，至變數 min_difference 裡。

◆ 列 10 的語法，是用來判斷，倘若變數 found 的內含資料，並不是 None 的話，則向下執行列 11 的語法。

◆ 列 11 的語法，將「從左至右」第 1 個「偶」數「數字」的索引位置，存放至變數 even_index 裡。

◆ 列 13 的語法，將輸入數值的字串，以目前被處理的數字為基準，先行切割成為 3 個部分，並且進行個別的處理，以組合成為較「高」於輸入數值的完全奇數：

- 其第 1 個部分，係為其「左」側各個數字所組成的字串。

- 其第 2 個部分，係為將目前被處理的數字，「加」上 1 之後的新數字。

- 其第 3 個部分，係為以「其**右**側數字的個數，做為重複銜接**數字** 1 的
次數」之新字串。

◆ 列 15 的語法，先行存放了較「低」於輸入數值的完全奇數之右半段字
串。該右半段字串，係為以「其數字的個數，做為重複銜接**數字** 9 的次
數」的字串。

◆ 列 17 的語法，是用來判斷，倘若「從左至右」第 1 個「偶」數「數字」
並不是 0 的話，則向下執行列 18 的語法。

◆ 列 18 的語法，將輸入數值的字串，以目前被處理的數字為基準，先行切
割成為 3 個部分，並且進行個別的處理，以組合成為較「低」於輸入數
值的完全奇數：

- 其第 1 個部分，係為其「左」側各個數字所組成的字串。

- 其第 2 個部分，係為將目前被處理的數字，「減」掉 1 之後的新數字。

- 其第 3 個部分，係為被存放於變數 smaller_nstr_right 中「其右側數字
的個數，做為重複銜接**數字** 9 的次數」之新字串。

◆ 列 20 的語法，是用來判斷，倘若「從左至右」第 1 個「偶」數「數字」
係為 0 的話，則向下執行列 21 的語法。

◆ 列 21 的語法，使得該迴圈 while 的迭代次數，被暫訂為無數次。

◆ 列 22 的語法，是用來判斷，倘若「從左至右」第 1 個「偶」數「數字」
的索引位置，係為索引值 0，而是在目前整個皆為數字所構成的字串中，
其第 1 個字元的話，就意謂著「減」掉 1 所產生的連帶「借位」處理已
經全數完畢，進而向下執行列 23 的語法。

◆ 列 23 的語法，將變數 smaller_nstr_right 中「借位處理已經全數完畢之副
屬字串」並銜接「皆為數字 9 所構成的另一副屬字串」的字串，存放至
變數 smaller_nstr。在此，變數 smaller_nstr 的內含資料，會是較「低」於
輸入數值之完全奇數的字串。

◆ 列 24 的語法，終止了前述無窮迴圈 while 的迭代，意謂著本程式碼的任務已達成。

◆ 列 26 的語法，是用來判斷，倘若「從左至右」第 1 個「偶」數「數字」的索引位置，並不是索引值 0，也就是在目前整個皆為數字所構成的字串中，其第 1 個字元「右側」之其他位置的話，則向下執行列 27 的語法。

◆ 列 27 的語法，將輸入數值的字串，以目前被處理的數字為基準，先行切割成為「4」個部分，並且進行個別的處理，以組合成為「尚未處理完畢」之較「低」於輸入數值的完全奇數：

● 其第 1 個部分，係為「扣除最靠近目前被處理之數字 0 的左側數字之後，其餘「左」側各個數字所組成的字串。

● 其第 2 個部分，係為最靠近目前被處理之數字 0 的左側數字，因為「借位」而被「減」掉 1 之後的新數字。

● 其第 3 個部分，係為將目前被處理的數字 0，本身因為被「減」掉 1 之後，變成了數字 9。

● 其第 4 個部分，係為被存放於變數 smaller_nstr_right 中「其右側數字的個數，做為重複銜接數字 9 的次數」之新字串。

◆ 列 29 的語法，嘗試在「尚未處理完畢」之較「低」於輸入數值的字串中，重複找尋「從左至右」第 1 個「偶」數「數字」的索引位置，並記錄於變數 even_index 中。

◆ 列 31 的語法，以目前被處理的數字為基準，重新切割了「尚未處理完畢」之較「低」於輸入數值的字串之「右」半段，並存放至變數 smaller_nstr_right 裡。

◆ 列 33 的語法，將「較高於輸入數值的完全奇數」和「較低於輸入數值之完全奇數」，分別減掉「輸入數值」之「差值」的「最小」值，存放至變數 min_difference 裡。

範例：ch06-02-xx-02.cpp

```cpp
01  #include <iostream>
02  #include <regex>
03
04  using namespace std;
05
06  int even_index = 0, min_difference;
07  string larger_nstr, smaller_nstr, smaller_nstr_right, nstr;
08  smatch matching;
09  bool found;
10
11  int main(void)
12  {
13    getline(cin, nstr);
14    found = regex_search(nstr, matching, (regex) "[02468]");
15
16    if (found == 0) min_difference = 0;
17    else
18    {
19      even_index = matching.position(0);
20
21      larger_nstr = nstr.substr(0, even_index) +
        to_string(stoi(nstr.substr(even_index, 1)) + 1) +
          string(nstr.size() - even_index - 1, '1');
22
23      smaller_nstr_right = string(nstr.size()- even_index - 1, '9');
24
25      if (nstr[even_index] != '0')
26        smaller_nstr = nstr.substr(0, even_index) +
          to_string(stoi(nstr.substr(even_index, 1)) - 1) +
            smaller_nstr_right;
27
28      else
29        while (true)
30        {
31          if (even_index == 0)
32          {
```

```
33            smaller_nstr = smaller_nstr_right;
34            break;
35        }
36        else if (even_index > 0)
37        {
38            smaller_nstr = nstr.substr(0, even_index - 1) +
              to_string(stoi(nstr.substr(even_index - 1, 1)) - 1) + '9' +
              smaller_nstr_right;
39        }
40
41        regex_search(smaller_nstr, matching, (regex) "[02468]");
42        even_index = matching.position(0);
43
44        smaller_nstr_right = smaller_nstr.substr(even_index + 1);
45      }
46
47      min_difference = min(stoi(larger_nstr) - stoi(nstr), stoi(nstr)
          - stoi(smaller_nstr));
48    }
49
50    cout << min_difference << endl;
51
52    return 0;
53  }
```

輸入資料	輸入資料	輸入資料	輸入資料
135	35001	13256	1001
輸出結果	輸出結果	輸出結果	輸出結果
0	110	55	2

🔓 說明

◆ 列 02 的語法，載入了資源庫 regex，以便支援運用正規表示式 (regex, regular expression) 相關的函數。

◆ 列 06 的語法，分別定義了變數 even_index 與 min_difference。其中：

- 變數 even_index 是用來存放，在被輸入的數值資料中，「從左至右」第 1 個「偶」數「數字」的索引位置。

- 變數 min_difference 是用來存放，「較高於輸入數值的完全奇數」和「較低於輸入數值之完全奇數」，分別減掉「輸入數值」之「差值」的「最小」值。

◆ 列 07 的語法，分別定義了變數 larger_nstr、smaller_nstr、smaller_nstr_right 與 nstr，其初始資料皆為空字串。其中：

- 變數 larger_nstr 是用來存放「較高於輸入數值之完全奇數」的字串。

- 變數 smaller_nstr 是用來存放「較低於輸入數值之完全奇數」的字串。

- 變數 smaller_nstr_right 是用來存放，以目前被處理的數字為基準，其「較低於輸入數值之完全奇數」的「右半段」字串。

- 變數 nstr 是用來存放，代表輸入數值的字串。

◆ 列 08 的語法，定義了資料型態為 smatch 的變數 matching，以便後續被用來存放「帶有從左至右第 1 個偶數數字」的索引位置。

◆ 列 09 的語法，定義了變數 found，以用來記錄「代表有無找尋到偶數數字的索引位置」之 1 或者 0。

◆ 列 13 的語法，將被讀取進來之輸入數值的字串，存放在變數 nstr 裡。

◆ 列 14 的語法，首先在輸入數值的字串中，嘗試找尋各個偶數數字，並記錄在變數 matching 裡。然後再將「代表有無找尋到偶數數字的索引位置」的 1 或者 0，存放至變數 found 裡。

◆ 列 16 的語法，是用來判斷，倘若變數 found 的內含資料，係為 0 的話，則意謂著輸入數值本身，已經是一個完全奇數了，進而存放 0，至變數 min_difference 裡。

◆ 列 17 的語法，是用來判斷，倘若變數 found 的內含資料，並不是 0 的話，則向下執行列 19 的語法。

◆ 列 19 的語法,將「從左至右」第 1 個「偶」數「數字」的索引位置,存放至變數 even_index 裡。

◆ 列 21 的語法,將輸入數值的字串,以目前被處理的數字為基準,先行切割成為 3 個部分,並且進行個別的處理,以組合成為較「高」於輸入數值的完全奇數:

  ● 其第 1 個部分,係為其「左」側各個數字所組成的字串。

  ● 其第 2 個部分,係為將目前被處理的數字,「加」上 1 之後的新數字。

  ● 其第 3 個部分,係為以「其右側數字的個數,做為重複銜接**數字** 1 的次數」之新字串。

◆ 列 23 的語法,先行存放了較「低」於輸入數值的完全奇數之右半段字串。該右半段字串,係為以「其數字的個數,做為重複銜接**數字** 9 的次數」的字串。

◆ 列 25 的語法,是用來判斷,倘若「從左至右」第 1 個「偶」數「數字」並不是 0 的話,則向下執行列 26 的語法。

◆ 列 26 的語法,將輸入數值的字串,以目前被處理的數字為基準,先行切割成為 3 個部分,並且進行個別的處理,以組合成為較「低」於輸入數值的完全奇數:

  ● 其第 1 個部分,係為其「左」側各個數字所組成的字串。

  ● 其第 2 個部分,係為將目前被處理的數字,「減」掉 1 之後的新數字。

  ● 其第 3 個部分,係為被存放於變數 smaller_nstr_right 中「其右側數字的個數,做為重複銜接**數字** 9 的次數」之新字串。

◆ 列 28 的語法,是用來判斷,倘若「從左至右」第 1 個「偶」數「數字」係為 0 的話,則向下執行列 29 的語法。

◆ 列 29 的語法,使得該迴圈 while 的迭代次數,被暫訂為無數次。

◆ 列 31 的語法,是用來判斷,倘若「從左至右」第 1 個「偶」數「數字」

的索引位置，係為索引值 0，也就是在目前整個皆為數字所構成的字串中，其第 1 個字元的話，就意謂著「減」掉 1 所產生的連帶「借位」處理已經全數完畢，進而向下執行列 33 的語法。

◆ 列 33 的語法，將變數 smaller_nstr_right 中「借位處理已經全數完畢之副屬字串」並銜接「皆為數字 9 所構成的另一副屬字串」的字串，存放至變數 smaller_nstr。在此，變數 smaller_nstr 的內含資料，會是較「低」於輸入數值之完全奇數的字串。

◆ 列 34 的語法，終止了前述無窮迴圈 while 的後續迭代，意謂著本程式碼的任務已達成。

◆ 列 36 的語法，是用來判斷，倘若「從左至右」第 1 個「偶」數「數字」的索引位置，並不是索引值 0，而是在目前整個皆為數字所構成的字串中，其第 1 個字元「右側」之其他位置的話，則向下執行列 38 的語法。

◆ 列 38 的語法，將輸入數值的字串，以目前被處理的數字為基準，先行切割成為「4」個部分，並且進行個別的處理，以組合成為「尚未處理完畢」之較「低」於輸入數值的完全奇數：

  ● 其第 1 個部分，係為扣除最靠近目前被處理之數字 0 的左側數字之後，其餘「左」側各個數字所組成的字串。

  ● 其第 2 個部分，係為最靠近目前被處理之數字 0 的左側數字，因為「借位」而被「減」掉 1 之後的新數字。

  ● 其第 3 個部分，係為將目前被處理的數字 0，本身因為被「減」掉 1 之後，變成了數字 9。

  ● 其第 4 個部分，係為被存放於變數 smaller_nstr_right 中「其右側數字的個數，做為重複銜接**數字 9** 的次數」之新字串。

◆ 列 41 與列 42 的語法，前後嘗試在「尚未處理完畢」之較「低」於輸入數值的字串中，重複找尋「從左至右」第 1 個「偶」數「數字」的索引位置，並記錄於變數 even_index 中。

- 列 44 的語法，以目前被處理的數字為基準，重新切割了「尚未處理完畢」之較「低」於輸入數值的字串之「右」半段，並存放至變數 smaller_nstr_right 裡。

- 列 47 的語法，將「較高於輸入數值的完全奇數」和「較低於輸入數值之完全奇數」，分別減掉「輸入數值」之「差值」的「最小」值，存放至變數 min_difference 裡。

6.3 實作題的綜合演練 part 3

以下是「排程」相關題目。

有 M 個工作要在 N 台機器上加工，每個工作 i 包含若干個工序 O_{ij}，這些工序必須依序加工，也就是前一道工序 $O_{i(j-1)}$ 完成後才可以開始下一道工序 O_{ij}。每一道工序 O_{ij} 可以用一個有序對 (k_{ij}, t_{ij}) 來表示它需要在機器 k_{ij} 上面花費 t_{ij} 小時來完成。**每台機器一次只能處理一道工序。**

所謂一道工序 O_{ij} 的「最早完成時間 c_{ij}^{*}」是指考慮目前排程中機器 k_{ij} 之可用性以及前一道工序 $O_{i(j-1)}$ (如果該工序存在) 之完成時間後可得的最早完成時間。工廠經理安排所有工序的排程規則如下：

針對每一個工作的第一個尚未排程的工序，計算出此工序的「最早完成時間」，然後挑選出最早完成時間最小的工序納入排程，如果有多個最早完成時間都是最小，則挑選其中工作編號最小之工序。一個工序一旦納入排程就不會再更改，重複以上步驟直到所有工序皆納入排程。

我們總是從時間 0 開始排程，每個工作的完成時間為其最後一個工序的完成時間，本題的目標是計算出每個工作的完成時間並輸出其總和。

以下以一個例子來說明，在此例中，有三個工作要在三台機器上排程，各工作的資料如下。

	工序	說明
工作 1	$O_{11} = (2, 4)$ $O_{12} = (1, 1)$	此工作有兩道工序，第一道需要在機器 2 執行 4 小時，第二道需要在機器 1 執行 1 小時。
工作 2	$O_{21} = (0, 2)$ $O_{22} = (2, 2)$ $O_{23} = (0, 1)$	有三道工序，第一道需要在機器 0 執行 2 小時，餘類推。
工作 3	$O_{31} = (0, 7)$	有一道工序需要在機器 0 執行 7 小時。

排程的過程說明如下：

1. 在開始時，每個工作都是考慮第一道工序，三個工作第 1 道工序需要的時間分別是 $t_{11} = 4$、$t_{21} = 2$、$t_{31} = 7$，這也是它們的最早完成時間，也就是 $c_{11}^* = 4$、$c_{21}^* = 2$、$c_{31}^* = 7$，因此會先排 O_{21}。

2. 接下來，三個工作要考慮的工序分別是第 1、2、1 個工序，即 O_{11}、O_{22} 和 O_{31}。

1) O_{11} 需要機器 2 執行 4 小時，而機器 2 可以開始加工的時間點是 0；O_{11} 沒有前一道工序。因此，這工序可以開始的時間是 $\max(0, 0) = 0$。是故，其最早完成時間 $c_{11}^* = \max(0, 0) + 4 = 4$。

2) O_{22} 需要機器 2 執行 2 小時，而機器 2 可以開始加工的時間點是 0；O_{22} 前一道工序 O_{21} 的完成時間是 2。因此，這工序可以開始的時間是 $\max(0, 2) = 2$。是故，其最早完成時間 $c_{22}^* = \max(0, 2) + 2 = 4$。

3) O_{31} 需要機器 0 執行 7 小時，而機器 0 可以開始加工的時間點是 2；O_{31} 沒有前一道工序。因此，這工序可以開始的時間是 $\max(2, 0) = 2$。是故，其最早完成時間 $c_{31}^* = \max(2, 0) + 7 = 9$。

因此，由於 c_{11}^* 和 c_{22}^* 都是最小，根據規則，工作編號小的先排，所以會排 O_{11}。

3. 三個工作目前要考慮的工序分別第 2、2、1 個工序。依照類似的推論，我們可以得到 $c_{12}^* = 5$，$c_{22}^* = 6$，$c_{31}^* = 9$，因此排 O_{12}。工作 1 的工序均已排完，所以它的完成時間是 5。

4. 剩下工作 2 與 3。$c_{22}^* = 6$，$c_{31}^* = 9$，因此先排 O_{22}。

5. $c_{23}^* = 7$ 而 $c_{31}^* = 9$，因此排 O_{23}，工作 2 的工序已排完，所以它的完成時間是 7。

6. 剩下工作 3，因為機器 0 的下一個可以開始時間是 7，O_{31} 的完成時間是 7 + 7 = 14。

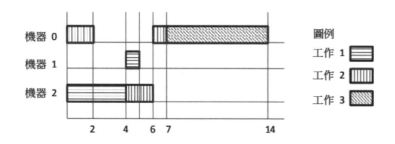

三個工作的完成時間分別是 5、7、14，所以最後輸出答案 5 + 7 + 14 = 26。

📥 輸入格式

第一行有兩個整數 N 與 M，代表 N 台機器與 M 個工作，接下來有 M 個工作的資訊，輸入的順序即是工作編號順序。每個工作資訊包含兩行，第一

行是整數 P，代表到工序數量；第二行是 2P 個整數，每兩個一組依序代表一道工序的機器編號與需求時間。

機器的編號由 0 開始。參數 N、M、P 以及每個工序的需求時間都是不超過 100 的正整數。

⬆ 輸出格式

輸出每個工作的完成時間的總和。

範例一：輸入	範例二：輸入
3 3	2 3
2	1
2 4 1 1	0 4
3	1
0 2 2 2 0 1	1 5
1	1
0 7	1 3
範例一：正確輸出	範例二：正確輸出
26	15

🔒 評分說明

輸入包含若干筆測試資料，每一筆測試資料的執行時間限制均為 1 秒，依正確通過測資筆數給分。其中：

第 1 子題組 20 分：只有一台機器，各工作只有一道工序。

第 2 子題組 30 分：各工作只有一道工序。

第 3 子題組 50 分：無其他限制。

```
範例：ch06-03-xx-01.py
01   data = input().split()
02
03   machine_count, task_count = [eval(ref) for ref in data]
04   process_count = 0
05
```

```
06    machine_times = [0 for i in range(task_count)]
07    task_times = [0 for i in range(task_count)]
08
09    task_list = []
10    candidates = []
11    temp = []
12    current_min_process = []
13
14    process_finished_time = 0
15
16    for i in range(task_count):
17      process_count = eval(input())
18
19      data = [eval(ref) for ref in input().split()]
20
21      task_list.append([])
22
23      for j in range(process_count):
24        task_list[i].append([i, data.pop(0), data.pop(0)])
25
26    while True:
27      # print(f'目前  工作串列 = {task_list}')
28      candidates.clear()
29
30      for i in range(task_count):
31        temp.clear()
32
33        if len(task_list[i]) > 0:
34          temp = [task_list[i][0][0], task_list[i][0][1]]
35
36          process_finished_time = max(machine_times[task_list[i][0][1]],
              task_times[i]) + task_list[i][0][2]
37
38          temp.append(process_finished_time)
39
40          candidates.append(temp[:])
41
```

```
42     if len(candidates) == 0: break

43

44     current_min_process = min(candidates, key = lambda x: x[2])

45

46     task_list[current_min_process[0]].pop(0)

47

48     # print(f'  在  候選工序 = {candidates} 中：')

       # print(f'       優先工序 = {current_min_process}，代表著 工作
49       {current_min_process[0]} 在 機器{current_min_process[1]} 需運作到
         {current_min_process[2]} 小時 的時間點。')

50

51     machine_times[current_min_process[1]] = current_min_process[2]

52     task_times[current_min_process[0]] = current_min_process[2]

53

       # print(f'        目前  各個機器  的時程 = {machine_times} ;
54       目前  各個工作  的時程 = {task_times}\n')

55

56  print(sum(task_times))
```

輸入資料	輸入資料
3 3 2 2 4 1 1 3 0 2 2 2 0 1 1 0 7	2 3 1 0 4 1 1 5 1 1 3
輸出結果	輸出結果
26	15

🔓 說明

◆ 列 01 的語法，分割了被讀取進來之帶有兩組數字的字串，成為了內含各
  組數字的字串之新串列，並存放至變數 data 裡。

◆ 列 03 的語法，將變數 data 裡的各個字串，轉換成為數值，並分別存放至
  變數 machine_count 與 task_count 裡。其中：

- 變數 machine_count 所內含的整數值，代表著排程「機器」的數量。

- 變數 task_count 所內含的整數值，則是代表著目前「工作」的數量。

◆ 列 04 的語法，定義了變數 process_count，以便用來記錄每次被輸入之「工序」的數量。

◆ 列 06 的語法，根據了排程機器的數量，決定了在變數 machine_times 中的新串列裡，總共有多少個「記錄著各個排程機器之目前持續時程」的資料個數。

◆ 列 07 的語法，根據了目前工作的數量，決定了在變數 task_times 中的新串列裡，總共有多少個「記錄著各個工作之進展時程」的資料個數。

◆ 列 09 的語法，定義了變數 task_list，以用來存放各個工作之目前剩餘的各工序相關資料。

◆ 列 10 的語法，定義了變數 candidates，以用來存放各個工作之目前第 1 個工序相關資料。

◆ 列 11 的語法，定義了變數 temp，以用來存放「各個工作之目前第 1 個工序，個別被加上推移的時間之後」的工序相關資料。

◆ 列 12 的語法，定義了變數 current_min_process，以用來存放目前「所需時間最小，而且所在之工作的編號較小」的工序相關資料。

◆ 列 14 的語法，定義了變數 process_finished_time，以用來記錄著目前工序的完成時間。

◆ 列 16 的語法，使得變數 task_count 所內含的整數值，成為了這個第 1 層迴圈 for 的迭代次數。

◆ 列 17 的語法，將每次被讀取進來的工序數量，轉換成為整數值之後，存放至變數 process_count 裡。

◆ 列 19 的語法，將每次被讀取進來的字串中各個工序相關「數字」，轉換成為整數值之後，全數存放在變數 data 所內含的串列裡。

- 列 21 的語法，在變數 task_list 所內含的**第 1 維度**之空串列中，新增了第 2 維度之空串列。

- 列 23 的語法，使得變數 process_count 目前所內含之整數值的兩倍，成為了這個**第 2 層**迴圈 for 的迭代次數。

- 列 24 的語法，使得在變數 task_list 已經內含之第 2 維度的空串列裡，漸次被放入代表各個工序相關資料之**第 3 維度**的新串列。

- 列 26 的語法，使得這個**第 1 層**迴圈 while 的迭代次數，暫訂為無窮次。

- 列 28 的語法，使得在第 1 層迴圈 while 的每次迭代中，皆會在此清除變數 candidates 所內含之各個工作目前**第 1 個**工序相關資料。

- 列 30 的語法，使得變數 task_count 所內含的整數值，成為了這個第 2 層迴圈 for 的迭代次數。

- 列 31 的語法，使得在第 2 層迴圈 for 的每次迭代中，皆會在此清除變數 temp 所內含之「各個工作目前**第 1 個**工序，個別被加上推移的時間之後」的工序相關資料。

- 列 33 的語法，是用來判斷，倘若在目前特定工作中，仍然存在至少 1 個工序的話，則會向下執行第 34 列的語法。

- 列 34 的語法，將目前被處理之特定工序所在的工作之**索引編號**與機器之**索引編號**，記錄在變數 temp 裡。

- 列 36 的語法，傳回了「特定**機器目前的持續時程**」與「特定工作目前的**進展時程**」的最小值，加上目前被處理之工序的所需時間，以決定目前被處理的工序，被預計**完成的時間點**，並且記錄在變數 process_finished_time 裡。

- 列 38 的語法，將變數 process_finished_time 裡的**時間點**，新增至變數 temp 目前的工序相關資料裡。

- 列 40 的語法，將變數 temp 目前之工序相關資料的複本，新增至變數 candidates 目前所內含之各個**工作目前第 1 個**工序相關資料裡。

◆ 列 42 的語法，是用來判斷，倘若變數 candidates 中，已經不存在任何工序的話，則在此終止第 1 層無窮迴圈 while 的後續迭代，意謂著本程式碼的任務已達成。

◆ 列 44 的語法，以各個工序的**完成時間**為基準，在變數 candidates 中，判斷並取出「其完成時間**最早**」的工序相關資料，然後存放在變數 current_min_process 裡。其中：

- 「key = lambda x: x[2]」的片段語法，是用來設置判斷出**最小值**的準則，係為比較「代表特定工序之串列中的第 3 個資料 (索引值為 2)，也就是代表特定工序的**完成時間**」之先後。

  ▶ 「lambda x: x[2]」在 Python 程式語言中，等同於是一個**匿名函數**。

- 比較之後，「min(candidates, key = lambda x: x[2])」片段語法會傳回帶有「其完成時間**最早**的工序相關資料」之新串列。

◆ 列 46 的語法，正式地將其完成時間**最早**的工序之相關資料，從該工序所在的**工作**裡，移除掉。其中：

- 「current_min_process[0]」是為了取出該新串列中第 1 個資料 (索引值 0)，也就是「其完成時間**最早**之工序所在的**工作**」的索引編號。

- 該**索引編號**，代表著目前完成時間最早的工序，究竟隸屬於哪一個**工作**裡。

◆ 列 51 與列 52 的語法，是分別將目前特定工序的完成「時間點」，更新成為特定「機器」之**持續**時間與特定「工作」之**進展**時間。

◆ 列 56 的語法，將所有工作之**最終完成**的時間點，加總成為輸出結果。

　　本範例在運作上，相當複雜！這樣子模擬系統排程的考題，比較貼近於「系統」程式的研究！對於不是考博士班的高中職學生們來說，實在是太難了...。若你覺得過於複雜而難以理解的話，可取消列 27、列 48、列 49 與列 54 的**註解**，並加以儲存之後，再執行本範例的程式碼！接著就會看到大幅有助於你理解的相關訊息，顯示在畫面上。

```
範例：ch06-03-xx-02.cpp
01    #include <iostream>
02    #include <vector>
03    #include <numeric>
04    #include <regex>
05
06    using namespace std;
07
08    int main(void)
09    {
10        string data;
11        getline(cin, data);
12
13        smatch matching;
14        string regex_str = "(.*)(.*)";
15        regex_search(data, matching, (regex) regex_str);
16
17        int machine_count = stoi(matching[1]);
18        int task_count = stoi(matching[2]);
19        int process_count;
20
21        vector <int> machine_times (machine_count);
22        vector <int> task_times (task_count);
23
24        vector < vector < vector <int> > > task_list;
25        vector < vector <int> > candidates;
26        vector <int> temp;
27        vector <int> current_min_process;
28
29        int candidates_process_index;
30        int process_finished_time;
31        int i, j;
32
33        for (i = 0; i < task_count; i++)
34        {
35            cin >> process_count;
36            cin.ignore();
```

```
37
38      getline(cin, data);
39
40      regex_str = "";
41
42      for (j = 0; j < process_count * 2 - 1; j++) regex_str += "(.*) ";
43
44      regex_str += "(.*)";
45
46      regex_search(data, matching, (regex) regex_str);
47
48      task_list.push_back(vector < vector <int> > {});
49
50      for (j = 1; j < process_count * 2; j += 2)
51        task_list[i].push_back(vector <int> {i, stoi(matching[j]),
            stoi(matching[j + 1])});
52    }
53
54    while (true)
55    {
56      candidates.clear();
57
58      for (int i = 0; i < task_count; i++)
59      {
60        temp.clear();
61
62        if (task_list[i].size() > 0)
63        {
64          temp.push_back(task_list[i][0][0]);
65          temp.push_back(task_list[i][0][1]);
66
67          process_finished_time = max(machine_times[task_list[i][0][1]],
            task_times[i]) + task_list[i][0][2];
68
69          temp.push_back(process_finished_time);
70
71          candidates.push_back(temp);
```

```
72          }
73        }
74
75        if (candidates.size() == 0) break;
76
77        candidates_process_index = 0;
78
79        for (int j = 1; j < candidates.size(); j++)
80        {
81          if (candidates[j][2] < candidates[candidates_process_index][2])
82            candidates_process_index = j;
83
84          else if (candidates[j][2] == candidates[candidates_process_index][2]
             && candidates[j][1] < candidates[candidates_process_index][1])
85            candidates_process_index = j;
86        }
87
88        current_min_process = candidates[candidates_process_index];
89
90        task_list[current_min_process[0]].erase(
           task_list[current_min_process[0]].begin());
91
92        machine_times[current_min_process[1]] = current_min_process[2];
93        task_times[current_min_process[0]] = current_min_process[2];
94      }
95
96      cout << accumulate(task_times.begin(), task_times.end(), 0) << endl;
97
98      return 0;
99    }
```

輸入資料	輸入資料
3 3 2 2 4 1 1 3 0 2 2 2 0 1 1 0 7	2 3 1 0 4 1 1 5 1 1 3

輸出結果	輸出結果
20	15

🔒 說明

- 列 03 的語法，載入了資源庫 numeric，以便支援用於加總的相關函數。

- 列 04 的語法，載入了資源庫 regex，以便支援運用正規表示式 (regex, regular expression) 相關的函數。

- 列 10 的語法，定義了變數 data。

- 列 11 的語法，首先將被輸入的第一列文字，存放在變數 data 裡。

- 列 13 的語法，定義了資料型態為 smatch 的變數 matching，以便後續被用來存放代表特定工序相關資料之各個整數值所對應的字串。

- 列 14 的語法，定義了變數 regex_str，其初始資料為用於比對用途的正規表示式字串。其中：

  - 「.」意謂著「換列」以外的任何字元。

  - 「*」意謂著可以是沒有任何字元、1 個或多個連續字元。

  - 「(.*)(.*)」即意謂著：

    ▸ 需要比對出並傳回符合的「兩組」連續文字。

    ▸ 在被輸入的兩組「連續文字」之間，必須隔著 1 個**空格**字元，否則會出現錯誤訊息。

- 列 15 的語法，首先在帶有「以**空格**字元隔開」之各組數字的字串中，嘗試找尋各組**數字**，並記錄在變數 matching 裡。

- 列 17 的語法，將「在變數 matching 中索引值為 1」所對應之代表著排程**機器**數量的那一組**數字**，轉換成為可供運算的整數值，並存放至變數 machine_count 裡。

- 列 18 的語法，將「在變數 matching 中索引值為 2」所對應之代表著目

前工作數量的那一組**數字**，轉換成為可供運算的整數值，並存放至變數 task_count 裡。

◆ 列 19 的語法，定義了變數 process_count，以便用來記錄每次被輸入之「工序」的數量。

◆ 列 21 的語法，定義了整數向量變數 machine_times，其一開始可容納的資料個數，係為變數 machine_count 所代表之排程**機器**的數量。其中，變數 machine_times 中的各個資料，是用來**記錄**著各個排程機器之目前的**持續時程**。

◆ 列 22 的語法，定義了整數向量變數 task_times，其一開始可容納的資料個數，係為變數 task_count 所代表之目前工作的數量。其中，變數 task_times 中的各個資料，是用來記錄著各個工作的**進展時程**。

◆ 列 24 的語法，定義了具有 3 個維度之整數向量變數 task_list，以用來存放各個工作之目前剩餘的各工序相關資料。

◆ 列 25 的語法，定義了整數向量變數 candidates，以用來存放各個工作之目前**第 1 個**工序相關資料。

◆ 列 26 的語法，定義了變數 temp，以用來存放「各個工作之目前**第 1 個**工序，個別被加上推移的時間之後」的工序相關資料。

◆ 列 27 的語法，定義了變數 current_min_process，以用來存放目前「所需時間最小，而且所在之**工作的編號較小**」的工序相關資料。

◆ 列 29 的語法，定義了變數 candidates_process_index，以用來存放目前「被比較其完成時間點較早之工序，位於變數 candidates 中」的索引位置。

◆ 列 30 的語法，定義了變數 process_finished_time，以用來記錄著目前工序的完成時間。

◆ 列 31 的語法，定義了用於迴圈之迭代用途的變數 i 與 j。

◆ 列 33 的語法，使得變數 task_count 所內含的整數值，成為了這個**第 1 層**迴圈 for 的迭代次數。

◆ 列 35 的語法，將每次被讀取進來的工序數量，存放至變數 process_count 裡。

◆ 列 36 的語法，可避免畫面上額外顯示出多餘的換列。

◆ 列 38 的語法，將每次被讀取進來的字串中各個工序相關「數字」，全數存放在變數 data 所內含的向量裡。

◆ 列 40 的語法，清空了變數 regex_str 所內含的正規表示式字串。

◆ 列 42 的語法，使得變數 process_count 所內含之「整數值的**兩倍**」再減掉 1，成為了這個**第 2 層迴圈 for** 的迭代次數，並且在每次迭代時，新增副屬字串 "(.*)" 在變數 regex_str 所內含的字串尾端。

  ● 請特別留意，在此的副屬字串之尾端，存在 1 個空格字元。

◆ 列 44 的語法，使得變數 regex_str 所內含的字串尾端，最後再補上副屬字串 "(.*)"。

  ● 請特別留意，在此的副屬字串之尾端，並不存在任何空格字元。

◆ 列 46 的語法，首先在變數 data 所內含的字串中，嘗試找尋各組文字，並記錄在變數 matching 裡。

◆ 列 48 的語法，在變數 task_list 所內含的**第 1 維度**之空向量中，新增了第 2 維度之空向量。

◆ 列 50 的語法，使得變數 process_count 目前所內含之整數值的兩倍，成為了這個**第 2 層迴圈 for** 的迭代次數。

◆ 列 51 的語法，使得在變數 task_list 已經內含之第 2 維度的空向量裡，漸次被放入代表各個工序相關資料之**第 3 維度**的新向量。

◆ 列 54 的語法，使得這個**第 1 層迴圈 while** 的迭代次數，暫訂為無窮次。

◆ 列 56 的語法，使得在第 1 層迴圈 while 的每次迭代中，皆會在此清除變數 candidates 所內含之各個工作目前**第 1 個**工序相關資料。

◆ 列 58 的語法，使得變數 task_count 所內含的整數值，成為了這個**第 2 層**迴圈 for 的迭代次數。

◆ 列 60 的語法，使得在第 2 層迴圈 for 的每次迭代中，皆會在此清除變數 temp 所內含之「各個工作目前**第 1 個**工序，個別被加上推移的時間之後」的工序相關資料。

◆ 列 62 的語法，是用來判斷，倘若在目前特定工作中，仍然存在至少 1 個工序的話，則會向下執行第 64 列的語法。

◆ 列 64 與列 65 的語法，將目前被處理之特定工序所在的工作的**索引編號**與機器的**索引編號**，前後記錄在變數 temp 裡。

◆ 列 67 的語法，傳回了「特定機器目前的**持續時程**」與「特定工作目前的**進展時程**」的最小值，加上目前被處理之工序的所需時間，以決定目前被處理的**工序**，被預計完成的**時間點**，並且記錄在變數 process_finished_time 裡。

◆ 列 69 的語法，將變數 process_finished_time 裡的**時間點**，新增至變數 temp 目前的工序相關資料裡。

◆ 列 71 的語法，將變數 temp 目前之工序相關資料的複本，新增至變數 candidates 目前所內含之各個工作目前**第 1 個**工序相關資料裡。

◆ 列 75 的語法，是用來判斷，倘若變數 candidates 中，已經不存在任何工序的話，則在此終止第 1 層無窮迴圈 while 的後續迭代，意謂著本程式碼的任務已達成。

◆ 列 77 的語法，將 0 存放至變數 candidates_process_index 裡，意謂著變數 candidates 中的第 1 個 (索引值 0) 位置。

◆ 列 79 的語法，使得變數 candidates 所內含之工序的個數，成為了這個第 2 層迴圈 for 的迭代次數。

◆ 列 81 的語法，是用來判斷，倘若目前被處理之工序的完成時間，「較早」於先前之工序的完成時間的話，則向下執行列 82 的語法。

◆ 列 82 的語法，將目前完成時間較早的工序之索引位置，記錄在變數 candidates_process_index 裡。

- 列 84 的語法，是用來判斷，針對目前被處理之工序，倘若其完成時間，「相同」於先前之工序的完成時間，而且其所在的工作編號「較小」於先前之工序所在的工作編號的話，則向下執行列 85 的語法。

- 列 85 的語法，將目前完成時間相同、但是其所在的工作編號「較小」的工序之索引位置，記錄在變數 candidates_process_index 裡。

- 列 88 的語法，會將目前在變數 candidates 中「其完成時間**最早**」的工序相關資料，存放在變數 current_min_process 裡。

- 列 90 的語法，正式地將其完成時間**最早**的工序之相關資料，從該工序所在的**工作**裡，移除掉。其中：

  - 「current_min_process[0]」會取出第 1 個資料 (索引值 0)，也就是「其完成時間**最早**之工序所在的工作」的**索引編號**。

  - 該索引編號，代表著目前**完成時間最早**的工序，究竟隸屬於哪一個工作裡。

- 列 92 與列 93 的語法，是分別將目前特定工序的完成「時間點」，更新成為特定「機器」之**持續**時間與特定「工作」之**進展**時間。

- 列 96 的語法，將所有工作之**最終完成**的**時間點**，從基礎值 0，加總成為輸出結果。

6.4 實作題的綜合演練 part 4

以下是「反序」相關題目。

考慮一個數列 A = (a[1], a[2], a[3], ..., a[n])。如果 A 中兩個數字 a[i] 和 a[j] 滿足 i < j 且 a[i] > a[j]，則我們說 (a[i], a[j]) 是 A 中的一個反序 (inversion)。定義 W(A) 為數列 A 中反序的數量。例如，在數列 A = (3, 1, 9, 8, 9, 2) 中，一共有 (3, 1)、(3, 2)、(9, 8)、(9, 2)、(8, 2)、(9, 2) 一共 6 個反序，所以 W(A) = 6。

給定一個數列 A，計算 W(A) 最簡單的方法是對所有 $1 \leq i < j \leq n$ 檢查數對 (a[i], a[j])，但是在序列太長時，計算時間就會超過給定的時限。以下是運用分而治之 (divide and conquer) 的策略所設計的一個更有效率的計算方法。

1. 將 *A* 等分為前後兩個數列 *X* 與 *Y*，其中 *X* 的長度是 *n/2*。

2. 遞迴計算 *W(X)* 和 *W(Y)*。

3. 計算 *W(A) = W(X) + W(Y) + S(X, Y)*，其中 *S(X, Y)* 是由 *X* 中的數字與 *Y* 中的數字所構成的反序數量。

    以 A = (3, 1, 9, 8, 9, 2) 為例，W(A) 計算如下。

1. 將 *A* 分為兩個數列 X = (3, 1, 9) 與 Y = (8, 9, 2)。

2. 遞迴計算得到 W(X) = 1 和 W(Y) = 2。

3. 計算 S(X, Y) = 3。因為有三個反序 (3, 2)、(9, 8)、(9, 2) 是由 X 中的數字與 Y 中的數字所構成。所以得到 W(A) = W(X) + W(Y) + S(X, Y) = 1 + 2 + 3 = 6。

    請撰寫一個程式，計算一個數列 A 的反序數量 W(A)。

📥 輸入格式

測試資料有兩列，第一列為一個正整數 n，代表 A 的長度。第二列有 n 個不大於 10^6 的非負整數，代表 a[1], a[2], a[3], ..., a[n]，數字間以空白隔開。

📤 輸出格式

輸出 A 的反序數量 W(A)。請注意 W(A) 可能會超過一個 32-bit 整數所能表示的範圍。

範例一：輸入	範例二：輸入
6	5
3 1 9 8 9 2	5 5 4 3 1
範例一：正確輸出	範例二：正確輸出
6	9

🔒 評分說明

輸入包含若干筆測試資料，每一筆測試資料的執行時間限制均為 1 秒，依正確通過測資筆數給分。其中：

第 1 子題組 10 分：$1 \le n \le 10^3$。

第 2 子題組 30 分：$1 \le n \le 10^5$，n 為偶數，輸入數列保證 a[1] ≤ a[2] ≤ a[3] ≤ ... ≤ a[m] 且 a[m+1] ≤ a[m+2] ≤ a[m+3] ≤ ... ≤ a[n]，其中 m = n/2。也就是數列前半與後半是各自排好序的。

第 3 子題組 60 分：$1 \le n \le 10^5$，無其他限制。

此考題本來應該是相當專業才是。然而，經過筆者的深度分析，認為此考題的敘述，存在一些誤區：

- 從本書第 5 章之「5.1 程式碼的執行時間」的各個範例可明確發現，在同樣架構的情況下，其「遞迴」版本的程式碼，絕大多數比純粹「迴圈」版本的程式碼，來得「慢」！

- 若按照本題之題目的解說，而改用「遞迴」方式或其他「分而治之」演算法來實作的話，反而會大幅降低執行的效率！

在此，筆者衷心建議考生們，日後若遇到類似存在誤區的考題，只要其題目本身並沒有硬性規定的情況下，懇請依據最簡單的方式，來實作出其要求的功能與輸出結果即可！

範例：ch06-04-xx-01.py

```python
01   amount = eval(input())
02   number_list = [eval(ref) for ref in input().split()]
03
04   result = []
05
06   for i in range(amount - 1):
07     for j in range(i + 1, amount):
08       if number_list[i] > number_list[j]:
```

```
09          result.append([number_list[i], number_list[j]])
10
11   print(len(result))
```

輸入資料	輸入資料
6 3 1 9 8 9 2	5 5 5 4 3 1
輸出結果	**輸出結果**
6	9

🔓 說明

◆ 列 01 的語法，將被輸入而用來代表個數的文字，轉換成為整數值，然後存放至變數 amount 裡。

◆ 列 02 的語法，將被輸入之一連串以空格字元隔開的文字，快速轉換成為整數值之後，以串列的形式，存放至變數 number_list 裡。

◆ 列 04 的語法，定義了變數 result，其初始資料係為空串列。

◆ 列 06 的語法，使得「變數 amount 的內含整數值」再減掉 1，成為了這個第 1 層迴圈 for 的迭代次數。

◆ 列 07 的語法，使得「變數 amount 的內含整數值」再減掉「i + 1」，成為了這個第 2 層迴圈 for 的迭代次數。

◆ 列 08 的語法，是用來判斷，倘若目前被處理的整數值，大於其後續之特定整數值的話，意謂著該兩者係為 1 組反序數值，進而向下執行列 09 的語法。

◆ 列 09 的語法，將該組反序數值，以第 2 維度之新串列的形式，漸次新增至變數 result 之第 1 維度的串列裡。

◆ 列 11 的語法，將判斷出來之反序數值的組合數量，顯示在畫面上。

範例：ch06-04-xx-02.cpp

```cpp
01   #include <iostream>
02   #include <regex>
03
04   using namespace std;
05
06   int main(void)
07   {
08     int amount;
09     smatch number_list;
10
11     vector < vector <int> > result;
12
13     string data;
14     string regex_str = "";
15     int i, j;
16
17     cin >> amount;
18     cin.ignore();
19
20     getline(cin, data);
21
22     for (i = 0; i < amount - 1; i++) regex_str += "(.*) ";
23
24     regex_str += "(.*)";
25
26     regex_search(data, number_list, (regex) regex_str);
27
28     for (i = 1; i < amount; i++)
29       for (j = i + 1; j < amount + 1; j++)
30         if (stoi(number_list[i]) > stoi(number_list[j]))
31           result.push_back({stoi(number_list[i]), stoi(number_list[j])});
32
33     cout << result.size() << endl;
34
35     return 0;
36   }
```

輸入資料	輸入資料
6 3 1 9 8 9 2	5 5 5 4 3 1
輸出結果	輸出結果
6	9

🔓 說明

◆ 列 02 的語法，載入了資源庫 regex，以便支援運用正規表示式 (regex, regular expression) 相關的函數。

◆ 列 08 的語法，定義了變數 amount，以便內含代表「輸入之個數」的整數值。

◆ 列 09 的語法，定義了資料型態為 smatch 的變數 number_list，以便存放被處理過後的各組**數字**。

◆ 列 11 的語法，定義了二維向量變數 result，以便用來存放「每組」帶有**兩個反序整數**的副屬向量。

◆ 列 13 的語法，定義了變數 data，以便用來存放「以**空格**字元隔開而帶有一連串**數字**」的文字。

◆ 列 14 的語法，定義了變數 regex_str，其初始資料為空字串，並在後續用於代表**正規表示式**字串。

◆ 列 15 的語法，定義了用於迴圈之迭代用途的變數 i 與 j。

◆ 列 17 的語法，將代表「輸入之個數」的整數值，讀取進來並存放至變數 amount 裡。

◆ 列 18 的語法，可避免畫面上額外顯示出多餘的換列。

◆ 列 20 的語法，將被輸入之「以**空格**字元隔開而帶有一連串**數字**」的文字，存放在變數 data 裡。

◆ 列 22 的語法，使得變數 amount 再減掉 1，成為了這個**第 1 層迴圈 for** 的迭代次數，並且在每次迭代時，新增副屬字串 "(.*)" 在變數 regex_str 所代表之**正規表示式**的字串尾端。

- 請特別留意，在此的副屬字串之尾端，存在 1 個空格字元。
- 「.」意謂著「換列」以外的任何字元。
- 「*」意謂著可以是沒有任何字元、1 個或多個連續字元。

◆ 列 24 的語法，使得變數 regex_str 所內含的字串尾端，最後再補上副屬字串 "(.*)"。

- 請特別留意，在此的副屬字串之尾端，並不存在任何空格字元。

◆ 列 26 的語法，首先在變數 data 所內含的字串中，嘗試找尋各組文字，並記錄在變數 matching 裡。

◆ 列 28 的語法，使得「變數 amount 的內含整數值」再減掉 1，成為了這個第 1 層迴圈 for 的迭代次數。

◆ 列 29 的語法，使得「變數 amount 的內含整數值 + 1」再減掉「i + 1」，也就是「變數 amount 的內含整數值」再減掉「i」，成為了這個第 2 層迴圈 for 的迭代次數。

◆ 列 30 的語法，是用來判斷，倘若目前被處理的整數值，大於其後續之特定整數值的話，意謂著該兩者係為 1 組反序數值，進而向下執行列 31 的語法。

◆ 列 31 的語法，將該組反序數值，以第 2 維度之新向量的形式，漸次新增至變數 result 之第 1 維度的向量裡。

◆ 列 33 的語法，將判斷出來之反序數值的組合數量，顯示在畫面上。

練 習 題

從 2018 年度開始，APCS 的官網，就不再公開其歷次試題了！不過，仍然保留舊有的考題。

請瀏覽頁面「apcs.csie.ntnu.edu.tw/index.php/questionstypes/previousexam」之後，再點選「程式設計實作題」超連結按鈕，即可看到下載點。

進階程式設計--使用 Python、C++

作　　者：任鏡翔
企劃編輯：郭季柔
文字編輯：詹祐甯
設計裝幀：張寶莉
發 行 人：廖文良

發 行 所：碁峰資訊股份有限公司
地　　址：台北市南港區三重路 66 號 7 樓之 6
電　　話：(02)2788-2408
傳　　真：(02)8192-4433
網　　站：www.gotop.com.tw
書　　號：AEE019800
版　　次：2020 年 09 月初版
建議售價：NT$350

國家圖書館出版品預行編目資料

進階程式設計：使用 Python、C++ / 任鏡翔著. -- 初版. -- 臺北市：
　碁峰資訊，2020.09
　　面；　公分
　ISBN 978-986-502-608-0 (平裝)
　1.電腦教育　2.Python(電腦程式語言)　3.C(電腦程式語言)
4.中等教育
524.375　　　　　　　　　　　　　　　　　　　109012948

讀者服務

● 感謝您購買碁峰圖書，如果您對
本書的內容或表達上有不清楚的
地方或其他建議，請至碁峰網站：
「聯絡我們」\「圖書問題」留下
您所購買之書籍及問題。(請註明
購買書籍之書號及書名，以及問
題頁數，以便能儘快為您處理)
http://www.gotop.com.tw

● 售後服務僅限書籍本身內容，若
是軟、硬體問題，請您直接與軟、
硬體廠商聯絡。

● 若於購買書籍後發現有破損、缺
頁、裝訂錯誤之問題，請直接將書
寄回更換，並註明您的姓名、連絡
電話及地址，將有專人與您連絡
補寄商品。